調理学

― 健康・栄養・調理 ―

編著者
柳沢　幸江
柴田　圭子

著者
児玉 ひろみ
西念　幸江
高橋 ひとみ
豊満美峰子
平本　福子
松田　康子
宮下 ひろみ
湯川　晴美

アイ・ケイ コーポレーション

はしがき

　近年「食生活」の重要性が見直されているなか，管理栄養士・栄養士の社会的役割は，ますます重要になってきている。

　管理栄養士養成カリキュラム改訂後の2009年に
　　　　　　初版「調理学　―健康・栄養・調理―」を出版した。
基本的な内容とあいまって豊富な「解説欄」が好評を得て，2016年現在，すでに7版を重ねている。

　出版当初は，女子栄養大学調理科学研究室の門下生が中心となって本書をまとめた。編著者であった安原安代先生も女子栄養大学をご退職され，さらに著者であった上越教育大学教授の立屋敷かおる先生もご退職され，お二人ともに調理学教育から退かれた。初版発行より長きにわたり，多大なお力を賜り，心より厚くお礼を申し上げる次第である。

　今回「改訂第2版」として面目刷新し，管理栄養士・栄養士を目指す学生たちおよび，「調理学」を学ぶ学生たちが，より高度な知識や技能を習得できるよう，次のような内容構成とした。

　管理栄養士・栄養士にとって「調理学」は，疾病の予防や治療および健康の維持・増進を目的とした人々の食事の評価・指導・提供をするうえで必須の知識である。

　食事は，それを口にして，はじめてことをなす。食べものは薬とは違い，栄養的価値・生理的価値だけではなく，嗜好的価値（おいしさ）が要求される。

　「調理学」が，おいしさを柱とした学問領域であることをふまえ，本書は「おいしく作る・おいしく食べる」を縦軸に，調理の実践で必須となる「調理学の理論」を横軸とし，再編纂した。

　本書の特徴と主な内容は次の通りである。

＊二つの特徴

　一つは，2単位の「調理学」の講義のなかで，調理学のベースになる「調理の科学」に加えて，食文化・嗜好・食事設定の学修がくまなく扱えるように，3章に集約した。

　二つには，既刊書で好評を得ていた教科書の本筋に加え，全体のボリュームの約3割を占める充実した「解説欄」を十分に生かし，そのテーマの視点や背景に触れつつ，内容の濃い授業構成ができるよう工夫した。

＊内容の概要

　1章　食の科学と文化

食物・食糧経済・環境問題の観点から食事を捉え，さらに食文化・嗜好・おいしさの基本を理解する内容とした。

　2章　食事設定

食事計画をするうえで，重要な調理学的項目を具体的に説明し，食事摂取基準，食事バランスガイド，食品成分表は，すべて食事計画の視点から説明した。

3章 調理の科学

栄養指導，食事計画で生かしやすいように，主食材料，主菜材料，副菜材料の項目で分類した。

また，各食品の調理性に加え，調理に伴う栄養成分・機能性の変化について理解する内容とした。併せて，調理器具，調理法も最新の項目を取り上げた。

今回の「改訂第2版」の執筆者は，管理栄養士・栄養士のバックグラウンドをもち，大学の調理学教育に携わる若手を中心としている。管理栄養士・栄養士の育成および，大学教育にとって「調理学」がいかにあるべきか，どの視点からのアプローチが必要かを明確にするという意図をご理解いただき，執筆に協力いただいた。心より感謝申し上げる。

また，2019年に厚生労働省からの委託を受け，日本栄養改善学会が管理栄養士・栄養士養成のための栄養学教育モデル・コア・カリキュラムを発表した。「調理学」は，健康を支える食事の実践を理解するための基礎領域と，食事と調理の科学の理解を深めるための専門領域を含む学問領域として位置づけられている。

本書は，初版の時点で調理学 ―健康・栄養・調理― とし，「調理学」を，健康を支える食事の実践の一つとしての位置づけのもと，第1章に食の科学と文化，2章に食事設定，3章に調理の科学を構成してきた。この内容は，新しいモデル・コア・カリキュラムに準拠したものであり，今回改めて提示させていただいた。

本書の執筆にあたり，多くの文献や資料を引用あるいは参考にさせていただいた。改めて諸先生方に敬意を表したい。

また，本書が大学・短期大学で「調理学」を学ぶ学生に役立つことを心より願うとともに，本書をご利用いただいた方々から率直なご意見・ご批判を賜れば幸いである。

終わりに，本書の出版にあたり献身的なご尽力，ご配慮をいただいたアイ・ケイコーポレーションの森田富子社長をはじめ，編集担当の方々に心よりお礼を申し上げる。

2021年3月

柳沢幸江／柴田圭子

1章　食の科学と文化

1. 自然と食　　　　　　　　　　　　　　　　　　　　　　　　　　　　　　　　柳沢幸江

1　調理の意義 ……………………………………………………………………………2
(1) 安全性　　　　　　　　　　2　　(3) 嗜好性　　　　　　　　　　2
(2) 栄養性　　　　　　　　　　2

2　食物連鎖 ……………………………………………………………………………3
(1) 食物連鎖，食物網とは　　　3　　(3) 食への慈しみ　　　　　　　3
(2) 食物の連鎖と人間との関わり　3

2. 経済・環境問題と食　　　　　　　　　　　　　　　　　　　　　　　　　　　宮下ひろみ

1　食料経済・自給率 ……………………………………………………………………4
(1) わが国の食料自給率　　　　4　　(3) 地産地消　　　　　　　　　5
(2) フードマイレージ　　　　　4　　(4) スローフード運動　　　　　6

2　環境問題 ………………………………………………………………………………6
(1) 食品廃棄　　　　　　　　　6　　(3) 家庭ごみとリサイクル　　　7
(2) 生活排水による河川の汚染　7

3. 食事文化　　　　　　　　　　　　　　　　　　　　　　　　　　　　　　　　平本福子

1　日本の食事様式，供食の歴史 …………………………………………………………8
(1) 基層期(縄文時代，弥生時代)　8　　(4) 完成期(江戸時代)　　　　10
(2) 黎明期(奈良時代，平安時代)　8　　(5) 和洋混合期(明治時代以降)　10
(3) 発達期(鎌倉時代，室町時代，安土桃
　　山時代)　　　　　　　　　9

2　日本の食事文化 ………………………………………………………………………10
(1) 行事食　　　　　　　　　10　　(2) 郷土食　　　　　　　　　13

3　西洋の食事様式，供食 ………………………………………………………………14
4　中国の食事様式，供食 ………………………………………………………………15
(1) 各地域料理の特徴　　　　15　　(2) 中国料理の献立　　　　　17

4. 食の嗜好性　　　　　　　　　　　　　　　　　　　　　　　湯川晴美，柳沢幸江，豊満美峰子

1　おいしさの要因 ………………………………………………………………………18
(1) おいしさに影響する要因　18　　(2) おいしさと感覚要素　　　18

2 五感とおいしさ……………………………………………………………………19

(1)知　覚　　　　　　　　　　　19　(4)物性とテクスチャー　　　　27
(2)味・味の相互作用　　　　　　20　(5)色，外観　　　　　　　　　32
(3)におい　　　　　　　　　　　26　(6)音，温度　　　　　　　　　33

2章　食事設定

1. 基本的基準
柳沢幸江，高橋ひとみ

1 食事の基本要素……………………………………………………………………36
2 食生活指針…………………………………………………………………………37
3 食事摂取基準………………………………………………………………………37
(1)食事摂取基準の目的と基本的考え方　37　(5)活用の基礎理論　　　　　　　39
(2)基準指標の設定　　　　　　　　38　(6)食事設定で「食事摂取基準」を使用する
(3)食事摂取基準の活用　　　　　　38　　　にあたっての留意点　　　　40
(4)エネルギーの設定　　　　　　　39

4 食事バランスガイド………………………………………………………………41
(1)食事バランスガイドの目的　　　41　(2)食事バランスガイドの特徴　41

5 食品群………………………………………………………………………………44
(1) 3色食品群　　　　　　　　　　45　(3) 6つの基礎食品　　　　　　45
(2) 4つの食品群　　　　　　　　　45　(4)食品群の摂取のめやす　　　45

2. 献立の作成
柳沢幸江

1 3色の配分…………………………………………………………………………47
2 献立計画……………………………………………………………………………47
3 主食の設定…………………………………………………………………………47
(1)栄養的意義　　　　　　　　　　47　(3)重量の設定　　　　　　　　48
(2)料理特性　　　　　　　　　　　47　(4)料理展開　　　　　　　　　48

4 主菜の設定…………………………………………………………………………48
(1)栄養的意義　　　　　　　　　　48　(4)料理展開　　　　　　　　　49
(2)料理特性　　　　　　　　　　　49　(5)付け合わせ　　　　　　　　51
(3)重量の設定　　　　　　　　　　49

5 副菜の設定…………………………………………………………………………51
(1)栄養的意義　　　　　　　　　　52　(4)料理展開　　　　　　　　　52
(2)料理特性　　　　　　　　　　　52　(5)献立の組み立て　　　　　　52
(3)重量の設定　　　　　　　　　　52

6 調味料の設定………………………………………………………………………52
(1)調味パーセントの意義　　　　　52　(4)調味パーセントの計算方法　53
(2)調味パーセントの基本的概念　　52　(5)調理使用量と摂取量の差異　54
(3)好ましい味濃度(調味パーセント)　53

7 献立の評価…………………………………………………………………………54

3. 栄養評価　　　　　　　　　　　　　　　　　　　　　　　　　　　柳沢幸江

1 日本食品標準成分表 ……………………………………………………………………55
(1) 食品成分表の歴史　　　55　　(5) 収載食品の分類・配列　　56
(2) 食品成分表の目的　　　55　　(6) 廃棄率と可食部　　　　　56
(3) 標準成分値とは　　　　55　　(7) 主な収載成分項目　　　　56
(4) 数値の表示方法　　　　56　　(8) 食品の調理条件　　　　　57

2 食事計画での食品成分表利用の留意点 ……………………………………………58
(1) 食品選択と成分項目　　58　　(2) エネルギー量，栄養素量算出使用す
　　　　　　　　　　　　　　　　　　る代表食品番号　　　　　59

4. 食事評価　　　　　　　　　　　　　　　　　　　　　　　　豊満美峰子，高橋ひとみ

1 おいしさの評価 ……………………………………………………………………61
(1) 官能評価・嗜好調査による評価　61　(2) 機器測定による評価　　　64

2 食事環境，供食 ……………………………………………………………………66
(1) 食事環境　　　　　　　66　　(2) 供　食　　　　　　　　　67

5. ライフステージ別食事設定　　　　　　　　　　　　　　　　　　　　　柳沢幸江

1 乳幼児期の食事 ……………………………………………………………………68
(1) 離乳の開始と進め方　　68　　(2) 幼児の食事　　　　　　　68

2 学童期の食事 ………………………………………………………………………69
3 思春期・青年期の食事 ……………………………………………………………69
4 成人の食事 …………………………………………………………………………70
5 高齢者の食事 ………………………………………………………………………70
6 摂食機能障害者の食事 ……………………………………………………………71

3章　調理の科学

1. 主食材料の調理　　　　　　　　　　　　　　　　　　　　　　　　　　児玉ひろみ

1 こ　め ………………………………………………………………………………72
(1) こめの種類　　　　　　72　　(4) うるち米の調理　　　　　74
(2) こめの形態と性状　　　72　　(5) もち米の調理　　　　　　75
(3) こめ成分と調理　　　　73　　(6) 米粉の調理　　　　　　　76

2 小麦粉 ………………………………………………………………………………76
(1) 小麦粉とその種類　　　76　　(3) 小麦粉の調理特性　　　　78
(2) 小麦粉の成分　　　　　77　　(4) 小麦粉の調理　　　　　　79

3 雑穀類(そば，とうもろこし) …81

- (1)そ ば　81
- (2)とうもろこし　82
- (3)あ わ　82
- (4)ひ え　82
- (5)き び　82
- (6)アマランサス　82

2. 主菜材料の調理　　　西念幸江，柴田圭子

1 肉 類 …83
- (1)肉の構造と成分　83
- (2)熟 成　84
- (3)加熱による変化　85
- (4)肉の軟化方法　86
- (5)肉の調理　86

2 魚 類 …88
- (1)魚類の性質と構造　88
- (2)成 分　88
- (3)死後硬直と鮮度判定　90
- (4)魚類の調理性　91
- (5)いかの調理　93

3 卵 …93
- (1)鶏卵の構造と成分　93
- (2)卵の鮮度判定　94
- (3)鶏卵の調理　94

4 だいず …97
- (1)だいずの構造と成分　97
- (2)だいずの調理　97
- (3)大豆加工品　98

5 牛乳，乳製品 …99
- (1)牛乳成分と性質　99
- (2)牛乳の調理　99
- (3)クリームの調理　101
- (4)バターの調理　102
- (5)その他の乳製品　102

3. 副菜材料の調理　　　宮下ひろみ

1 野菜類，果物類 …104
- (1)野菜の種類　104
- (2)野菜成分と調理　104
- (3)野菜の調理　109
- (4)果物の種類　109
- (5)果物の成分と調理　110
- (6)果物の調理　110

2 いも類 …111
- (1)いもの種類　111
- (2)いも成分と調理　111
- (3)いもの調理　112

3 きのこ類 …115
- (1)きのこの種類　115
- (2)きのこの成分　115
- (3)きのこの調理　115

4 藻　類 ……………………………………………………………………………116
 (1) 海藻の種類　　　　　　　　116　│(3) 海藻の調理　　　　　　　　116
 (2) 海藻の成分と調理　　　　　116　│

5 まめ類（だいずを除く） ………………………………………………………117
 (1) まめの種類　　　　　　　　117　│(3) まめの調理　　　　　　　　118
 (2) まめ成分と調理　　　　　　117　│

4. 菓子・嗜好品材料の調理　　　　　　　　　　　　柴田圭子，児玉ひろみ，宮下ひろみ

1 でんぷん ………………………………………………………………………119
 (1) でんぷんの種類と特性　　　119　│(4) 高濃度でんぷんの調理　　　121
 (2) でんぷんの調理特性　　　　120　│(5) その他　　　　　　　　　　121
 (3) 低濃度でんぷんの調理　　　120　│

2 砂糖，甘味料 …………………………………………………………………122
 (1) 砂糖の種類　　　　　　　　122　│(3) 砂糖の調理　　　　　　　　124
 (2) 砂糖の性質　　　　　　　　123　│

3 塩，しょうゆ，みそ など …………………………………………………127
 (1) 食塩の種類と調理特性　　　127　│(3) み　そ　　　　　　　　　　130
 (2) しょうゆ　　　　　　　　　129　│(4) ソース　　　　　　　　　　131

4 油　脂 …………………………………………………………………………131
 (1) 油脂の種類と性質　　　　　131　│(2) 油脂の調理　　　　　　　　132

5 ゲル化素材 ……………………………………………………………………134
 (1) ゼラチン　　　　　　　　　135　│(4) ペクチン　　　　　　　　　136
 (2) 寒　天　　　　　　　　　　135　│(5) その他のゲル化剤　　　　　137
 (3) カラギーナン　　　　　　　136　│

6 嗜好飲料 ………………………………………………………………………139
 (1) 茶　　　　　　　　　　　　139　│(3) ココア，チョコレート　　　141
 (2) コーヒー　　　　　　　　　140　│(4) アルコール飲料　　　　　　141

5. 調理による成分の変化　　　　　　　　　　　　　　　　　柴田圭子，西念幸江

1 たんぱく質，炭水化物，脂質 ………………………………………………142
 (1) たんぱく質　　　　　　　　142　│(3) 脂　質　　　　　　　　　　146
 (2) 炭水化物　　　　　　　　　144　│

2 ビタミン，ミネラル …………………………………………………………147
 (1) ビタミン　　　　　　　　　147　│(2) ミネラル　　　　　　　　　148

6. エネルギー源（調理熱源） 松田康子
 (1)気体燃料　151　｜　(2)電気エネルギー　151

7. 加熱調理と加熱機器 松田康子
1　熱の伝わり方 ……152
 (1)伝導伝熱　152　｜　(3)放射伝熱　153
 (2)対流伝熱　153　｜　(4)加熱操作の分類　153
2　湿式加熱 ……153
 (1)ゆでる　153　｜　(3)煮る　156
 (2)だしをとる　155
3　乾式加熱 ……158
 (1)焼く　158　｜　(3)炒める　161
 (2)揚げる　161　｜　(4)いる（煎る）　163
4　誘電加熱（電子レンジ加熱）……163
5　誘導加熱（IH：電磁調理器加熱）……164
6　加熱用器具 ……164
 (1)鍋の材質, 鍋の種類　164　｜　(3)電源専用器具　170
 (2)加熱用調理器具　168　｜　(4)電子レンジ, 電磁調理器　171

8. 非加熱調理と調理器具 児玉ひろみ，豊満美峰子
1　計　量 ……173
 (1)計量の目的　173　｜　(3)時間・温度の計測　173
 (2)計量の方法　173
2　洗　浄 ……174
 (1)洗浄の目的　174　｜　(3)洗浄後の水切り　176
 (2)洗浄の方法　174
3　浸　漬 ……176
 (1)浸漬の目的　176　｜　(4)不味成分の溶出　177
 (2)吸水, 膨潤　177　｜　(5)うま味の抽出　178
 (3)褐変防止　177　｜　(6)テクスチャーの向上　178
4　切削, 包丁成形 ……178
 (1)切削の目的　178　｜　(4)包丁の刃の種類と切り方　179
 (2)包丁の種類　179　｜　(5)包丁による調理操作の練習方法　180
 (3)包丁の持ち方　179　｜　(6)成　形　181
5　撹拌, 粉砕 ……181
 (1)撹　拌　181　｜　(2)粉　砕　181
6　冷　蔵 ……183

| 7 | 凍　結 …………………………………………………………………………………184

　　(1) 凍結の目的　　　　　　184　　(3) 凍結保存に適する食品，適さない
　　(2) 凍結の方法　　　　　　184　　　　食品　　　　　　　　　　　　185
　　　　　　　　　　　　　　　　　　(4) 冷凍食品の栄養成分の変化　　185

| 8 | 解　凍 …………………………………………………………………………………186

　　(1) 解凍方法　　　　　　　186　　(2) 解凍時の注意点　　　　　　186

9. 調理と食器　　　　　　　　　　　　　　　　　　　　　　　　　　　　宮下ひろみ

| 1 | 食器の種類と特徴 ……………………………………………………………………189

　　(1) 和食器　　　　　　　　189　　(2) 洋食器　　　　　　　　　　189

| 2 | 集団食器の特徴と新素材の食器 ……………………………………………………190

| 3 | 食器の安全性 …………………………………………………………………………191

10. 新調理システム　　　　　　　　　　　　　　　　　　　　　　　　　　西念幸江

　　(1) 大量調理の特徴　　　　192　　(3) 新調理システム　　　　　　192
　　(2) HACCPに基づいた衛生管理　192

　　◆索　引 ……………………………………………………………………………………198

1章　食の科学と文化

- 人間の食を生物的にとらえ，調理学の位置づけを学ぶ。
- 食料経済・環境問題の観点から食事をとらえ，その要点を学ぶ。
- これまでの日本の食文化を知るとともに，現在の行事食，郷土食を知る。
- 食事の根幹となる「嗜好」，「おいしさ」について，その構成要素を学ぶ。
- おいしさと五感との対応を学び，おいしい食事を設定するための基礎を学ぶ。

1. 自然と食

1　調理の意義

調理の主たる目的は，安全性・栄養性・嗜好性の3項目である。ほかの動物のように，自然界に存在する生命体をそのまま摂取するのではなく，調理（加工）をしてから食する。すなわち調理は人間独自の食べ方であるうえに，火の利用や道具の利用というきわめて人間的な特性を生かした行動である。

（1）安全性

自然界に存在する状態では人間にとって有害であるものを調理によって無害にすることで，食物の範囲は広がる。植物体の多くは，アルカロイドを含み人間には毒である場合が多い。これらを栽培作物として毒性の低い植物に変えた。さらに調理で毒性を低下させ，食物の範囲を拡大していった。

また，加熱調理により食品中の微生物を死滅させることで食物の安全性を高めることができる。このように調理によって安全性を高めることで，食物として無効であるものを有効とし，危険なものを安全にすることができる。

（2）栄養性

食品の栄養性や機能性を高めることは，食物摂取の有効性を高めることにつながる。たとえば，加熱によって，生でんぷんを糊化でんぷんにし，ヒトの消化能力に応じた食物を摂取することができる。また，ごまは炒ることで抗酸化性が向上する。

（3）嗜好性

調理の最終，および最大の目的は嗜好性の向上である。安全性や栄養性の目的を達成するためには，加熱，水さらしなどの単純な調理で済むが，嗜好性の向上のためには，調理の

● 幸島のさる（海水によるいも洗い）

宮崎県にある幸島に生息する野生の日本さるがいもを海水で洗い，塩味をつけて食べることが1950年代に発見され，京都大学の霊長類研究所によって研究された。1匹の仔ざるが始めたこのいも洗いは，若ざるに伝わり，幸島のさるのほとんどが，海水でいもを洗って，食べるようになった。（しかし，年長のおす猿は，このいも洗い行動は行わなかったようである。）

海水で洗うことによって，いもについている砂などが除かれ，しかも塩味が添加される。発見から50年を経た現在でも海水によるいも洗い行動が行われているが，いもに砂がついていない現在では，昔のようにゴシゴシ洗う行為は少なく，海水に浸けて塩味をつける食べ方になってきている。食物の状況によって対処を変えていく，この行為は嗜好性を高めるひとつの調理ともいえる。

出典：渡辺邦夫他：「幸島のニホンザル」みやざきの自然，12号，（1996）

● 調理と顎骨

徳川将軍家の骨格調査から，初期の将軍は骨格・筋肉が発達し，戦国武将としての特徴をもっていたのに対して，中期以降の将軍は体格も貧弱になり，特に江戸時代後期の将軍になると，顔が面長になり，下顎骨の発達が極めて弱く白歯の磨耗がほとんどみられなかった。これは将軍のみならず，同じ食生活を送った諸大名にも共通する特性であった。これは将軍家や大名にみられ，きわめて軟らかい食事が原因とされる。調理方法と環境要因が，骨格をも変化させることを示した事例であろう。

出典：鈴木尚：「骨は語る－徳川将軍・大名家のひとびと」，東大出版(1985)

手法は多様化される。生命維持としての食に留まらず，楽しみの食，文化としての食へと食べることの意義を広げてきた人間ゆえに，食に多くの要素を求めている。その要求を担うものが調理であり，現代社会での主たる調理の意義は嗜好性の向上にあるといえる。これは食のQOL（Quality of Life 生活の質）を高めるためにも不可欠な要素である。

2　食物連鎖

（1）食物連鎖，食物網とは

　食物連鎖とは生物群集において，A種がB種に食われ，そのB種がC種に食われていくという自然界での種の存続における，栄養保持体制を示したものである。生産者とよばれている植物やプランクトンを食べる草食動物を一次消費者，この動物を食べる肉食動物を二次消費者，さらに三次，高次消費者とつながっていく。このような食う・食われるのつながりを食物連鎖とよぶ。しかし，現実には，複数種のえさを食べ，複数種に食べられることから，網目の関係が成り立ち，食物網ともいわれる。

　たとえば，種にとって卵や仔体，あるいは芽や若葉は，次世代へとつなげるための重要な役割をもつが，食物連鎖の観点からみると，これらは同時に重要な食物資源でもある。それは栄養密度の高さや，組織の軟らかさ，動物の場合は機敏な動きができないなどの特徴からである。

（2）食物連鎖と人間との関わり

　人間（ヒト）は，食物連鎖の中で最終尾に位置し，ほかの生物の食物になることはない。しかし，食物連鎖の結果，生物濃縮が生じ，ダイオキシン類，農薬などの有害物質も濃縮され，人間に悪影響をおよぼすことが問題となっている。

（3）食への慈しみ

　人間が食べる食物は，一部の人工物を除いて，その大部分は生命体である。食は食物連鎖という生物界のシステムの一つであるが，人間は食に関わる文化や科学を発達させることで，自らが食べること，食べるものへの感謝や祈り等々を生み出していった。生命体を食べるという観点からも，食べものへの慈しみの意識が大切となる。

● **食品の3つの機能**

一次機能：栄養機能
　エネルギー源や身体構成成分としての栄養素としての機能

二次機能：感覚機能
　おいしさや嗜好性に関連する機能

三次機能：生体調節機能
　生体内で諸機能が円滑に働くための食品成分としての機能

　食品にはこれらの3機能があり，調理は，それぞれの機能を高める役割をもつ。

● **食物連鎖の概要**

生産者	食物連鎖の最初に位置する植物（独立栄養生物）
消費者	食物摂取が必要となる草食・肉食動物（従属栄養生物）
分解者	微生物やミミズなど。生産者や消費者の枯死体・排泄物などの有機物を無機物に分解する。

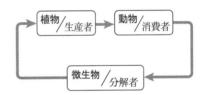

● **食物連鎖からみた「乳」の特異性**

　人間が食している人工物以外の食物は，すべてが生き物である。そのなかで「乳」はその存在自体が，摂取される目的をもった特殊な食物である。しかも，本来の乳の形態は，摂取する対象が，乳を分泌する個体の子（仔）に限定された「1対1」の関係をもつ食物であり，食物連鎖から外れた唯一の食物といえる。

　逆に，乳以外の食物は，すべてが食べられる以外の目的をもって生存する生命体なのである。

2. 経済・環境問題と食

1 食料経済・自給率

日本人は利便性・簡便性に富んだ食生活を送っている。それらは大量の輸入食品，および安価な人件費による低価格の半加工品，加工品などによって成り立っているといえる。

（1）わが国の食料自給率

日本の食料自給率は，近年，供給熱量ベース（カロリーベース）で約40％，飼料用まで拡大して含めると約30％である。食料自給率の推移を図1-2-1，図1-2-2に示した。

（2）フードマイレージ

英国のティム・ラングが1994年に提唱した"Food Miles"の概念に基づき，わが国では2001年，農林水産政策研究所が"フードマイレージ"を用いて食料輸入の環境に対する負荷エネルギー値を試算した。

●**食料自給率とは**
大きく3つの示し方がある。
①品目別自給率とは，個々の品目（たとえば，牛肉や大豆など）についての自給率を表し，重さの比率（重量ベース）で計算される。
②主食に着目して，その自給度合いを表すのを穀物自給率といい，これも重量の比率で計算される。
③総合的な自給の度合いを表すのが総合食料自給率であり，これは，カロリーベース，金額（生産額）ベースの2種類の計算方法がある。

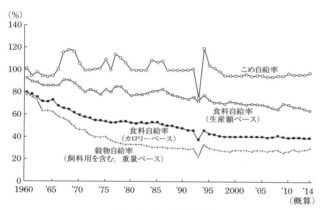

図1-2-1 食料自給率　出典：農水省(2015)

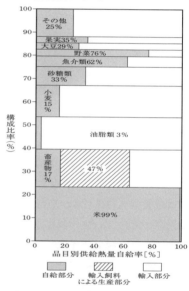

図1-2-2 カロリーベースの自給率の内訳(2015)
出典：農水省(2015)

表1-2-1 各国のフードマイレージの概要

	単位	日本	韓国	アメリカ	イギリス	フランス	ドイツ
食料輸入量 ［日本=1］	千t	58469 [1.00]	24847 [0.42]	45979 [0.79]	42734 [0.73]	29004 [0.50]	45289 [0.77]
同上(人口1人当たり) ［日本=1］	kg／人	461 [1.00]	520 [1.13]	163 [0.35]	726 [1.57]	483 [1.05]	551 [1.2]
平均輸送距離 ［日本=1］	km	15396 [1.00]	12765 [0.83]	6434 [0.42]	4399 [0.29]	3600 [0.23]	3792 [0.25]
フード・マイレージ （実数）［日本=1］	百万t・km	900208 [1.00]	317169 [0.35]	2955821 [0.33]	187986 [0.21]	104407 [0.12]	171751 [0.19]
同上(人口1人当たり) ［日本=1］	t・km／人	7093 [1.00]	6637 [0.94]	1051 [0.15]	3195 [0.45]	1738 [0.25]	2090 [0.29]

出典：中田哲也：「フードマイレージ」p113, 日本評論社(2007)

フードマイレージ＝輸入重量(t)×輸送距離(km)

で表される。食料の輸入の量はもとより，生産地から消費地までの輸送距離を縮め，輸送にかかるエネルギーを減らして環境に配慮する際の指標である。日本の現状では，同種の国産食料が供給可能でも，輸入先現地での安価な労働力と，大量輸送によるコスト削減が見込めることから，輸入が増大する傾向にあり，自給率低下につながる結果となっている。中食・外食産業の台頭や，消費者の低価格志向は，これを促すことにもなる。

各国のフードマイレージの概要を表1-2-1に示した。国民1人あたりに換算すると，日本のそれは約7,100t・kmで，韓国とは近い値を示すものの，イギリスの2.2倍，フランスの4倍，アメリカの7倍と高い値を示している。

なお，近隣の中国をはじめとするアジア諸国からの輸入の増大，南北に長い日本の地形的な特徴を考慮すると，国産か輸入かは環境に配慮した輸送距離とは必ずしも対応しない。

また，フードマイレージを二酸化炭素排出量の観点からみると，モーダルシフト（輸送方式転換）の推進が重要となる。

（3）地産地消

地産地消により，以下のような利点があげられる。

① 食料輸送に伴うコストの削減それに伴う二酸化炭素排出を減少させるなど，環境への負荷を軽減する。
② 消費者にとって，いわゆる生産者の顔が見える鮮度のよい農水産物の入手が可能になり，食の安全，および消費者の信頼が高められる。
③ 生産者にとっては消費者の反応が伝わりやすく，消費者ニーズに対応した生産への対応がしやすくなり，需要促進と地域農業の活性化が期待される。

ただし，限られた地域での自給自足に専心すると，経済的合理性や食品の多様性・安定供給性に欠けることとなる。二酸化炭素排出量の観点からも，石油を使って暖房したハウス栽培による地元の野菜・果物と，海外で自然に育ち，船で大量に運ばれてきた野菜・果物とでは環境負荷が海外産のほうが低いというケースもある。また，図1-2-3に示した諸外国の食料自給率の推移では，アメリカ・フランスが100％を超え，食料輸出国であることがわかる。また，ドイツも100％に近い。特産品やその地域でむりなく育つ食料（食品）の余剰生産分を効率的にほかの地域へ流通させ，収益を得る

● フードマイルズ運動

イギリスの非政府団体サステイン（Sustain：The alliance for better food and farming）が中心となって展開している市民運動

食品の重量に輸送距離をかけ合わせた指標で，フードマイルズを意識して，なるべく地域内で生産された食料を消費することを通じて，環境負荷を低減することを目的とした活動を推進している。

● モーダルシフト

物流による環境への負荷を減らすために，トラックなどによる輸送から，より効率的な大量輸送機関である鉄道，海運への転換を図ることをさす言葉

● 二酸化炭素(CO_2)排出量

温室効果ガスのうち多くの割合を占めることから，地球温暖化の指標とされる。1997年の地球温暖化防止京都会議において二酸化炭素排出量の数値（削減）目標が定められた。

● 食の安全・安心

地元でとれた食材を地元で消費しようという「地産地消」が各地で盛んになっている。食の安全・安心が求められる時代の要求でもある。

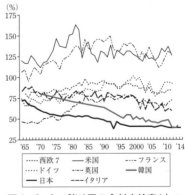

図1-2-3 諸外国の食料自給率（カロリーベース）の推移

出典：農水省：「食料需給表」

ことは，その地域の活性化に貢献する。

（4）スローフード運動

ローマにアメリカのファーストフード店が開店したことが刺激となり，1986年イタリア（ピエモンテ州）ブラという町から始まった「食生活を見直そう」という運動のことである。

スローフードとは，画一化されたファーストフードとは異なる食べものを意味している。この運動の主旨は以下のようなものである。

① 消えつつある伝統的食材や質のよい食材，酒などを守ること。
② 質のよい素材を提供してくれる小生産者を守ること。
③ 子どもたちを含めた消費者全体に味の教育を進めること。

2　環境問題

食品廃棄による資源のむだ使い，生活排水による河川の汚染など，食生活を取り巻く要素は，少なからず地球の環境に影響をおよぼしている。

（1）食品廃棄

日本は世界最大の食品輸入国として，多種多様な食品を輸入する一方，1人1日あたり食べ残し，廃棄により，食品全体の5％ほどがロスとして捨てられている。

図1-2-4に世帯構成より食品ロス率を示した。農林水産省では，2000年度より，食品ロス調査を行っており，2014年度の世帯における食品ロスは3.7％であった。

図1-2-7に世帯における食品ロス率の年次別推移を示した。統計によると，近年食品ロス量はほぼ横ばいである。

●フランスの味覚教育（2001～）
食べものの味に目覚めさせ，味わうこととそれを言葉で表現する大切さを学び，さらには料理体験，農業体験などを通じ，最終的にテロワール（気候，地形，地質，土壌などの複合的地域性）の考え方を受け継ぎ，その土地の産物をその地域の人々とともに分かち合い，生活を楽しみ味わう心を養うことを目指している。

●食品ロス
直接廃棄：食品廃棄のうち，賞味期限切れなどで，食品・料理として提供されずに廃棄したもの。
過剰除去：だいこんの皮の厚むき，食肉の脂肪の除去など，「食品標準成分表」の廃棄率を上回る除去をしたもの。
食べ残し：食品・料理として提供され，食べ残されて廃棄したもの。

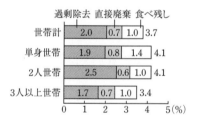

図1-2-4　世帯員構成別食品ロス率
出典：農水省：「食品ロス統計」（2014）

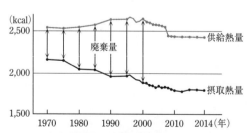

図1-2-5　供給熱量と摂取熱量の推移（1人1日当たり）
出典：供給熱量：農水省「食料需給表」
摂取熱量：厚労省「国民健康栄養調査」（酒類を含まない値）

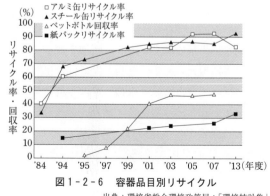

図1-2-6　容器品目別リサイクル
出典：環境省総合環境政策局：「環境統計集」

食品ロス量の構成比を主な食品種別にみてみると、過剰除去としてのロス量が多いものは、野菜類、果実類、魚介類の生鮮食品3種類で9割以上を占める現状である。

さらに、図1-2-5にみられるように供給熱量と摂取熱量は一致しない。その差が食品廃棄量に相当すると考えられる。近年、数字上では熱量で約600 kcal(食事にして1食分弱)が廃棄されていることになる。

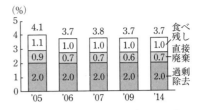

図1-2-7 世帯における食品ロス率の年次別推移

注] 表示単位未満を四捨五入しているため、計と内訳の積上げが一致しない場合がある。

出典:農水省:「食品ロス統計」(2014)

(2) 生活排水による河川の汚染

生活排水は"トイレの排水"と、台所・洗濯・風呂などの"雑排水"とに分けられる。BOD(生物化学的酸素要求量)の指標に換算すると、雑排水は生活排水の汚濁原因の70％を占めている。なかでも、台所からの排水は、生活排水全体の約40％を占めており、環境に少なからぬ負荷を与えている。調理後の鍋やフライパンに残った煮汁や油分、皿の汚れなどはなるべく流さないよう、いらない紙や布でできるだけふき取るようにするとよい。また、食べ残し、飲み残しをしないよう適度な量の調理を心がけることも必要である。

(3) 家庭ごみとリサイクル

国内の一般廃棄物のうち、家庭から出る生活系ごみは約65％を占め、事業系から出るごみの量を上回っている。生活系ごみは生ごみと包装ごみに大別され、どちらも減量が求められている。

循環型社会形成推進基本法(2000年)により、製品や廃棄物の回収と再資源化が義務づけられている。リサイクルのため分別回収が行われているが、国民一人ひとりの意識と努力が不可欠であるとともに、政策的なさらなる再資源化の推進が望まれる(図1-2-6参照)。

●生物化学的酸素要求量(BOD)

水中の有機物などの量を、その酸化分解のために微生物が必要とする酸素の量で表したもの。通常mg/lで表わす。

一般に、BOD (Biochemical oxygen demand)の値が大きいほど、その水質は悪いといえる。ただし、物質により測定にかかる時間や捕捉割合が異なる。でんぷん、たんぱく質、脂質などは加水分解による低分子化過程を経るため、吸収されるまで時間がかかり、30～70％の捕捉とされる。

●容器包装リサイクル法

「容器包装に係る分別収集、及び再商品化の促進等に関する法律」(1995年制定、2000年完全実施)。商品を入れる「特定容器」と商品を包む「特定包装」を合わせて「容器包装」といい、容器包装リサイクル法の対象となる。包材ごとの識別マークの表示が義務づけられた。

●食品リサイクル法

「食品循環資源の再生利用等の促進に関する法律」の略称。2000年に制定され、最近では、2007年の改正があった。食品の製造・販売事業者、レストランなどを対象に、食品廃棄物の発生抑制・リサイクル(肥料化、飼料化など)・減量・熱回収を促進することを目的とした法律

3. 食事文化

1 日本の食事様式，供食の歴史

　食生活の歴史は連続した日々の重なりにあるが，ここでは日本の食事様式の成り立ちを鮮明にするために，基層期，黎明期，発達期，完成期，和洋混合期に分けて記してみたい。また，それらは庶民の日常のものというよりも，公家や武士などの限られた人々の儀礼や宴会の食事様式が中心となっていることも述べておきたい。

（1）基層期（縄文時代，弥生時代）

　狩猟や漁猟により食物を採取し，自然物を雑食していた時代を経て，稲作農耕時代が到来する。米食の始まりとともに，自然物雑食から主食・副食の概念が形成されたといわれている。主食と副食の区別は，西洋の食事様式にはみられない概念で，その後の日本の食事様式における基盤とされる。なお，この時代の米食は甑（こしき）で蒸した強飯（こわめし）で，現在のような炊いた飯となるのは平安時代以降であると長くいわれてきたが，日常生活では，むしろ炊く方法が中心であったという説もある。

　また，こめが保存可能な食物であったことから，富の偏在が生まれ，階級社会がつくられることとなる。一方そのような階級社会が，多彩な料理文化誕生のエネルギー源となっていることは，日本に限らず，世界の歴史をみても同様である。

（2）黎明期（奈良時代，平安時代）

　大陸，すなわち隋・唐との交流は，日本の政治，経済，文化に大きな影響をおよぼした。この時代は日本の食生活史における唐文化模倣期とよばれている。また，都を中心とした中央集権国家は貴族階級を富裕にし，唐風模倣の生活様式が繰りひろげられた。一方，米食は貴族階級にかぎられ，農民はあわ・ひえが主であった。

　仏教の伝来は，殺生禁断の教えによる肉食の禁止をもたらし，このことが精進料理の創出につながる。

　また，平安時代には大陸文化による年中行事が定着し，行事本来の意味よりも宮中行事として形式化され，後にこれらの年中行事は庶民の生活にも広がっていく。また，律令政治は生活様式にもその影響がみられ，客をもてなす食事様式である供応食の形式化が進んだ。

● 稲作の開始

　縄文後期から稲作が始まったとされ，それ以前は，つり・銛・網による近海魚の漁獲，弓，やり，投石による野鳥類の狩猟，野や山に自生する植物採集などで食事をし，食器は土器，木の葉，石器などを使用し，手食であった。

● 塩・砂糖の歴史

　塩は人体には欠くべからざるもので調味料の基本であるが，海水から結晶塩をとる方法は自然物雑食時代にはなく，農耕時代に入ってからである（縄文後期になって魚や動物の内臓からの塩分，藻塩焼の利用などがある）。また，甘味調味料には，みつ，乾燥果実，あめなどが用いられていた。

　現在のような砂糖は奈良時代に遣唐使により渡来したとされるが，調味料とすることはほとんどなく薬とされていた。

● 食　器

　宮中や貴族では，食器は土器，木製器が一般的であったが，奈良時代になると大陸からの影響を受けて，陶磁器，金属器，ガラス器も用いられるようになる。また，平安時代になると，漆塗食器が加わり，外側は黒，内側は赤に塗った食器が登場する。

● 肉食の禁止

　肉食の禁止は，仏教伝来当初は貴族などの支配者階級に過ぎなかったが，仏教の広がりによって，庶民の日常生活にも影響をおよぼすようになっていった。

このように，平安時代には古来の食習慣に加えて，日本料理の基本が形成されたといわれている。

（3）発達期（鎌倉時代，室町時代，安土桃山時代）

公家社会で形成された，形式的で副食中心の食文化は，武士の台頭により大きく変化する。武士の日常生活は簡素で，形式に縛られず実際的であったとされる。武士階級における供応食も簡素で形式にとらわれないものであったが，粗野で無骨な武士社会が洗練されていく過程において，公家社会の形式に則る食事様式の影響も少なからずみられる。

この時代に成立した本膳料理の食事形式は日本の食事様式の基本とされ，主食（飯）と主菜，副菜，汁による食事の料理構成の基本型（図1-3-1）ができる。本膳料理は数種類の料理をのせた膳がいくつも客前に並べられるもので，本膳の一汁三菜を基本とし，二汁五菜，三汁七菜などがある（図1-3-2）。

鎌倉時代に輸入された茶は，新興大名による華やかな茶会から，自己を見つめる精神的な深さを求める書院での喫茶を経て，村田珠光により禅の精神と庶民の茶を総合した茶道として形づくられる。千利休は豊臣秀吉の茶頭となり，村田珠光以降の茶道を大成させた茶人としてその名が後世に知られている。茶道の誕生により，茶会の席の料理として，新たな食事様式である懐石料理が生まれる。

また，従来の中国，朝鮮に加えて，東南アジアや南蛮人（ポルトガル人など）の渡来による食材，料理がみられるのもこの時期の特徴である。

● 日本の食事の基本料理構成「一汁二菜」
食生活指針（2000）の「主食・主菜・副菜を基本に，食事のバランスを」にあげられている，食事の基本料理構成の原形は，すでに鎌倉時代に築かれている。

● 懐石料理
本膳料理の形式にとらわれず，温かいものが食べられるように料理を順に供するようにした。この供食方法は後の会席料理にも引き継がれることとなる。

● 南蛮料理・菓子
渡来した作物には，西瓜（すいか），南瓜（かぼちゃ），甘藷（さつまいも）など。料理には，天ぷら，菓子ではカステラ，こんぺいとうなどがある。
これらは江戸時代に完成される日本料理の多彩さにも影響をおよぼしていく。

図1-3-1　一汁二菜の配膳図

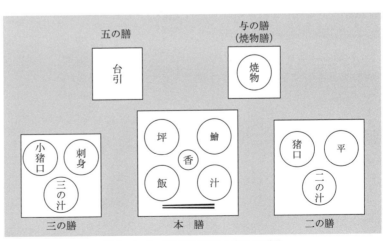

図1-3-2　本膳料理三汁七菜の配膳図

3．食事文化

（4）完成期（江戸時代）

　江戸時代の鎖国政策は，外来の食文化を日本独自のものとして発展させていく契機となった。現在の日本料理が集大成されるのがこの時期である。また，経済の発展に伴い財力をもった商人が，会合する場として「料理屋」が誕生した。

　また，この時代には版木を用いた印刷技術が定着し，料理に関する書物が多く出版され，料理や食情報が広く流布された。これらの料理屋文化や書物の出版などは，日本料理の発展に深く関わっている。

　料理屋で供される料理を会席料理といい，本膳料理や懐石料理をより自由にした形式のもので，現在の日本料理の客膳料理には，この形式が広く用いられている。会席料理の食事様式は，ひとつに形式化されたものはないが，一般的には前菜，向付（刺身など），吸い物，焼物，煮物，揚物，蒸物，止め椀（みそ汁），香の物，飯の順に供される。

　その他外国の食事様式が日本化したものに，卓袱料理，普茶料理がある。卓袱料理は長崎で貿易のあった外国や中国の影響を受け，独自に発達した料理で，膳を用いず食卓（卓袱台）を囲むところからこの名がついた。料理は大皿に盛られ，各自の取り皿に取り分ける。普茶料理は黄檗宗（仏教の宗派）の寺院で始まった料理で，中国風の精進料理ともいわれる。

（5）和洋混合期（明治時代以降）

　明治以降の西洋文化の流入による洋風料理は，近代の日本の食事様式に大きな影響を与えた。また，第二次世界大戦後の急激な経済発展による食事の洋風化は，人々の健康（生活習慣病）や日本の食料自給率低下等の課題につながっている。日本の食事様式の歴史を振り返ると，それは常に外来の食文化との融合にあった。現在においても，外来の食文化（洋風料理）を日本の食生活に合うよう融合していくことが求められている。

2　日本の食事文化

（1）行事食

① 行事と食物のつながり

　私たちの食生活は，日々営まれる日常の食と，特別なことがある日の食があり，後者を一般に行事食とよんでいる。行事には正月，節句，盆，彼岸のような年中行事，入学・卒業，成人式，還暦，結婚などの人生の節目にある行事（ライフ・イ

● 料理本

　江戸時代には日本料理に関する書物が多く出されており，「本朝食鑑」，「料理物語」，「料理通」などがある。これらの中には現代文に訳されているものや再現した料理が記載されているものなどがあることから，これらを通して，現在の日本料理の原型にふれてみるのもよい。

● 「料理物語」（1643）

　江戸時代の代表的な料理書。料理材料や調理法を具体的に書いたものとしては日本で最も古く，著者は不明である。

　1988年には現代語訳が刊行（平野雅章訳 教育社）されている。

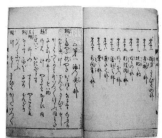

たいの料理名として「はまやき，杉やき，かまぼこ，なます，しもふり」などがあげられている。

● 精進料理

　「精進とは宗教的規制に従ったある種の忌み食いともいうべきタブーをさしており，単純になまぐさの入らない料理とは規定できない。（中略）寺院生活のタブーに規制された食礼として出発した仏教的な精進料理は，（中略）魚鳥料理からみれば粗末な料理であった。

　しかし日本人の独特の料理感覚は精進の主たる材料である，野菜料理の妙を創造する。すなわち，そのとき精進は寺院生活から一般人の生活の場へと広がり，宗教的なタブー性を失って，みごとな野菜料理の別称として日常生活に定着したのであった。」という熊倉の指摘は，精進料理を理解するうえで興味深い。

　大豆製品の「がんもどき」は雁の肉に似せた「もどき料理」である。このような多様な「もどき料理」がみられるのも精進料理の特徴である。

ベント），田植え，収穫などの農耕に関する行事など，さまざまなものがある。

これらの行事には，それぞれの行事に応じた食物（料理・食事）が供せられる。たとえば，端午（たんご）の節句のかしわ餅，冬至のかぼちゃなど，行事と食物のつながりは深い。また，行事と食物のつながりは，無病息災，豊作祈願，子孫繁栄など，人々の願いを食物に託したものであるが，病気の予防や食品の腐敗防止などの生活の知恵を伴っているものも多い。

(2) 年中行事

一年の暦に基づく行事を年中行事という。その歴史をみると，奈良時代に中国（唐）から伝わった暦法で，季節の植物から生命力をもらい邪気を祓う目的であった。それが日本の風習と合わさり，宮中で邪気を祓う宴会となった。その後，江戸時代に五節句（1月7日，3月3日，5月5日，7月7日，9月9日）が式日として定められた。明治時代に入ると，この制度は廃止されたが，民間行事として現在に続いている。

これら節句に食べる食事を「お節」といい，正月の「おせち」にその名が残っている（表1-3-1）。

(3) 現代における行事食

民俗学では日常を「ケ（褻）」，儀礼，祭りを「ハレ（晴れ）」といい，柳田國男（1931）は明治以降の近代化のなかで，ハレとケの食事の区別が曖昧になってきていると指摘している。

近年，私たちの生活は農耕から遠くなり，冠婚葬祭は専門業者に委ねることが多くなった。これらの食環境の変化により，行事食の多くが家庭内から外食産業へと移行しつつある。

また，経済の発展により，ハレの日の食物だったものが日常化している。私たち日本人が培ってきた，食物を通して特別な日（行事）を味わう感性を，現代の行事食のなかでどのようにして表現していくかが問われている。

近年の食品流通および食情報の広域化により，日本の行事食は全国画一化する傾向がみられる。たとえば，大晦日に年越しそばを食べる習慣が日本中に広がったのは，1970年代以降であるといわれる。それ以前では，関西・四国地方などはうどん，沖縄は沖縄そばであった。また，そばを食べるにしても，元旦や小正月（15日）に食べる地域もあった。これらのことから，食文化の担い手には，行事食づくりにおいても，自分の住んでいる地域における行事食を確認しつつ進めることが求められている。

● 端午の節句：かしわ餅

端午の節句は，ちまき（粽）が代表的な食物。中国の武人が湖で水死した日が5月5日で，その弔いのために竹の筒にこめを入れ湖に投じたことに始まる中国の風習が日本に伝わったもの。かしわ餅は，江戸時代にちまきの代わりに端午の節句に食べられるようになったのが始まりで，葉で包むことからちまきに由来するものといわれているが詳細は不明。かしわの葉の殺菌作用で保存性がよい。また，かしわの葉は若い葉が出ないと古葉が落ちないことから，跡継ぎが絶えない，子孫繁栄にもつながるともいわれている。

● 冬至：かぼちゃ

昔から冬至（12月22日頃）にかぼちゃを食べると風邪をひかないと，江戸時代頃からいい伝えられている。かぼちゃは夏に収穫されるが，保存に強いことから，当時，緑黄色野菜が不足する冬季まで，かぼちゃを保存しておいて食べるという生活の知恵である。

● 五節句

1月7日（人日：じんじつ）七草粥
3月3日（上巳：じょうし）白酒，
　　　　　　　　　　　　くさ餅
5月5日（端午：たんご）ちまき，
　　　　　　　　　　　かしわ餅
7月7日（七夕：たなばた，（しちせき）），
　　　　　　　　　　そうめん
9月9日（重陽：ちょうよう）菊酒

江戸幕府が公的な祝日として制定。1月を除いてすべて奇数の重なる日となっている。これは奇数を吉とする中国の考え方の影響である。

● 節供（せっく）

節句では，いずれもその季節に見合った供物を神にささげ，その供物を人々が共に飲食する。そのため，節句を「節供」と書くこともある。

さらに，現代の日本には，クリスマスなど本来は欧米の宗教的な行事であったものが，12月の行事（食）となっているものもある。ローストチキンは祝日のごちそうとして，丸ごとの鶏や七面鳥を焼く習慣が，日本風の鶏肉料理に変化したものである。クリスマスケーキもイギリスのミンスパイ，クリスマスプディング，フランスのブッシュ・ド・ノエルなどが，日本風のクリスマスケーキに形を変えた。日本人は外来の食文化を取り込み，日本風に創り上げることが伝統的に得意であり，長所でもあるが，それらの本来の形や意味について知ることは，行事食の見方を深めることとなろう。

表1-3-1　主な年中行事と行事食

月　日	行事名	代表的な食物
1月1日	正月	おせち料理
1月7日	七草	七草粥（せり，なずな，ごぎょう，はこべら，ほとけのざ，すずな，すずしろ）
1月11日	鏡開き	鏡餅を砕いて，しるこにする
1月15日	小正月	あずき粥
2月4日	節分	いり大豆
3月3日	ひな祭り	白酒，くさ餅，ちらしずし，はまぐりの汁など
3月21日	春の彼岸	ぼた餅
4月8日	灌仏会1)	甘茶
5月5日	端午の節句	ちまき，かしわ餅，菖蒲酒
7月7日	七夕	そうめん
7月土用の丑の日	土用の丑	うなぎ
8月中旬	盆	精進料理など
9月中旬	中秋の名月	きぬかつぎ（さといも），月見だんご
9月23日	秋の彼岸	おはぎ
10月～11月	秋の収穫を祝う祭	収穫されたこめ，野菜などを使った料理
12月22日	冬至	かぼちゃ，粥
12月31日	大晦日	年越しそば，地域によってはおせち料理2)

注] 1) 灌仏会（かんぶつえ）：お釈迦様の誕生日。甘茶（干した甘茶の葉を煮だしたもの）を釈迦像にかけて祝う。
　　2) 太陰暦（現在は太陽暦）では，太陽が沈むのをまって1日が始まるとされており，12月31日の夜はすでに正月の始まりとされていたことから，地域によっては，お年取り（としとり）とよび大晦日にごちそうを食べる。

●二十四節気（にじゅうしせっき）
　冬至を原点にして，1年を24等分し，寒い暑いという季節の変わり目を二十四節気とよんでいる。

　　1月：小寒，大寒
　　2月：立春，雨水
　　3月：啓蟄，春分
　　4月：清明，穀雨
　　5月：立夏，小満
　　6月：芒種，夏至
　　7月：小暑，大暑
　　8月：立秋，処暑
　　9月：白露，秋分
　　10月：寒露，霜降
　　11月：立冬，小雪
　　12月：大雪，冬至

　二十四節気を5日ずつに分け，虫，鳥，植物などの動きをもり込んで表した季節として七十二候がある。中国から伝わったものであり，江戸時代に宮廷の宴から民家の間に広まった数々の行事，および現代の年中行事には，長い間培われた日本の食事文化が伝承されている。

●「聞き書　日本の食生活全集」宮城県

　大正末期から昭和初期の人々の食生活を，その基盤となる生活意識，環境を含めて忠実に記録し，都道府県別に編集された貴重な資料。全国各地でお年寄りから聞き取り調査が行われた。
　その「刊行のねらい」には，「食文化を昔からの有名料理や日本料理に限定せず，各地域で庶民によって培われ受け継がれてきた食べもの・食生活の総称と考えたいと思います。」

(2) 郷土食
(1) 郷土食とは

郷土食とは，ある地方特有の食材を用いた伝統的な料理・食品である。また，食材および調理法により，以下の3つに分類することができるといわれている。

①ある地方に特産する食材を用い，独自の調理法によるもの。
②ある地方の特産の食材が乾燥・塩蔵されてほかの地方に運ばれ，運ばれた地方で発達したもの。
③広域で共通する食材を，同じような調理法でつくり，各地方により若干の違いがあるもの。

〔郷土食の分類と例〕

手こねずし（三重）

伊勢志摩地方に伝わる漁師料理。漁師が船上でとれたての魚（かつお等）を切ってしょうゆにつけてから，すし飯に混ぜたもの。船上で仕事をしながら，簡単に食べられることと，魚と飯の日持ちをよくするためにできた料理といわれている。

さばすし，にしんそば（京都）

若狭地方（福井）で獲れた魚介は，京都まで運ぶために塩蔵され，それを酢で塩をやわらげ，押し寿司となったのが「さばすし」である。また，アイヌの保存食であった身欠にしん（干魚）が，北前船で京都まで運ばれ，「にしんそば」が生まれた。京都は地理的に鮮魚が入手しにくかったが，食文化は発達していた。手間をかけ，洗練した料理に仕上げられているのは，京都ならではの郷土料理である。

はっと（宮城），ひっつみ（岩手），ほうとう（山梨），おっきりこみ（群馬）

いずれも，小麦粉を水でこねたものを，手でちぎったり，切ってから，旬の野菜などの汁に入れて煮る。味つけはみそ，しょうゆなどさまざまである。

(2) 日常食にみる地域性

郷土料理，すなわち地域特有の料理には，日常の食卓にのぼるものと特別の日のものがあり，後者は行事食とも重なる。一方，前者のように，その地域では日常的に食べられている料理であるが，日常的であるがゆえに，あえて郷土料理として取りあげられていないものもある。

筆者が調査した東北南部の「なすいり」，「ひきないり」などとよばれる，野菜のいり煮を例にあげる。「いり煮」は野菜を油で炒めた後，短時間煮る料理（たとえば，きんぴらなど）として，全国的にみられる。しかし，年間を通して用いられ

「全国各地の伝統的な食生活は，それぞれの自然，および農耕地の活用，歴史的に尽くせ記された料理・加工技法，健康に生き，また楽しむための知恵，永住・永続への願いなどが集約されて成立・発展し，受け継がれてきました。（中略）そのために，食文化は優れて地域性をもつものでありました。」とあり，歴史的資料としてだけでなく，現代社会の課題を考えるためのものとなることが期待されている。

●「なすいり」にみられる材料の多様性

宮城県調査（1997）で収集したいり煮1913品中，代表的ないり煮である「なすいり」364品をみると，「なすいり」の副材料はピーマンが多用されているが，材料の組合せは66種類と多く，身近な材料や家族の嗜好などにより多様な展開がみられる。

①なすのみ （106件29％）
  副材料なし

②なす＋1品 （177件48％）
  副材料　ピーマン，たまねぎ
　　　　　油麸など21種

③なす＋2品 （54件15％）
  副材料　ピーマン，たまねぎ
　　　　　など24種

④なす＋3品 （18件5％）
  副材料　ピーマン，にんじん
　　　　　こんにゃくなど13種

⑤なす＋4品 （7件2％）
  副材料　ピーマン，たまねぎ
　　　　　トマト，肉など6種

⑥なす＋5品 （26件1％）
  副材料　ピーマン，たまねぎ
　　　　　にんじん，きのこ，肉
　　　　　など2種

365件100％

る食材の多様さはこの地域の特徴であり，地域性のある料理といってよいだろう。このように，地域で伝統的に継承されてきた日常食には，季節ごとに収穫される野菜を簡便に食卓にあげるなどの合理性がみられる。これらの食事づくりの合理性は，食材の入手環境が異なる現代においても活用できる生活の知恵である。

(3) 現代における日本の郷土食

1993年に住民参加型の地域活性化策として生まれた「道の駅」（幹線道路の休憩施設）が，2011年には約1000ヶ所となり，急激に全国各地で発展しつつある。そこでは，地域の特産物とともに，地域で伝承されてきた郷土料理が提供されている。また，インターネットによる郷土料理の通信販売市場の拡大等，近年，郷土料理が家庭や地域から外部化していく傾向がみられる。このような近年の郷土食の動向が，郷土食の内容そのものや人々の郷土食観（郷土食とは何か）の変容につながるのではないだろうか。伝統とはその時代に適応する中で継承されていくといわれるが，現代の郷土食は多様な実体を有している。

● 食の伝承

日本の風土と歴史のなかで培われ，伝承されてきた優れた食文化を次の世代に受け渡すことは，重要な課題である。

● 郷土食の再発見

スローフード運動は「便利・安価・画一化」のファストフードに反対するものであるが，必ずしもファストフードの不買運動ではなく，食物のつくり手（生産・流通・加工・調理）と食べ手（消費者）の関係を丁寧につなぎ，小規模で質の高い食材や料理を守っていこうとするものである。これらのスローフードの考え方は，日本の「地産地消」，「身土不二（自分の住んでいる土地で取れたものを食べるのが身体によい）」運動とも共通するもので，近年の自分の食べる食物がどこでつくられたのかわからない食生活への危機感の表れでもある（p.6スローフード運動参照）。

3 西洋の食事様式，供食

西洋料理とはヨーロッパや北米の料理の総称である。ヨーロッパではイタリア（ローマ）を中心として食文化が発達したが，16世紀にイタリアの富豪の娘がフランスの王子との結婚

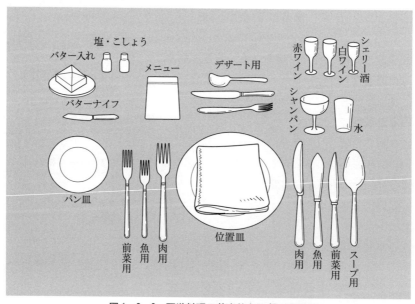

図1-3-3 西洋料理の基本的な正餐の配膳図

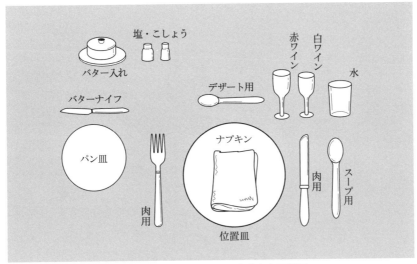
図1-3-4　西洋料理の家庭向き配膳図

に際して，イタリアから多くの料理人を連れてきたことから，フランスに料理文化が伝わった。その後，フランスの料理文化は宮廷料理として発展し，フランス革命（1789年）後，貴族の料理人だった者が街中で料理店を開くことにより，料理文化が一般の人々まで広がった。現在はフランス料理が西洋料理の代名詞といわれるようになっている。

正餐や晩餐といわれる，正式で格式の高い宴会の食事形式は，前菜，スープ，魚料理，肉料理，氷菓，蒸し焼き料理，野菜料理，デザート，果物，コーヒーで構成されることが多い（図1-3-3）。家庭的な献立では，前菜，肉または魚料理，デザート，コーヒーを基本とし，前菜をスープに変える，野菜料理を加えるなど，適宜食べ手や入手できる食材などに応じて食事を構成する（図1-3-4）。

その他，パーティーの食事形式にはビュッフェ，バイキングなどがある。

4　中国の食事様式，供食

中国は，長い歴史と広大な国土による多様な食材によって，世界中に広がる中国料理が築かれた。広大な国土は各地域の気候・風土などの自然条件や交通などにより，食材や食文化の違いがあり，料理もそれぞれの地域で特徴がみられる。

（1）各地域料理の特徴

各地域の特徴と料理をうかがい知ることができる地図を図1-3-5に示した。

● ビュッフェ

ビュッフェの始まりは，出席者が手製料理をもち寄り，それぞれが取り皿にとって食べるという形式ばらないもので，出席者が親しく交流できるように立食であった。現在も出席者の交流を目的とするところは変わらないが，公的な宴会の場合にも行われることが多い。

● バイキング

ビュッフェと似た形式であるが，食事をする席は決まっていて，セルフサービスでとった料理を席まで運んで食べる。バイキングは，もともとは北欧でテーブルにパンや酢漬けや燻製などを並べ，各自がパンの上に乗せて食べるものであった。

日本では北欧から海賊（バイキング）を連想して，このようによぶようになった。現在，ホテル（朝食に多い）や学校給食などでも行われている。

● 飲茶

飲茶とは中国茶を飲みながら点心を食べるもので，中国広東省，香港を中心に軽食，間食に行われている食事様式。日本の茶の習慣も中国から伝わった。

中国の茶は製造過程の発酵の違いにより，緑茶，白茶，黄茶，青茶，紅茶，黒茶と多種類。日本でもよく知られる烏龍茶，鉄観音茶は青茶（半発酵茶）。

点心には甘味だけでなく，餃子，焼売，春巻，めんなどの料理も含まれる。

図1-3-5 中国の四大料理地図

(1) 北方系
　北京料理が代表的な料理。北京は長い間首都として発展してきたことから，宮廷料理，上京した人々による郷土の自慢料理，この地域にもともとあった料理などが渾然一体となったものである。なかでも，北京を首都とした満州族の料理である，烤鴨子(北京ダック)，羊肉(羊肉のしゃぶしゃぶ)は北京料理として有名である。また，畑作(こむぎ)地域であるため，小麦粉を用いた，麺，包子(肉饅頭，あん饅頭など)，餃子(ギョーザ)が多くつくられている。

(2) 東方系
　上海料理が代表的な料理。東シナ海，揚子江や黄河を結ぶ運河などによる魚介類を使ったものが多い。また，中国最大の商業都市である上海には地方から人々が集まることから，素朴な地方料理が発展したものもある。味つけとしては，しょうゆや砂糖で甘辛くしたものや酸味のある料理が多いのも特徴である。

(3) 西方系
　四川料理が代表的な料理。中国の奥地四川省を中心としたもので，厳しい自然環境により，長期保存できる漬物や乾物，とうがらし，さんしょう，しょうが，にんにくなどによる辛味や薬味が特徴である。なかでも，麻婆豆腐は四川料理を代表するものとして有名である。

(4) 南方系
　広州料理(広東料理)が代表的な料理。

●中国の4大料理
　北京料理
　上海料理
　四川料理
　広東料理である。

●生活文化圏と料理
　中国は国土が広く，地域によって気候・風土が異なるため，産物も豊かであり，山や大河などで生活文化圏が分かれている。そのため，料理もその地方色を出して豊かである。

●油脂類の使い方
　中国料理の特徴といえば，やはり油脂の使い方であろう。動物性油脂では，牛脂・豚脂，鶏脂，バターなど，植物性としては大豆油，ごま油，らっかせい油などが使われる。近頃は，くせのないサラダ油も使われている。
炒める場合：にんにく，ねぎ，しょうがなどを炒め，その香味成分を油に移す。
揚げる場合：油切れをよくするため2度揚げをする。
など油の使い方がみごとである。

この地域は亜熱帯の気温と雨量に恵まれ，食材が豊富である。また，米作地域であることから，主食は米食である。調味は北方系が濃厚な味であるのに対して，広東料理は，材料のもち味を生かした淡白な味であることが特徴である。南方諸国，西洋との交流もあり，トマトケチャップやパンを使った料理もみられる。また，喫茶の習慣から発達した飲茶(ヤムチャ)は，現在も多くの人々に親しまれている。

（2）中国料理の献立

　中国料理の献立は菜単(ツァイタン)，菜譜(ツァイプ)とよばれる。献立は前菜，大菜(ターツァイ)，点心で構成されるのが一般的である。
　前菜には冷たい和え物などを皿に盛り合わせたもの（拼盤(ピンパン)）がある。大菜は炒物，煮物，揚物，蒸物などの調理法を組合せている。
　魚介や肉料理をメインに野菜料理を加えていく。また，調味は始めはうす味とし，その後濃厚にしていくとバランスがよい。
　料理の最後はスープ（湯(タン)）となり，その後，点心（甘味，デザート），果物，茶が出される。

● 献　立
　前菜→大菜→点心の順に組まれている。

● 食卓のマナー
　特に「はし」と「ちりれんげ」を使って食べる。具やめん類を一度ちりれんげにとると，汁がとびちらない。

● 食事様式
　中国料理は大皿盛りにされ，食卓を囲んだ人々がとり分けて食べる様式である。正式な献立では，一卓8～10人とし，料理は6～8品，前菜と点心を加えて，8～10品（偶数）で構成するのが標準とされている。
　日常の献立では，前菜，料理（肉・魚介料理と野菜料理の2品），スープ・飯，点心と中国茶を基本として構成してもよい。

宮城県の「はっと」作りの事例

● 郷土料理を題材とした授業（小学6年）
　郷土料理を題材とした授業は，地域特有の食文化のよさを知るための内容である。しかし，食環境が大きく変化し，食料自給率が4割という現実を前に，伝統のよさのみを伝えることだけでよいのだろうか。

　　宮城県の郷土料理「はっと」を題材にして，材料の小麦粉の86％が輸入であることを通して，現代における郷土料理とは何かについて考える授業を試みた。

　授業は3時間の構成である。前半（4・5時間目）の「はっと」作りでは，郷土料理の「はっと」が地元の食材で作られることを単なる知識としてではなく，楽しく作り，おいしく食べる体験を通して実感する。
　後半（6時間目）では「はっと」の材料である小麦粉がほとんど輸入であることを知り，外国産の食材を用いて郷土料理を作っているという矛盾に出合う。そして，輸入食材を用いているものを郷土料理といってよいのかについて考える（p4　図1-2-2参照）。

　　　　　　　＊　＊　＊　＊　＊

　子どもたちは郷土料理とは言えない，言いたくない気持ちを一方にもちながらも，現実を直視したとき，なんとか郷土料理と言える論理を考える。
　地元食材を使った「はっと」を作って食べたことが子どもの心の揺れを大きくしている。
　調理体験は子どもの認識を変えるのである。答えは一つではないし，簡単でもない。食文化の題材は議論を触発する授業にぴったりであった。

4. 食の嗜好性

1 おいしさの要因

(1) おいしさに影響する要因

おいしさには，食べ物のもつ味，におい，食感などの感覚要素，食べる側の状態，経験，食べるときの環境などが大きく影響する（図1-4-1）。食べる側の状態では，叱られて食べるときは，おいしくないといった喜怒哀楽の感情や精神の緊張度などの心理的要因や，空腹・満腹，のどの渇きや健康状態などの生理的要因もおいしさに影響する。

また，苦味物質への感受性などの遺伝的要因，年齢，性別などもおいしさに影響する。さらに，環境的要因では，食文化，宗教などの食環境，および食べる人のそれまでの食習慣や食経験の程度も影響をおよぼす。加えて，天候，気温，湿度，明暗，音楽，室内装飾などの外部環境もおいしさに影響をおよぼす。

● おいしさとは

おいしさとは，食べものを摂取したときに感じる快感である。人は食べることにより空腹や栄養的必要を満たすだけでなく，おいしさを感じる。おいしさは食事の喜びや満足感に密接に関わるとともに，消化吸収，食欲，次への食物選択に影響する。

(2) おいしさと感覚要素

食べ物の感覚要素を図1-4-2に示す。私たちは，食べ物を口に入れる前にその外観（色，つや，形，盛つけ）をとらえ（視覚），においをかいで（嗅覚），おいしそうだと思ったり，季節を感じたり，前に食べたシーンを思い出したりする。また，食べ物を口に入れた後は，咀しゃくや嚥下をしながら味（味覚）や風味（味覚・嗅覚）を感じ，噛んだときの音（聴覚），

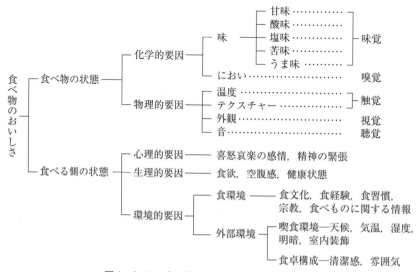

図1-4-1　食べ物のおいしさに関与する要因

出典：川端晶子：おいしさを科学する，77．4　p.437，臨床栄養(1990)を一部改変

表1-4-1　おいしさに貢献する化学的・物理的味の割合

食品名	化学的味(%)	物理的味(%)
練りようかん	36.0	62.7
ポタージュ	48.8	34.2
粉ふきいも	33.3	59.0
にんじんのグラッセ	36.2	62.1
卵豆腐	22.0	72.7
なすぬかみそ漬け	54.2	41.7
オレンジジュース	65.6	18.3
ほうれんそうおひたし	33.5	65.4
栗きんとん	36.8	63.2
清酒	65.3	10.7
白飯	21.5	62.0
ビフテキ	45.3	38.2
煮豆(黒豆)	32.6	67.4
クッキー	41.0	59.0
だんご	28.6	70.4
水ようかん	33.4	53.8

出典：松本仲子他：調理科学, 10, p.99(1977)

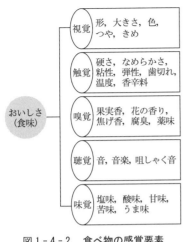

図1-4-2　食べ物の感覚要素
出典：鳥居邦夫他：調理科学講座1
「調理とおいしさの科学」p.95, 朝倉書店
(1993)

口内での硬さ，温度，熱感，舌触り，のどごし(触覚)等々の食べ物のもつおいしさの感覚要素を五感で受けとめる。

食べ物の感覚要素のうち，味とにおいの化学的味と，温度，硬さ，音などの物理的味について食べ物のおいしさに寄与する割合をみると，食品や料理によってそれらの寄与の程度は異なる(表1-4-1)。

2　五感とおいしさ

(1) 知　覚

(1) おいしさに関わる情報伝達

食べ物のおいしさに関わる味，におい，食感，温度，音，外観などの感覚刺激は，味覚，嗅覚，聴覚，視覚では各感覚の受容器，すなわち，味では舌などにある味蕾の味細胞，においでは，鼻腔の嗅上皮(嗅粘膜)の嗅細胞，音では内耳のコルチのらせん器の有毛細胞，視覚では網膜の視細胞で各々の刺激を受容し，それによって生じた電気信号(インパルス)が神経情報として大脳に送られ，知覚される。一方，触覚，圧覚，痛覚，温覚，冷覚などの一般体性感覚は，受容器が特殊化されていない感覚であり，口腔の舌，粘膜や歯根膜などに伝わった触，圧，痛，温度の刺激を体性感覚神経が神経情報として大脳に送り，知覚される。各種の感覚情報は，大脳皮質の各感覚野で処理される。味覚，嗅覚，視覚，聴覚，一般体性感覚(触，痛，温，冷など)および内臓感覚の情報は，前

● 五感
私たちは食べ物のおいしさを5つの感覚(味覚，嗅覚，触覚，視覚，聴覚)をはじめ，一般体性感覚などを含む五感で感じている。

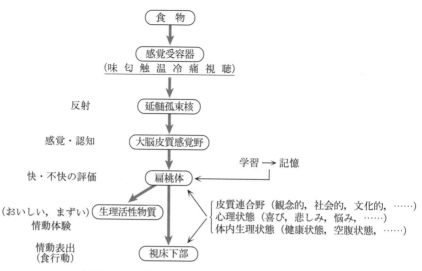

図1-4-3　食べ物の摂取に伴うおいしさ等の判断経路
（原題：摂取時の各脳部位の働きとそれを制御する要因）　出典：山本隆：遺伝50巻5号, p.23 (1996)

頭連合野に入り，食べ物のもつ複雑な感覚要素が総合的に判断される（図1-4-3）。

(2) おいしさの評価・価値判断（図1-4-4）

　食べ物のおいしさ，まずさの判断が脳のどこで，どのようになされるのかについて，次第に明らかになってきている。第一次味覚野は，甘い・苦いといった味の質を分析する部位であり，第二次味覚野は，おいしさ・まずさの嗜好性の判断がされる。

　食べ物を口のなかでかんでいる間に食物成分が唾液と混じり舌を刺激する。舌や口のなかからの信号は脳の入り口といえる延髄孤束核に伝えられる。延髄孤束核は後頭部にあり，おいしさにかかわる信号の，脳の入り口でもあり，すべての信号を整列させる。延髄孤束核に整列した信号は脳の第一次味覚野に別々に送られて味覚が統合される。この時点で何を食べているかが明らかになってくる。統合された情報は価値を判断するために扁桃体に送られる。ここで，おいしさの判断が下される。扁桃体は好ましさの程度に応じて，信号の強さを変えて，側坐核という部位に信号を送り，食行動に直接かかわる視床下部に信号を伝え，最終的においしさが確定して摂食行動を促す。

(2) 味・味の相互作用

(1) 味の種類

① 5基本味　現在，味は甘味，うま味，苦味，酸味，塩味

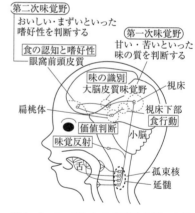

図1-4-4　おいしさを感じる脳の部位
出典：山本隆：「ヒトは脳から太る」p.61, 青春出版社 (2009)

● 別腹

　満腹でも食後の甘味（デザート）や好物は食べることができる。デザートなどを見て，摂食中枢の細胞から摂食促進物質（オレキシン）が分泌され，胃の運動（律動的収縮）が活発となり小腸への排出が促進され，胃にゆとり（別腹）ができるとされる。

表1-4-2 基本味とそれを生じさせる物質

甘　味		塩　味	
糖類	ショ糖，グルコース，果糖，乳糖，マルトースなど	塩化ナトリウム	
アミノ酸	グリシン，アラニン，セリンなど	塩化リチウム	
ペプチド	アスパルテーム……アスパラギン酸とフェニルアラニン		
重金属イオン	塩化ベリリウム，酢酸鉛		
合成甘味剤	サッカリン，シクラミン酸＝チクロ，ズルチン	酸　味	
天然甘味物質	グリチルリチン……甘草の根：トリテルペン配糖体 ステビオシド……パラグアイ原産植物の葉：ジテルペン配糖体 ジヒドロカルコン酸……柑橘類の皮	水素イオン 塩酸，乳酸，蟻酸，酢酸，クエン酸，酒石酸など	
甘味たんぱく質	タウマチン……西アフリカ原産の植物の実 モネリン……西アフリカ原産の植物の実 マビンリン……中国雲南省に自生する植物の種子		
抗う蝕甘味料	カップリングシュガー，パラチノース	うま味	
苦　味		アミノ酸系 L-グルタミン酸	
アルカロイド	ブルシン，キニーネ，ニコチン，カフェイン，テオブロミン	L-アスパラギン酸	
テルペン類	リモニン……柑きつ類 ウリ科の植物，センダン科の植物，ホップの苦味	L-ホモシステイン酸 トリコロミン酸 イボテン酸	
配糖体	ゲンチアナ，センブリ グレープフルーツ，オレンジ……フラバノン配糖体		
アミノ酸	バリン，ロイシン，イソロイシン，トリプトファン，フェニルアラニン……疎水性アミノ酸	核酸系 イノシン酸ナトリウム グアニル酸ナトリウム	
ペプチド	大豆たんぱく質，カゼインをたんぱく質分解酵素で分解後に生じる種々のジペプチド	アデニル酸ナトリウム	
イオン	ヨードカリ，硫酸マグネシウムなど		

出典：山本隆：「脳と味覚－おいしく味わう脳のしくみ」p.10，共立出版(1996)

の5つの基本味からなると考えられている。各基本味を生じる物質も知られている（表1-4-2）。

各基本味は，甘味は糖の存在からエネルギー源，うま味はグルタミン酸などのアミノ酸の存在からたんぱく質，塩味は電解質の恒常性維持からミネラル，酸味は代謝促進や腐敗，苦味は毒物の各信号になっていると考えられている。

② その他の味　5基本味以外にも日常的に使う味の表現には，辛味，渋味，えぐ味，金属味などがあり，各々の味を生じさせる化学物質が知られている（表1-4-3）。辛味は主に口腔粘膜の痛覚や温覚と味覚の複合感覚，渋味は口腔粘膜の収斂感と味覚の複合感覚，えぐ味は味覚やそれ以外の感覚の複合感覚と考えられている。また，さびた包丁や鉄くぎを調理に用いた食べ物を口にしたときに感じる金属味，およびそれに似た電気性味覚は，重金属イオンや陽イオンが非特異的に味覚受容器を刺激する感覚と考えられている。

(2) 味の閾（いき，しきい）

閾とは，刺激による興奮を起こすのに必要な最小の刺激の

● 渋味，えぐ味

渋味は渋柿などで経験する味である。ポリフェノール化合物であるタンニン類が重要な成分である。お茶やコーヒーのように渋味が特徴となることもある。

また，たけのこやぜんまいなど山菜類を水に浸したときに出るあく汁の苦味と渋味が混じったような味をえぐ味という。

● コク

食べ物のコクは，おいしさの厚み，広がり，芳醇性などに関わるといわれるが，定義や詳細は不明である。

表1-4-3 基本味以外の味

味	食品または刺激物	物質名
金属味	重金属	重金属イオン
電気性味覚	陽極性直流通電	陽イオン
えぐ味	たけのこ、わらび ふき、ほうれんそう	ホモゲンチジン酸 シュウ酸、無機塩類
渋 味	かき、くり、 未熟果実、茶	タンニン、没食子酸 カテキン、アルデヒド、無機塩類
辛 味	カレー こしょう とうがらし さんしょう しょうが だいこん	ウコン、ピペリン カプサイシン サンショオール ジンゲロン アリルカラシ油

出典：山本隆：「脳と味覚－おいしく味わう脳のしくみ」 p.23，共立出版(1996)より改編

強さをいう。水に味物質を少しずつ溶解していき，水とは異なるなんらかの味がするようになった濃度を検知閾（判断閾ともいう），さらに溶解して物質固有の味がわかるようになったときの濃度を認知閾（知覚閾ともいう）という。認知閾は検知閾の約1.5～2.5倍である。味覚閾値は，生理学では検知閾をさすことが多いが，調理学では味を感じる最低呈味濃度として認知閾を意味することが多い。閾値は，個人，年齢，生理的状態，測定方法などで異なる。5基本味の閾値の例を表1-4-4に示す。

(3) 呈味物質

① 甘 味　主な甘味物質と甘味度を表1-4-5に示す。甘味度はショ糖（スクロース）を基準に示されている。各種糖類，多価アルコール（糖アルコール），配糖体，たんぱく質，ペプチド，アミノ酸，合成甘味料などがあるが，甘味度は物質で大きく異なる。また，物質により甘味の特徴が異なる。糖類では，ショ糖は安定した甘味，グルコースはさわやかで清涼感のある甘味，果糖はさわやかで強い甘味で，温度による甘味の変化が大きく（図1-4-5），マルトースはコクのあるやさしい甘味である。たんぱく質では，西アフリカ原産の植物の実に含まれるタウマチンとモネリンは強烈な甘味があり，特にモネリンではその甘味が約1時間持続する。これらの甘味は酸や熱による変性で失われる。ペプチドのアスパルテームは，強い甘味でショ糖に似た自然の甘味であり，少量で適度な甘味が得られるためダイエット用に利用される。配糖体

● 閾値の例

表1-4-4 味の閾値

味	物 質	閾値(%)
塩 味	食 塩	0.2
甘 味	砂 糖	0.5
酸 味	酢 酸 塩 酸 酒石酸 クエン酸	0.012 0.007 0.0015 0.0019
苦 味	硫酸キニーネ カフェイン	0.00005 0.006
うま味	L-グルタミン酸ナトリウム 5'-イノシシ酸ナトリウム 5'-グアニル酸ナトリウム	0.03 0.025 0.0125

出典：竹井瑤子：調理科学講座1，「調理とおいしさの科学」p.110，朝倉書店(1993)

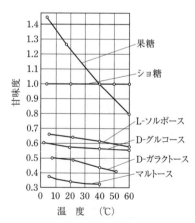

図1-4-5 糖類の温度による甘味度の変化

出典：竹井瑤子：調理科学講座1，「調理とおいしさの科学」p.102，朝倉書店(1993)

表1-4-5　主な甘味物質の甘味度 (p.126参照)

化合物	甘味度*	化合物	甘味度*
糖 類		マルチトール	0.5～0.9
果糖	1.3～1.7	ラクチトール	0.3～0.4
グルコース(ブドウ糖)	0.6～0.7	配糖体	
転化糖	1～1.1	グリチルリチン	50～100
ガラクトース	0.6	ステビオシド	300
ショ糖	1.0	オラシジン	3,000
マルトース(麦芽糖)	0.5	たんぱく質, ペプチド, アミノ酸	
乳糖	0.2～0.3	タウマチン(ソーマチン)	750～1,600
ラムノース	0.3	モネリン	3,000
ラフィノース	0.2	グリシン	0.9
カップリングシュガー	0.55	アラニン(L体)	1.0
ネオシュガー	0.6	トリプトファン(D体)	35
(フラクトオリゴ糖)		アスパルテーム	180
多価アルコール		合成甘味料	
エチレングリコール	0.64	サッカリン	300～500
グリセロール	0.48	サイクラミン酸(チクロ)	30～80
ソルビトール	0.5		
マンニトール	0.7		

＊ショ糖の甘味度を1とした相対値(重量比)

出典：的場輝佳：「食と味覚」p.107. 建帛社(2008)一部修正

では，甘草に含まれるグリチルリチンは強いがくせのある甘味であり，ステビアの葉に含まれるステビオシドは強いが苦味を伴う甘味である。甘味物質の相互作用によって，多くの甘味物質の場合，混ぜたときの甘味の強さは，単独の味の和であるが，ショ糖と果糖，サッカリンとアスパルテームなどでは単独の味の和より強い甘味となる。

食物中のショ糖濃度を表1-4-6に示す。食物の甘味は，ショ糖濃度が同じでも硬さによって感じ方が異なる。

② 塩 味　塩味物質のなかで純粋な塩味を呈するのは食塩(塩化ナトリウム)のみである。塩味を呈する塩類には塩化カリウムや塩化アンモニウムなどもあるが，苦味や渋みなどを伴う塩味である。食物中の食塩濃度を表1-4-7に示す(p.127参照)。

③ 酸 味　酸味は有機酸や無機酸が解離して生じる水素イオン(H^+)によるが，pHが同じでも酸の種類によって酸味の質が異なる。これは陰イオンの相違による。酸味の特徴は，食酢に約4～5％含まれる酢酸は刺激的臭いのある酸味，乳酸は渋味のある穏和な酸味，コハク酸はコクのあるうまい酸味，リンゴ酸はかすかに苦味のあるそう快な酸味，酒石酸はやや渋味のある酸味，アスコルビン酸やクエン酸は穏やかで，そう快な酸味である。

表1-4-6　食物中のショ糖濃度

食物名	ショ糖濃度(％)
煮物・和え物	0～8
飲　物	6～15
アイスクリーム	12～20
ゼリー・プリン	15～20
水ようかん	20～40
あん物	30～50
練りようかん	40～60
ジャム	50～60
キャラメル	70～80
氷砂糖	100

出典：竹井瑤子：調理科学講座1 「調理とおいしさの科学」p.102. 朝倉書店(1990)

④ 苦　味　苦味物質は閾値がきわめて低いものが多い。アルカロイド，テルペン，アミノ酸やペプチドなどに苦味を呈するものがある。食物に含まれる苦味物質を表1-4-8に示す。苦味物質のフェニルチオ尿素（PTC），ブロッコリーやキャベツなどの苦味は強く感じる人と感じない（閾値が極めて高い）人がいる。この感受性の個人差は遺伝形態による。

⑤ うま味　主なうま味物質は，アミノ酸やヌクレオチド（核酸の代謝物質）である。うま味物質の種類と分布を表1-4-9に示す。グルタミン酸ナトリウムは代表的なうま味物質であるが，ナトリウム塩でないグルタミン酸のうま味は酸味を伴っている。緑茶の玉露に多いテアニン，日本酒や貝に含まれるコハク酸もうま味をもつ。

表1-4-7　食物中の食塩濃度

食　物	食塩濃度（％）
味付飯	0.6～0.8
汁　物	0.6～0.8
炒め物	0.7～1.0
蒸し物	0.5～0.8
焼き物	0.7～1.0
煮　物	0.8～1.2
酢の物	0.8～1.2
魚肉加工品	1.5～3.0
漬物（浅漬け）	2～3
漬物（古漬け）	4～5
佃　煮	5～8
塩　辛	5～8

出典：竹井瑤子：調理科学講座1　「調理とおいしさの科学」p.105，朝倉書店(1993)を加筆修正

表1-4-8　苦味物質の種類と分布

種　類	苦味物質	分　布
アルカロイド	カフェイン テオブロミン ニコチン モルヒネ	茶，コーヒー，コーラ ココア，チョコレート タバコ アヘン
テルペノイド	リモノイド ククルビタシン フムロン類	柑橘類 うり類 ホップ
配糖体	ナリンギン ソラニン サポニン	柑橘類 じゃがいも ピーナッツ，アスパラガス
有機化合物	硫酸キニーネ フェニルチオ尿素	キナノキの樹皮
無機塩	カルシウム塩 マグネシウム塩	にがり

出典：竹井瑤子：調理科学講座1　「調理とおいしさの科学」p.106，朝倉書店(1993)

表1-4-9　うま味物質の種類と分布

系　列	うま味物質	分　布
アミノ酸系	L-グルタミン酸 L-アスパラギン酸 トリコロミン酸 イボテン酸	こんぶ，チーズ，茶，のりなど 野菜類，みそ，しょうゆ油 ハエトリシメジ イボテングダケ
核酸系	5'-イノシン酸 5'-グアニル酸 5'-キサンチル酸 5'-アデニル酸	煮干し，肉類，かつお節など魚類 干ししいたけ，きのこ類，肉類 魚介類，肉類 魚介類，肉類

出典：竹井瑤子：調理科学講座1　「調理とおいしさの科学」p.107，朝倉書店(1993)

（4）味の相互作用

食べ物には種々の呈味物質が共存しており，食べたときに各味のあいだに様々な相互作用が生じる（表1-4-10）。

表1-4-10 味の相互作用

分類	味の組合せ	効果	例
相乗効果	うま味（MSG＋IMP）＊ 甘味（ショ糖＋サッカリン）	うま味が強くなる 甘味が強くなる	こんぶとかつお節の混合だし 砂糖に少量のサッカリンを加える
対比効果	甘味（主）＋塩味 うま味（主）＋塩味	甘味を強める うま味を強める	しるこに少量の食塩を加える だし汁に少量の食塩を加える
抑制効果	苦味（主）＋甘味 酸味（主）＋ 塩味 / 甘味	苦味を弱める 酸味を弱める	コーヒーに砂糖を加える 酢の物に食塩，砂糖を加える
変調効果	先に味わった呈味物質の影響で，後に味わう食べものの味が異なって感じられる現象		濃厚な食塩水を味わった直後の水は甘く感じる
順応効果	ある強さの呈味物質を長時間味わっていると，閾値が上昇する現象		甘いケーキを続けて食べると，甘味の感度が鈍る

＊MSG：L-グルタミン酸ナトリウム，IMP：5'-イノシン酸ナトリウム

出典：下坂知恵：「ネオエスカ調理学」p.32, 同文書院(2004)，一部改訂

① **相乗効果** 2種類の呈味物質の刺激を同時に与えたとき，各々単独の味より強い味を呈する現象である。

うま味の相乗効果の典型例が，こんぶとかつお節の混合だしの強いうま味である。こんぶに含まれるグルタミン酸ナトリウム（MSG）とかつお節に含まれるイノシン酸ナトリウム（IMP）の2つのうま味の顕著な相乗効果である。肉，骨と野菜を併用する洋風や中華風のだしもうま味の相乗効果の利用例である。

② **対比効果** 2種類の呈味物質の刺激を同時に与えたとき，一方の味刺激が他方を増強する現象である。しるこやあんに少量の食塩を加えることによって甘味が強くなったり，だしに塩味を加えるとうま味が強くなるのが例である。

③ **抑制効果** 2種類の呈味物質の刺激を同時に与えたとき，一方の味刺激が他方を著しく弱める現象である。コーヒーの苦味やレモンの酸味が甘味を加えると弱くなるのが例である。

④ **変調効果** 前に食べた味の影響で後の味が変化する現象である。濃い塩味のあとの水を甘く感じたり，西アフリカ原産のミラクルフルーツを食べた後に酸味が非常に甘く感じられる，ギムネマ酸の後で甘味を感じなくなるなどが例である。

⑤ **順応効果** ある強さの呈味物質を長時間味わっていると閾値が上昇する現象である。味の官能評価を長く続けると味を感じにくくなる。

● **MSGとIMPの相乗効果**

MSGの閾値（0.012％）は，IMPが共存するとうま味の強さは飛躍的に強められ，閾値が約100倍も引き下げられる。

MSG 0.02％とIMP 0.02％を組み合わせた溶液はMSG単独の約0.5％に相当するうま味を呈する。

出典：山口静子：「おいしさの科学」p.105, 朝倉書店(1994)

● **ミラクルフルーツによる味の変調**

ミラクルフルーツの果肉から抽出される糖タンパク質のミラクリンは無味であるが，すっぱいものを甘く感じさせる。これは，味細胞膜表面にミラクリンが吸着し，すっぱいものによる酸刺激で味細胞膜の構造に変化が生じると，ミラクリンの糖部分が甘味受容体と結合して甘味を生じると考えられている。

(3) におい

(1) においの知覚

においは，分子量の低い揮発性の物質が吸気とともに鼻孔から，呼気とともに口の奥(喉頭鼻部)から鼻腔に入り，粘膜に覆われた嗅上皮にある神経系細胞である嗅細胞で受容される。においの情報は嗅覚細胞から嗅球に伝わり，嗅覚野に送られてにおいの知覚，識別が行われるが，ヒトでは不明な点が多い。においの閾値は極めて低い濃度で感知されるが，疲労，順応，慣れが生じやすい。また，加齢(図1-4-6)や喫煙(図1-4-7)によって嗅覚閾値が上昇する。

食品のにおいの種類は，約40万ほどあり分子量約300以下の揮発性物質からなる。ひとつの食品のにおいは多種類のにおい物質から構成されている。においは，構成するにおい物質の比率によって全く別のにおいに感じたり，濃度によって感じ方が異なるなど，味の基本味のように基本のにおいに分類するのがむずかしい。においの嗜好は，においの質と強度によって主に決まるが，嗅覚閾値や生活歴等の個人差も大きく影響する。あるにおいの快，不快は，個人がそのにおいの質と強度をどう判断するかに依存している。

(2) 食べ物のにおい

食べ物のにおいには，口に入れる前に感じるアロマ(Aroma)と口に入れた後に感じるフレーバー(Flavor)がある。フレーバーは風味に相当し，においのほか，味，テクスチャー，温度などが複合した感覚をさす。

● 食品の香気成分の数

コーヒー	789
紅茶	537
いちご	350
ぶどう	466
かつお節	280
鶏肉	379

出典：相島鐵郎：「おいしさの科学」p.126, 朝倉書店(1994)

● 食品材料の香りの主成分〈例〉

しょうが：フェランドレン, ジンゲロール, ジンジベレン
しそ：ペリラアルデヒド, リモネン, リナロール
たまねぎ・ねぎ：ジプロピルジスルフィド, ジプロピルトリスルフィド
レモン：β-ピネン, シトラール, リモネン
バニラ：バニリン, バニリルエチルエーテル

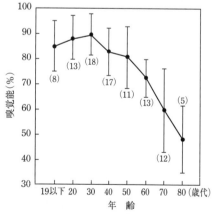

図1-4-6　日本人の加齢に伴う嗅力の変化
(30歳代をピークにして，以後下降する)

出典：小野田法彦：「脳とニオイ－嗅覚の神経科学」p.24, 共立出版(2000)

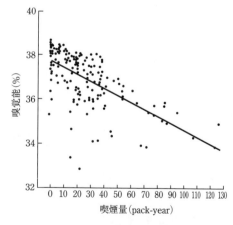

図1-4-7　喫煙者の嗅力損失

20本入り1箱のたばこをone packとして，1日に喫煙する本数をpack数に換算し，喫煙年数を掛け合わせて喫煙量(pack-year)と表現している。

出典：Frye, Schwatz and Doty: JAMA, 263, 1233-1236 (1990)

くさややドリアンのような食べ物は特異的なにおいをもつが，敬遠したりやみつきになったりする。食べ物のにおいの嗜好は，幼児期からの食習慣や食経験で培われる。また，文化圏による違いが大きい。

食べ物のにおいの改良はおいしさを向上させ，特有のにおいをもつ畜肉類や魚類の場合，調理や盛つけにこしょうやしょうがなどの香辛料や香味材料を用いたり，焼いた香りを付与することにより，嗜好性の向上や食欲の促進がみられる。

● 加熱によるこうばしい香り
　焼いた魚・肉，焙煎したコーヒー・煎餅などの香りは，アミノカルボニル反応による加熱香。砂糖を焦がしてつくるカラメルソースの香りは，カラメル化反応により着色を伴う。

（4）物性とテクスチャー

(1) 食品の状態

食品は金属のように単一の物質から成り立つものではなく，水分や，たんぱく質，脂肪など，複数の物質からなる不均質・多成分の分散系の状態である。したがって，分散状態を理解することで食品の状態を知ることができる。

① **分子分散系**　食塩水や砂糖水などは，低分子の化合物を水に溶かして得られる均一で純粋な溶液であり，これらを分子分散系とよぶ。

② **コロイド分散系**　分散系は，粒子として分散している物質を分散相とよび，その粒子をとり込んだ連続相を，分散媒とよぶ。コロイド分散系には，それぞれ気体，液体，固体による種々の分散状態があり，代表食品を表1-4-11に示した。

エマルション（乳濁液）：液体である水と油が乳化剤の存在によって分離することなく混合し，乳化（混合液が乳濁する現象）したものである。エマルションには2種類あり，分散媒が水である水中油滴型エマルション（O/W型）と分散媒が油である油中水滴型エマルション（W/O型）がある。前者には，

● コロイド粒子
　粒子の直径が，1～100nm（10^{-9}～10^{-7}m）のものをコロイド粒子とよび，コロイド粒子状の種々の複合物が分散している状態をコロイド分散系とよぶ。コロイド粒子は光学顕微鏡では，見ることができないが，電子顕微鏡で確認することができる。コロイド粒子より小さい物質（10^{-9}m以下）は，イオン・分子・原子であり，コロイド粒子より大きな物質は結晶・沈殿とよばれる。

表1-4-11　食品コロイド分散系の分類

分散媒	分散相	分散系	食品の例
気体	液体	エアロゾル	香りづけのためのスモーク
	固体	粉末	小麦粉，かたくり粉，砂糖，スキムミルク，ココア
液体	気体	泡	ホイップクリーム，ソフトクリーム，ビールの泡
	液体	エマルション	牛乳，生クリーム，バター，卵黄，マヨネーズ
	固体	サスペンション	みそ汁，ジュース，スープ
		ゾル	ポタージュ，ソース，デンプンペースト
		ゲル	ゼリー，水ようかん，カスタードプディング
固体	気体	固体泡	パン，スポンジケーキ，クッキー，卵ボーロ
	液体	固体ゲル	吸水膨潤した凍り豆腐，果肉

マヨネーズ，生クリーム，牛乳などがあり，後者にはバター，マーガリンなどがある。(p.134参照)

サスペンション(懸濁液)：液体の分散媒に固体が分散した状態であり，代表的な食品として，みそ汁のような各種のスープ類や抹茶・水溶きかたくり粉などがあげられる。乳化剤が存在し比較的状態が安定しているエマルションに比べるとサスペンションは不安定で，しばらく静置すると固体の比重が水より大きければ沈殿し，小さければ浮く。

ゾルとゲル：ゾル・ゲルとも液体中に固体が分散したものである。ゾルは，液体のように流動性のある状態を示し，流動性を失った状態をゲルとよぶ。温度状態によってゾル－ゲルが双方に変化する熱可逆性ゲルと，いったんゾルからゲルになると，もうゾルには戻らなくなる熱不可逆性ゲルの2種類に分けられる。寒天，ゼラチン，カラギーナンはいずれも熱可逆性のゲルであるが，たんぱく質性のゲルの多くは熱不可逆性である。

(2) 食品のレオロジー

レオロジーとは「物質の変形と流動の科学」であり，17世紀に弾性を示すフックの法則，粘性を示すニュートンの法則が示されたのを発端としている。レオロジーの様々な法則は化学的に純粋な物質で適応されるものであり，不均質な複合体である食品のレオロジーには，純物質ではみられない特異的な現象が多く観察される。

① **粘 性** 粘性は粘りの大きさ，つまり流れにくさを示すものである。たとえば水は粘度が小さく，水飴は粘度が大きい。液状食品の中には，ジュースのようにさらさらしたものから，ホワイトソースやマヨネーズのようになかなか流れないものまである。

ニュートン流動：液状食品の流動特性がニュートンの法則にあてはまるもので，ずり応力がずり速度と比例し，ずり速度によらず粘性率が一定であるものをニュートン流動という。水，牛乳，油類，アルコール類，糖液，しょうゆなどの液体があてはまる。

非ニュートン流動：ニュートン流体にあてはまらない多くの液状食品を非ニュートン流体とよぶ。粘度は，ずり速度によって変化するため，見かけの粘度と表わし，その変化の性質から以下の4種の流体がある。

● **塑性流動とビンガム流動**：降伏応力をもつ流動を塑性流動といい，ずり流動化する。塑性流動のうち，ずり速度に応

● **転 相**
O/W型(oil in water type)が物理的刺激などを受けて，W/O型(water in oil type)に変わる現象を転相という。生クリームが，バターに変化するのもこの転相によるものである。エマルションの型は，固定されたものでなく変動する。

● **離漿(離水)(syneresis)**
ゲルを放置した場合に，網目内の水分が押し出されてくる現象を離漿という。

● **キセロゲル**
ゲル中に存在する液体量が減少して，乾燥した状態になったものをキセロゲル(乾燥ゲル)という。凍り豆腐，棒寒天など。

● **応 力**
物に外力を加えて変形させようとした時，その外力に応じて元に戻ろうとして発生する内部力を応力という。単位はN/m^2，またはPaで，単位面積当たりで表す。

● **サイコレオロジー**
物質の法則が食品の物性評価にも応用できるのではないかと，1930年代に食品レオロジーの研究が始まった。その後，食品のレオロジー的性質と人間の物理的感覚とを実験心理学の観点から解析しようとするサイコレオロジーが始まった。食感を研究するテクスチャー研究もこのサイコレオロジーの流れといえる。

● **降伏応力**
高分子溶液や，コロイド分散系が高濃度になると，小さな力(ずり応力)では変形(流動)せず，ある応力以上ではじめて流動する場合がある。この流動を起こす限界値を降伏応力という。

● **ずり**
物体の表面に対して，平行に外力が作用したときに，物体が体積を変えずに形がゆがむことをずりという。

● **ずり流動化**
高分子溶液や，コロイド分散系の多く

じて直線的にずり応力が増加するものをビンガム流動とよぶ。バター，チョコレートがあてはまる。
- ダイラタント流動：降伏応力をもたずに，ずり粘稠化する流動。生でんぷん液があてはまる。
- 擬塑性流動：降伏応力をもたずに，ずり流動化する流動。マヨネーズ，ケチャップ，ソース，糊化したでんぷん液などでみられる性質。

② 弾性　スポンジのように外力をとり除くと，もとの状態にもどる性質を弾性とよぶ。完全弾性体は，力を加えた瞬間に変形し力を除いた瞬間にもとにもどる。ばねの伸びが引っ張る力と比例することから，応力とひずみが比例する関係をフックの法則とよぶ。しかし実在の物体は，変形の時間がややずれる。

③ 粘弾性　一般に液体は粘性体に属し，固体は弾性体に属するが，この両者を併せもつ性質を粘弾性とよぶ。固体または半固体状の食品の多くは粘弾性をもつ。たとえばパン生地は指で押さえると変形し，指を離すと元の形にもどろうとする「弾性」を示す。しかし，丸めた生地を長く置いておくと，形は少し扁平になり液体的な流れを生じ「粘性」も示す。一般に食品のレオロジー測定には粘弾性の測定が用いられる。静止粘弾性（クリープ測定・応力緩和測定）と動的粘弾性とがある。

④ 破断　食品に力を加えていくと食品は変形し（小変形），さらに力を加えていくと，亀裂が入り破断（大変形）する。実際に食品を食べるときは，歯や舌で食べ物を押しつけて必ず破断させる。これまで述べてきた小変形レベルでのレオロジー特性は，食品自体の性質を示すものであり，食感とは対応しない場合が多い。食感は食物を嚥下するまでに感じる物は，ずり速度が増加するのに伴い，みかけの粘度が低下する現象。

- ずり粘稠化
  ずり流動化とは逆に，ずり速度が増加するのに伴い，みかけの粘度が増加する現象。

- 粘（稠）性食品に特異な流動現象
① チキソトロピー
静置しておくと構造が回復して硬化し，撹拌すると軟化して流動性が増す現象。撹拌時は，擬塑性流動を示す。トマトケチャップ，マヨネーズ，ホワイトソースなどがこの性質をもつ。

② レオペクシー
チキソトロピーとは逆にずり速度を加えることで，構造形成が促進し，粘度が増大する。石こうなど。

③ ダイラタンシー
でんぷんのような比較的大きな粒子に水分がやっと満たされているような場合，ゆっくりかき混ぜると容易に動くが，急激に混ぜようとすると抵抗が大きくなりなかなか混ぜることができない。この現象をダイラタンシーという。

④ 曳糸性（えいしせい）
卵白やとろろ汁のように，糸を引く性質を曳糸性という。粘性と弾性の重なり合いによって生じる現象であるが，引き上げる速度によって糸の引き方が異なる。

- ヤング率
  応力がひずみに比例するときの比例係数を弾性率とよび，伸張（ひっぱり），圧縮による弾性率をヤング率という。

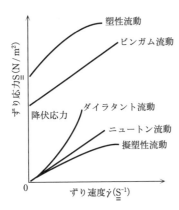

図1-4-8　ずり速度とずり応力の関係

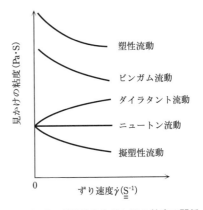

図1-4-9　ずり速度と見かけの粘度の関係

理的性質であるため，食品破壊の際に得られる食感（テクスチャー）が重要となる。

（3）食品のテクスチャー

① テクスチャーとは何か

テクスチャーとは，ラテン語の織る，編むなどを意味する「texo：テクソ」からきた言葉であるが，食品の表現にふさわしい言葉がないため，そのまま「テクスチャー」という用語を使っている。

食品の「テクスチャー」は，「食感」とほぼ同義語として用いられ，食べ物を食べたときの，舌ざわり，歯ざわり，噛みこたえ，のどごしなどの感覚をさす。たとえば，ながいものシャキシャキした感覚は歯ざわりがよい代表例であり，「とろけるようなうに」は舌の上での感覚が楽しめる。「いか，たこ，するめいか」など噛みごたえのある食べ物は，日本人がよく好む食感でもある。また，のどごしが爽快な「しらうおのおどり食い」，夏に食べる「流しそうめん」など，わが国には食感を楽しむ料理が多い。

食品のテクスチャーを表現する言葉でよく用いられるものを表1-4-12に示した。米国に比べ，日本では硬い，軟らかい，水気の多い，かみやすいが上位にあり，毎日食べる主食の米飯やうどん，野菜などは特にテクスチャーが重要視される食品であることがうかがえる。

② テクスチャー特性値

食物のテクスチャー評価は，主観的な要素が大きいが，Szczesniak（ツェスニャク）は人間のテクスチャー感覚的判断について言語という表現手段を利用して，より客観的に示し，テクスチャー・プロファイルとしてまとめた。同時に咀しゃく運動をモデル化したテクスチュロメーターを開発した。テ

● テクスチャー特性値

① 硬さ（hardness）

一定の変形をさせるのに必要な力として定義され，歯や舌で破断，破壊する際に感じる。

テクスチャー記録曲線の第1山のピーク高さから求めるが，食品を圧縮するプランジャーの面積などによる影響を受けるため，現在では，硬さを「一定速度で圧縮したときの抵抗」と定義し，破断応力（N/m^2）を硬さとする場合が多い。
（Nはニュートンと読む）

② 凝集性（cohesiveness）

咀しゃくによる破壊に強く，繰り返される咀しゃくに抵抗する性質であり，tough（こわい）とほぼ同様の食感を示す。

食品を2回圧縮して得られるテクスチャー記録曲線の第1ピークの面積と，第2ピークの面積の比として求められる。表1-4-13に示した，えん下困難者用食品の許可基準に提示されている。

③ 弾力性（springness）

外力による変形が，力を取り去ったときに戻ろうとする力として定義されている。

④ 付着性（adhesiveness）

食品の表面と舌，歯，口蓋などのほかの物の間の，引力に対応する力。硬さ・凝集性が，閉口時に感じる食感であるのに対し，付着性は開口時に感じる性質。テクスチャー記録曲線の第1山の負方向の面積から求める。えん下困難者用食品の許可基準に提示されている。

表1-4-12　日本とアメリカでの使用頻度の高いテクスチャー表現用語

順位	日本	アメリカ
1	硬　　い	crisp（ぱりっとした）
2	軟らかい	dry（さばさばした）
3	水気の多い	juicy（水気の多い）
4	かみやすい	soft（軟らかい）
5	油っぽい	creamy, crunchy（クリーム状，かりかりした）
6	粘　　り	texture, chewy（テクスチャー，かみやすさ）
7	つるつる	smooth（なめらか）
8	クリーム状	hard（かたい）
9	こりこり	light（かるい）
10	かりかり	flaky（フレーク状の）

出典：石倉俊治：「食品のおいしさの科学」，南山堂(1993)

クスチャー特性値として重要なのは，機械的特性に分類された「かたさ」，「凝集性」，「弾力性」，および「付着性」である。噛みやすさを示す「咀しゃく性」は，硬さ，凝集性，弾力性の積によって求められる。現在は，種々の測定機器がある(p.65参照)。

(4) 摂食機能の低下と食品の物性
① 摂食・嚥下のメカニズム

食事をするとき，まず目で見て食べ物の認識をし，次に口の中で，食べ物を小さくし，唾液と混和させ食塊をつくる(咀しゃく)。その後，食べ物を舌で口の後方へ押しやり，瞬時に飲み込み，咽頭や食道を経て，胃へと送り込む。これら一連の動きを「摂食」といい，咽頭から胃までへの送り込み動きを「嚥下」という。摂食・嚥下のメカニズムは複雑であり，高齢者の低栄養をもたらす大きな要因にあげられている。

摂食・嚥下障害の代表的な原因は脳血管障害であるが，その他にも，加齢とともに噛む力や飲み込む力が弱まることや，消化器系の腫瘍，脳腫瘍，食道炎，認知症や拒食などの心理的原因など，多くの原因がある。

② 嚥下困難者食品

嚥下障害者は，飲み込みが困難，のどにつかえる，むせるなどの症状で普通の食事が困難になる。特に食べ物の形態として，サラサラした液体やバラバラしたまとまりにくい物，水分が少なくパサパサしたもの，粘りが強すぎるものなどは，気管へ入りやすく，誤嚥性肺炎や窒息の危険性がある。対応としてはでんぷんや増粘剤を用いてとろみをつけたり，刻むことをせず，切り方を工夫したり，やわらかく煮たりする，まただし汁などでおいしくするなどがある。

厚労省は2009年4月に健康増進法施行規則の一部を改定し，食品の特別用途表示を従来の高齢者用から嚥下困難者用に改めた。嚥下困難者用食品とは，嚥下を容易にさせ，かつ，誤嚥，および窒息を防ぐことを目的とするもので，表1-4-13にその許可基準を示した。

その後，2014年には「新しい介護食品」としてスマイルケア食が農水省より示され，嚥下困難者等の介護を必要とする者に対して，機能性と嗜好性の双方を配慮した介護食品の見直しが図られている。加えて，学会分類2013により，嚥下調整食の基準化が整備された。

● 摂食，嚥下の5期

① 先行期：食べ物が口に入るまでの過程(食欲の自覚，食物認知，食物の口への運搬)

② 準備期(咀しゃく期)：食物を口に取り込み，咀しゃく・食塊形成を終えるまでの時期

③ 口腔期：咀しゃく・食塊形成を終えて，舌中央部に集められた食塊が，舌搾送運動によって咽頭に送られる時期

④ 咽頭期：嚥下反射により，食塊を咽頭から食道へ送り込む段階。最も誤嚥が生じやすい時期

⑤ 食道期：食道の蠕動運動によって，食塊を胃まで送る段階

嚥下終了

● ユニバーサルデザインフード

飲み込みや，かむ機能が低下した人が安心して食べられるように，目安となる表示「ユニバーサルデザインフード自主規格」を日本介護食品協議会が定めた。

● ユニバーサルデザインフードの料理区分

ユニバーサルデザインフードは，以下の4区分に分類されている。
①容易にかめる。
②歯ぐきでつぶせる。
③舌でつぶせる。

表 1-4-13　嚥下困難者用食品の許可基準

	許可基準Ⅰ	許可基準Ⅱ	許可基準Ⅲ
硬さ（一定速度で圧縮したときの抵抗）(N/m^2)	$3×10^3〜1×10^4$	$1×10^3〜1×10^4$	$3×10^2〜2×10^4$
付着性(J/m^3)	$5×10〜4×10^2$	$4×10〜1×10^3$	$3×10〜1.5×10^3$
凝集性	0.2〜0.6	0.2〜0.9	ー
参考	均質なもの（たとえば、ゼリー状の食品）	均質なもの（たとえば、ゼリー状またはムース状等の食品）	不均質なものも含む（たとえば、まとまりのよいおかゆ、やわらかいペースト状またはゼリー寄せ等の食品）

厚労省（2009）

④かまなくてよい。

この4区分の他に、「とろみ調整」がある。

これらは、下記のような表示がされ、分かりやすくなっているが、区分はあくまでも目安であり、どの程度の状態が、かめるか、飲み込めるかを確かめながら、適切なかたさ、大きさ、粘りの度合いを配慮して食品選択をしていく。

● 学会分類2013

日本摂食嚥下リハビリテーション学会から発表された、嚥下困難者に対する嚥下調整食の段階分類。嚥下機能に応じてコード0、コード1、コード2、コード3、コード4の5段階の食品分類が設定されている。

（5）色，外観
(1) 外観の重要性

食品や料理のもつ要素のなかで最初に得られる情報は色、形、どのような盛りつけ形態か、どんな食器かなどの外観的要素である。われわれは、まず目で見て「おいしそう」と判断して食品や料理を選択するという行動をとる。食品ならば、色・つやがきれいか、形が整っているかをみる。マーケットの精肉売り場では、消費者がおいしそうに感じ、購買意欲を高めるため、肉が発色のよいきれいな赤にみえるような照明を工夫している。包装された食品では、パッケージは食品の写真やイラストで「食べたい」と感じさせる効果を得られるので重要視されている。料理の提供方法のなかにも、焼き魚の踊り串や野菜の飾り切りのように外観に変化をもたせ、おいしくみせる工夫がみられる。これらの例から色・外観が重要であることがわかる。

(2) 色

一般的に青・紫などの寒色系よりも赤、オレンジ、黄色などの暖色系が食欲を増進させるといわれている。食材そのものに寒色系の色彩は少ないので食べ慣れた色彩をおいしそうに感じるのであろう。表1-4-14は、食物・食器・食卓の配色の影響を調べた結果で、ゼリーを皿に盛りテーブルクロスの上に置いたものを評価した。使用した色彩は黄色・オレンジ・赤・紫・青・緑・白・黒で、組合せ数は512通りであった。評価の高い組合せは白、および暖色系の色彩、評価の低

●外観の調理上の工夫例

① 色・つや
- 紅白餅などでの食紅
- 金団を黄色くするためのくちなし
- さやいんげんなどでクロロフィルの発色を保つ「青煮」
- にんじんグラッセのバターの照り
- 照り焼きのしょうゆとみりんの照り
- 焼き菓子での卵液の照り

② 形
- 焼き魚の踊り串（うねり串）
- 刺身の活造り
- お節料理の煮物のねじり梅・亀甲椎茸などの飾り切り
- 菊花かぶ（脱水・調味料浸透の目的もある）
- 柚子釜、オレンジ羹など素材を器にする。

い組合せは寒色系と黒で明度の低い色彩が多いというようにはっきりとした傾向がみられ，食物の印象が色彩によって影響を受けることは明らかである。

(3) 食器

食事を提供する場では，食器に盛りつける。食器の選択も，外観的な要因の一つとして大切である。食器は必ずしも暖色のみがよいわけではない。最近はさまざまな色や形のものがつくられており，美しくおいしそうに提供するために料理と器とのバランスを考える。塗器のように，黒でも食物を引き立てる材質もある。食器は文化的背景があり，和食・洋食・中国料理など形式ごとに様々な食器が使用される。美しくおいしそうに盛りつけるには，これら食文化の知識が必要になる。

(6) 音，温度
(1) 音

おいしさに寄与する感覚特性のなかで，味やテクスチャーなどと比較し，音の与える影響は低いとされている。しかし調理中の音，たとえば肉が焼けるときのジュージューという音や他者がせんべいをかじるパリパリという音を聞き，食欲を感じる体験は周知のとおりである。また，テレビコマーシャルなどでのスナック菓子をかじるパリっという音は，食欲をそそり，購入したいと思わせる販促効果をねらったもので，「音」という刺激はおいしさを考えるにあたり無視できない。

食品によっては，音はテクスチャーと密接な関係がある。たくあん漬やきゅうりの漬物を噛んだときのパリパリ，ポリポリという音を解析すると，漬物の歯切れの良し悪しを評価できる。漬物のおいしさについては，味以外の要因として，噛んだときパリパリ，ポリポリという音がすると食感がよいとされ，音がすることが重要になる。

(2) 温度

温度はおいしさに大きく影響する。「温かいものは温かく，冷たいものは冷たく」として，外食産業や病院などで供食時の保温に力を入れているのも「おいしく」感じさせたい意図があるからである。

人間の舌の感覚は温度の変化により感度も変化し，一つの味を最も強く感じる温度や弱く感じる温度は味の種類により異なっている（表1-4-15）。甘味は冷たいと感じにくいが，

表1-4-14　食物・食器・食卓の配色

評価	食物	食器	食卓
1（位）	オレンジ	黄色	白
2	黄色	オレンジ	白
3	オレンジ	白	白
4	赤	白	白
5	オレンジ	白	黄色
6	黄色	白	黄色
7	オレンジ	白	オレンジ
8	白	オレンジ	黄色
9	白	オレンジ	白
10	赤	白	黄色
503（位）	黒	紫	緑
504	黒	紫	黒
505	黒	黒	オレンジ
506	黒	黒	赤
507	黒	黒	緑
508	緑	黒	紫
509	黒	黒	黄色
510	黒	黒	紫
511	黒	青	黒
512	黒	黒	黒

「非常に好き」～「好き」と評価された組合せ（1～10位）
「きらい」～「非常にきらい」と評価された組合せ（503～512位）
出典：豊満美峰子他：日調科誌，138，No.2 p.76（2005）を修正

●音と文化
　文化が異なると，食べるときの音に対する考え方も違う。西洋文化圏では食事中に音をたてるのはマナー違反であるとして嫌うが，日本においては，そばを食べるときの音はおいしく味わっていることになり肯定的に考えられている。

●温度と味覚感度
　人間の舌の感覚は，低温で麻痺し高温では鈍くなる。表1-4-15のように，常温では薄味でも感じるが0℃という

徐々に温度を上げていくと甘く感じるようになり，体温付近の35～37℃あたりが最も鋭敏でそれ以上はまた感度が低くなる。アイスクリームのような食品は，かなり糖分を加えないと冷たいために甘味を感じないので砂糖の含有量は高い。塩味と苦味は20℃あたりが最も鋭敏で，温度が上昇すると感じ方が鈍くなっていく。酸味は5℃以下の低い温度では鈍いが，10℃から40℃の間ではほとんど感じやすさが変わらない。りんごのような果物では，冷やして食べるとみずみずしい感じが強くなるとされ，温度変化によって味以外の感覚にも変化がみられる。また嗅覚への影響では，温度が上がると揮発物質の量が増えるので，感覚の疲労が激しくなる。

さらに生理的感覚とは別に，食品によって「おいしい」とされる温度帯も様々である。おおよそおいしいと感じる温度は体温±25℃～30℃であるといわれている。大きく分けると，温かい料理や食品は60～70℃，冷たいものは5～10℃がおいしい温度帯といわれる。てんぷらなどの揚げ物では，揚げたては油切れがよく油っぽさを感じないが，冷めると油によるべたつき感が出て油っぽく感じる。脂肪分の多いチョコレートや冷くして食べる肉の加工品(生ハム・パテ類など)では体温に近いところに脂肪の融点があるので，口に入れたときに脂肪が融解しておいしさを感じる。多くの料理は盛りつけられてから口に入れるまでの温度変化が激しく，口に入れる瞬間に適温にするのは非常に難しい。

低温では感度が下がっている。冷たく供する料理や食品は，味つけの濃度を濃くしないとおいしく感じられない。塩分や糖分を控えたい場合は注意が必要である。

●甘味の強さと温度

甘味の強さは糖の種類によって異なり，ショ糖の甘さを基準の1とするとグルコースは約0.6～0.7で甘味が弱い。ショ糖をはじめ多くの糖は温度によって甘さの変化はあまりないが，果糖だけは温度によって甘さが大きく変化する。果糖は温度が低いと甘味を強く感じるので，比較的果糖が多く含まれるりんごやなしなどの果物は冷やすと甘味が強くなる。(p.22参照)

表1-4-15 試料温度と味覚の感度

試料	常温での刺激閾(%)	0℃での刺激閾(%)	常温の感度に比較した0℃の感度
食塩	0.05	0.25	1/5
ショ糖	0.1	0.4	1/4
クエン酸	0.0025	0.003	1/1.2
塩酸キニーネ	0.0001	0.003	1/30

出典：「新版 官能検査ハンドブック」－日本科学技術連盟, p.659(2004)

●おいしいと感じられる温度

食品名	温度
冷たい水・ジュースなど	5～12℃
牛乳 冷たい場合	12～15℃
牛乳 温かい場合	50～60℃
ビール・白ワイン	5～10℃
赤ワイン	18℃前後
シチュー・カレーなど	65℃前後
味噌汁・スープ・熱い湯など	70℃前後

●おいしさの低下が生じる温度

食品名と感じ方	温度
ジュースや清涼飲料が甘ったるくなる	36℃前後
みそ汁の塩味が弱くなる	30℃前後
酸っぱいものの酸味が弱くなる	20℃前後
水が生ぬるくおいしくない	30～40℃

参考文献　　＊　＊　＊　＊　＊

渡辺実著：「日本食生活史」，吉川弘文館(1964)
橋本慶子，下村道子，島田淳子編：調理科学講座7「調理と文化」，朝倉書店(1993)
島田淳子，畑江敬子編：現代栄養科学シリーズ9「調理学」，朝倉書店(1995)
畑井朝子，渋川祥子編：「調理学」，第一出版(2004)
相川方著：「新・中国料理」女子栄養大学出版部(1980)
陳建民，黄昌泉，原田治著：「中国料理技術入門」，柴田書店(1965)
佐藤真：「食の考古学」，東京大学出版(1996)
「官能検査入門」−日本科学技術連盟，p.5 (2003)
島田淳子・下村道子編：調理科学講座1「調理とおいしさの科学」，朝倉書店(1995)
山本隆著：「脳と栄養のハンドブック」p.177-179，サイエンスフォーラム(2008)
小長井ちづる著：「脳と栄養のハンドブック」p.279-283，サイエンスフォーラム(2008)
伏木亨著：「人間は脳で食べている」，ちくま新書(2014)
伏木亨著：「味覚と嗜好のサイエンス」，丸善(2008)
熊倉功夫著：「日本料理の歴史」，吉川弘文館(2007)
「聞き書　日本の食生活全集」全50巻，農文協(1993)

2章　食事設定

　栄養素を食事レベルに展開していく技能は，まさに栄養士のプロフェッショナルな部分である。
- 基本的基準として，食生活指針，食事摂取基準，食事バランスガイド，食品群について学ぶ。
- 献立作成をするための基礎知識，およびノウハウを学ぶ。
- 栄養評価の観点から，食品成分表の理解を深める。
- 食事評価として，おいしさ評価の方法(官能評価，機器測定による評価方法)を学ぶ。
- 乳幼児から高齢者，および摂食機能障害者の食事設定の要点を学ぶ。

1. 基本的基準

1　食事の基本要素

　食事とは，人が一定の状況下で食べる営みを示すものである。それは単に，食物を食べるという行為のみを指すのではなく，一定の食文化や食事作法によって制約を受けた食べる行為である。1日の間に数回の飲食がなされるが，多くの人々の場合，食事は朝・昼・夜の3回に限定される。食事を構成する基本要素は，図2-1-1のように「食べる人」，「食べ物」，「環境」の3要素であり，食事設定，食事評価においては，常にこれら要素を考慮する必要がある。

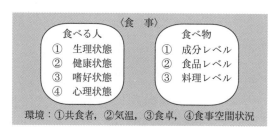

図2-1-1　食事の構成要素

　「食べる人」の要素として，①生理状態　②健康状態　③嗜好状態　④心理状態の影響がある。①は食べる人の年齢や性，食欲の状態である。②の健康状態により，栄養素の設定が変化する。食べる人の嗜好性は1章「4. 食の嗜好性」(p.18参照)で詳しく説明している。「食べ物」の要素としては，栄養素等の成分レベルの要素と，食品構成などの食品レベルの要素，主食・主菜・副菜といった料理レベルの要素に分類できる。「環境」には，共食者，気温，食卓，いすの状態，音楽や空気，明かりなどを含む食事空間環境などがある。
　食事設定の際には，食べ物の要素に限らず，食べる人の状況判断と，より望ましい環境の設定が必要になり，食事評価においてもこれらの3要素の分析をすることが大切である。

● 1日3食の意義

　1日3回の食事リズムはサーカディアンリズム(概日リズム)によって説明されている。
　サーカディアンリズムとは，約24時間周期で変動する生理現象であり，「時間生物学」で研究されている。
　体内時計のリズム性を維持するためには，外界の明暗刺激とともに食事のリズムが重要であり，規則正しい睡眠リズムや食事リズムを保つことによって，光刺激と食事が協力して，生活リズムの形成を行うことができる。
　3回の規則的な食事が生体リズムをリードする効果は，時間生物学で証明されており，「食生活指針」でも，食事のリズムによって，生活リズムをつくることが提示されている。
　なお，1日3食の習慣は鎌倉時代にとり入れられ，徳川時代には2・3食混合，明治になって一般庶民に3食が定着したとされている。

● 食事と身体

　人は生まれてから死ぬまで，毎日食べものを食べて生きている。体を動かさなくても，眠っていても，私たちの体はリズミカルに動き続け，体温も一定に維持している。生物としての私たちの体は，本来必要に応じて，エネルギーを取り出したり，生理的に重要な成分をつくり出すためのしくみが備わっている。

2 食生活指針

日本人の健康の増進,生活の質(QOL：Quality of Life)の向上,および食料の安定供給の確保を図ることを目的に,食生活指針が示された。これは,文部省(現文部科学省)・厚生省(現厚生労働省)・農水省の3省が連携し,平成12年に策定し,さらに,平成28年6月に一部改定された。この食生活指針は,食生活を食料生産・流通から食事,健康へと幅広く全体を視野に入れたものであること,生活の質の向上を重視した構成になっていることが特徴である。10項目それぞれに実践のために取り組むべき具体的内容が掲げられ,より実現可能な目安を提示している。ここでは,食事設定と関連の高い4〜7項目について詳しく説明する。

項目4「主食・主菜・副菜」の組合せは,食事構成の基本であり,食事バランスガイドの基本概念にもなるものであり「2.献立の作成」(p.47参照)で詳しく述べる。項目5「ごはんなどの穀類」すなわち,主食の充分な摂取は,脂肪の過剰摂取を是正し,エネルギー生産栄養素バランスを良好に保つためにも重要な項目である。こめは自給可能な作物であり,食料の安定供給面からも有効となる。具体的な食品として項目6「野菜・果物,牛乳・乳製品,豆類,魚など」が強調されている。健康日本21に示されている野菜の目標量は350g,さらに日本人のがん予防(国立がんセンター,2009)では,400gが目標量として示されているが,実際の摂取量は約290g程度である。また,栄養素のなかで,日本人が最も不足しやすいのがカルシウムであり,これらを多く含む食品が示されている。逆に,摂りすぎが問題となっている項目7「食塩」に関しては控えめにすることが示されている。

3 食事摂取基準

(1) 食事摂取基準の目的と基本的考え方

日本人の健康を維持・増進することを目的に「日本人の食事摂取基準」が設定されている。これは,日本人のエネルギー,栄養素の摂取量の基準を示すものであり,年齢区分別・性別に策定してある。現在の日本の生活状況や,栄養学の進歩を取り入れ5年ごとに改定される。健康な個人,ならびに健康な個人を中心に構成された集団を対象として,エネルギー,栄養素の欠乏症の予防,生活習慣病の予防,過剰摂取による健康障害の予防を目的とするものである。

なお,食事摂取基準は習慣的な摂取量(約1か月程度の摂取

● 食生活指針
1. 食事を楽しみましょう。
2. 1日の食事のリズムから,健やかな生活リズムを。
3. 適度な運動とバランスのよい食事で適性体重の維持を。
4. 主食,主菜,副菜を基本に,食事のバランスを。
5. ごはんなどの穀類をしっかりと。
6. 野菜・果物,牛乳・乳製品,豆類,魚なども組み合わせて。
7. 食塩は控えめに,脂肪は質と量を考えて。
8. 日本の食文化や地域の産物を活かし,郷土の味の継承を。
9. 食料資源を大切に,無駄や廃棄の少ない食生活を。
10.「食」に関する理解を深め,食生活を見直してみましょう。

● 食生活指針各 項目の要点
1〜2項目：生活の質の向上に,食生活が大きな役割を果たすことを示す。
3項目：適度な身体活動と食事量の確保の観点を示す。
4〜7項目：食べものの組合せを料理レベルから食品レベルまで階層的に示す。
8〜9項目：調理の場面や台所で実践できる,食料,食文化,食料経済,環境問題への個人レベルでのはたらきかけを具体化。
10項目：2〜9番目の内容を実践するなかで,食生活を見直すというPDCAサイクルの活用を示す。

● 健康日本21（第二次）
健康日本21の二次として,2013年から2023年までの「21世紀における第二次国民健康づくり運動」を推進。

特徴として,①健康寿命の延伸と健康格差の縮小,②生活習慣病の発症予防と重症化予防の徹底,③社会生活を営むために必要な機能の維持及び向上,④健康を支え,守るための社会環境の整備,⑤栄養・食生活,身体活動・運動,休養,飲酒,喫煙及び歯・口腔の健康に関する生活習慣及び社会環境の改善。なかでも"健康寿命"の延伸や,がん・循環器系疾患・糖尿病・COPD（慢性閉塞性肺疾患）等,特定の疾患への一次予防や重症化予防,それぞれのライフステージにおいて,心身機能の維持及び向上につながる対策に取り組むことなどが新たにクローズ

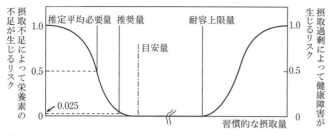

注] 目安量については，推定平均必要量ならびに推奨量と一定の関係をもたない。参考として付記した目標量については，他の方法，主に，推奨量または目安量と，現在の摂取量中央値から決められるため，ここには図示できない。

図2-1-2　食事摂取基準の各指標を理解するための概念
(厚労省2020)

量)の基準であり，短期間の食事の基準とするものではない。

(2) 基準指標の設定

栄養素の摂取基準の設定にあたっては，図2-1-2に示す基本概念によって，「推定平均必要量」「推奨量」「目安量」「目標量」「耐容上限量」の5種類の指標を提示している。

エネルギーについては，「推定エネルギー必要量」を示した。これは不足のリスクと過剰のリスクがともに最も少なくなり，エネルギー出納が0になる確率が最も高いとされる，エネルギー摂取量である。

(3) 食事摂取基準の活用

健康な個人または集団を対象として，健康の保持・増進，生活習慣病の予防のための食事改善に，食事摂取基準を活用する場合は，図2-1-3に示したPDCAサイクルに基づく活用を基本とする。

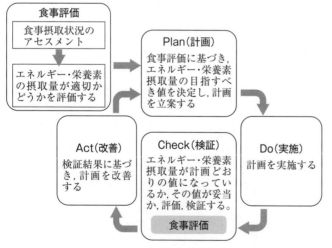

図2-1-3　食事摂取基準の活用とPDCAサイクル
出典:「日本人の食事摂取基準　2020年版」

アップされたことが特徴といえる。

● 推定平均必要量：EAR
（estimated average requirement）
不足の有無や程度の判断に用いられる数値であり，当該集団に属する50％の人が必要量を満たすと推定される摂取量である。

● 推奨量：RDA（recommended dietary allowance）
不足の有無や程度の判断に用いられる数値であり，ほとんどの人（97〜98％）が不足していない（充足している）量として定義される。すなわち，推奨量とは，不足しないための最低必要量として捉えることが必要である。

つまり健康な個人・集団に対する食事計画の際には，推奨量を下回らない配慮は必要となるが，耐容上限量未満の範囲内で，その数値を超えても支障はない。

● 目安量：AI（adequate intake）
特定の集団における，ある一定の栄養状態を維持するのに十分な量として「目安量」を定義する。十分な科学的根拠が得られず「推定平均必要量」が算定できない場合に算定するものとする。実際には，特定の集団において不足状態を示す人がほとんど観察されない量として与えられる。

● 耐容上限量：UL
（tolerable upper intake level）
過剰摂取によって生じる健康障害（過剰症）のリスクがないとみなされる習慣的な摂取量の上限量として定義される。

● 目標量：DG（tentative dietary goal for preventing life-style related diseases）
生活習慣病の発症予防目的として，疾病のリスク等が低くなることが期待できる量として算定し，現在の日本人が当面の目標とすべき摂取量として「目標量」を設定する。実行の可能性を重視して設定した値である。

（4）エネルギーの設定

エネルギーは，各年齢区分・身体活動レベル毎に，推定エネルギー必要量（EER：estimated energy requirement）が策定されている。これは，エネルギーの不足のリスク，および過剰のリスクの両者が最も小さくなる摂取量と定義される。算出方法の基本的考え方は，基礎代謝基準値に標準体重を乗じて求めた基礎代謝量に，身体活動レベルごとの係数を乗じて算定する。なお，成長期にある者に対しては，組織合成に要するエネルギー分と，組織増加分のエネルギーが考慮されている。

身体活動レベルは，体を動かす生活時間が比較的短いレベルⅠと中等度のレベルⅡ，運動量の多いレベルⅢに分けられている。現在の日本人の比率はおよそ，1：2：1となっており，成人の約半数はレベルⅡに相当する。

食事設定における，エネルギー摂取量の計画は，対象のBMIが適切な範囲（18.5以上25.0未満）にある場合は，現在の体重を維持するだけのエネルギー，すなわち推定エネルギー必要量とする。また，BMIが25以上の者については，エネルギー摂取量の減少と身体活動の増加によって体重の減少を目指すが，身体活動の増加を重視することが望ましい。

（5）活用の基礎理論

集団の食事改善を目的とした食事摂取状況のアセスメント結果に基づき，食事摂取基準を活用した食事改善の計画と実施の概要を図2-1-4に示す。

● 健康づくりのための身体活動基準（2013）

ライフステージに応じた健康づくりのための身体活動（生活活動・運動）を推進することで健康日本21（第二次）の推進に資するよう，「健康づくりのための運動基準2006」を改定し，「健康づくりのための身体活動基準2013」を策定した。これらの特徴として，以下の5点が挙げられる。
1. 身体活動（生活活動及び運動）全体に着目することの重要性から，「運動基準」から「身体活動基準」に名称を改めた。
2. 身体活動の増加でリスクを低減できるものとして，従来の糖尿病・循環器疾患等に加え，がんやロコモティブシンドローム・認知症が含まれることを明確化。
3. こどもから高齢者までの基準を検討し，科学的根拠のあるものについて基準を設定した。
4. 保健指導で運動指導を安全に推進するために具体的な判断・対応の手順を示した。
5. 身体活動を推進するための社会環境整備を重視し，まちづくりや職場づくりにおける保健事業の活用例を紹介した。

身体活動の目安は，65歳以上では，身体活動を毎日40分。18から64歳では，歩行レベル（3メッツ）以上の強度の身体活動を毎日60分。さらに年齢別とは別に，身体活動を「今より少しでも増やす」としている。運動では，どの年代に対しても，30分以上・週2日以上の「運動習慣をもつようにする」としている。

出典：「厚生労働省：「健康づくりのための身体活動基準2013」概要より抜粋

〔食事摂取状況のアセスメント〕　　　　　　　　　　　〔食事改善の計画と実施〕

〈エネルギー摂取の過不足の評価〉

| BMI*の分布から，目標とする範囲外にある人の割合を算出 | ⇒ | BMIが目標とする範囲内に留まる人の割合を増やすことを目的に立案 |

*成人の場合

〈栄養素の摂取不足の評価〉

| 摂取量の分布から，推定平均必要量を下回る人の割合を算出。摂取量の中央値と目安量を比較することで不足していないことを確認 | ⇒ | 推定平均必要量を下回って摂取している人の割合をできるだけ少なくすること，目安量付近かそれ以上であれば，その摂取量を維持することを目的に立案 |

〈栄養素の過剰摂取の評価〉

| 摂取量の分布から，耐容上限量を上回る人の割合を算出 | ⇒ | 集団内のすべての人の摂取量が耐容上限量を超えないことを目的に立案 |

〈生活習慣病の予防を目的とした評価〉

| 摂取量の分布から，目標量を用いて，目標量の範囲を逸脱する人の割合を算出 | ⇒ | 目標量（又は範囲）を逸脱して摂取している人の割合を少なくすることを目的に立案 |

図2-1-4　食事改善（集団）を目的とした食事摂取基準の活用による食事改善の計画と実施

出典：「日本人の食事摂取基準　2020年版」

(1) 摂取基準値と食事計画

食事計画で摂取基準値を利用する場合は，各摂取基準値の意味を十分に理解して，どの基準値を利用すればいいのかの判断をする必要がある。しかし，いずれの値を用いた場合でも，「一つの点としての数値」に固執して，無理な数字合わせをしないことが大切である。すなわち栄養素の量は，点ではなく「範囲（幅）」として計画していくことが不可欠である。

(2) 推定平均必要量・目安量と食事計画

栄養素の摂取不足にならないためには，推定平均必要量では，この値を下回って摂取している人の割合をできるだけ少なくするための食事計画を立てる。目安量では，摂取量の中央値が目安量付近かそれ以上であれば，その摂取量を維持するような食事計画を立てる

(3) 耐容上限量と食事計画

栄養素の過剰摂取にならないようにするために，耐容上限量を超える者が出ないような献立を計画する。

(4) 目標量と食事計画

目標量が示されている栄養素は，たんぱく質，脂質・炭水化物（食物繊維），主要栄養素バランスとナトリウム，カリウムである。目標量は生活習慣病の発症予防を目的として算定された指標であるが，生活習慣病の原因は多数あり，食事面だけの配慮ではなく，運動，喫煙などの非栄養性の関連因子の把握も必要となる。

献立計画としては，目標量を逸脱した摂取量の者をできるだけ少なくするように，摂取量が目標量の範囲に入るような献立を計画する。さらに生活習慣病は数年から数十年間の生活状態の結果生じるものであるために，長い年月にわたって摂取可能な献立の立案が望ましい。

(6) 食事設定で「食事摂取基準」を使用するにあたっての留意点

(1) 対象者および対象集団

食事摂取基準の対象は，健康な個人ならびに健康な人を中心として構成されている集団とし，高血圧，脂質異常，高血糖，腎機能低下に関するリスクを有していても自立した日常生活を営んでいる者を含む。疾患を有していたり，疾患に関する高いリスクを有していたりする個人並びに集団に対して，治療を目的とする場合は，食事摂取基準におけるエネルギー及び栄養素の摂取に関する基本的な考え方を理解したうえで，その疾患に関

● **身体活動増加の効用**

身体活動は，エネルギー消費量を多くし，BMIの減少が期待される。一方，エネルギー摂取量の制限は，種々の栄養素摂取量の低下を招く危険性があるため注意が必要となる。身体活動によって期待できる項目はBMIの減少だけでなく，BMIとは独立に個々の生活習慣病のリスクを下げることが示されている。特に期待できるのは，心筋梗塞，糖尿病，大腸がんのリスクを下げることが明らかになっている。また，メタボリックシンドロームの原因となる内臓脂肪も，身体活動の増加によって，減少が期待できる。

● **栄養素摂取量の指標**

3つの目的からなる5つの指標で構成する。具体的には，摂取不足の回避を目的とする3種類の指標，過剰摂取による健康障害の回避を目的とする指標，及び生活習慣病の予防を目的とする指標から構成する。

〈目的〉	〈指標〉
摂取不足の回避	推定平均必要量，推奨量 ＊これらを推定できない場合の代替指標：目安量
過剰摂取による健康障害の回避	耐容上限量
生活習慣病の予防	目標量

● **主要栄養素バランス**

エネルギーを産生する，たんぱく質，脂質，炭水化物とそれらの構成成分が，総エネルギー摂取量に占める割合（％エネルギー）。PFCバランスの事。各栄養素のエネルギーは，Atwater係数を用いて求める。

連する治療ガイドラインなどの栄養管理指針を用いる。
(2) 摂取源
　食事として経口摂取されるものに含まれる，エネルギーと栄養素を対象とするが，通常の食品以外にいわゆる健康食品やサプリメントなどに含まれる栄養素も摂取源とする。
(3) 食事設定で考慮する優先順位
　次の順番となる。①エネルギー，②たんぱく質，③脂質，④ビタミンA・ビタミンB_1・ビタミンB_2・ビタミンC，カルシウム，鉄，⑤飽和脂肪酸，食物繊維，ナトリウム（食塩），カリウム。①，②の考慮は必須で，③〜⑤は対象者がエネルギーバランスを適切に保つために可能な限り対応させることが望ましい。
(4) 高齢者への対応
　特に高齢者では，咀しゃく能力の低下，消化・吸収機能の低下，運動量の低下に伴う摂取量の低下などが存在する。特に，これらは個人差の大きいことが特徴であるため，年齢だけでなく，個人の特徴に十分注意を払うことが必要である。
　高齢者については65歳以上とし，年齢区分については，65〜74歳，75歳以上の2区分を設けた。栄養素によっては，高齢者における各年齢区分のエビデンスが充分ではない点に留意するべきである。

4　食事バランスガイド

　平成17年に厚生労働省と農林水産省が合同で検討会を組織して「食事バランスガイド」を決定した。これは，平成28年に改定された「食生活指針」(p.37参照)を具体的な行動に結びつけるためのものである。

(1) 食事バランスガイドの目的
　「何を」「どれだけ」食べたらよいかという，食事の基本を身につけるバイブルとして，望ましい食事の摂り方や料理のおよその量をわかりやすく示すことを目的としたものである。前述した食生活指針を，自らの食生活に実践できるように食事内容，料理構成が具体化されている。

(2) 食事バランスガイドの特徴
(1) コマをモチーフ
　1日の適切な食事を表す媒体として「コマ」のイラストと，概念が用いられている。バランスがよい場合はコマが回り，バランスが崩れるとコマが倒れるというものである。さらにコマの回転を運動に見立て，回転することでコマがはじめて

● 年齢区分および高齢者の対応

年齢区分	
0〜5（月）※	12〜14（歳）
6〜11（月）※	15〜17（歳）
1〜2（歳）	18〜29（歳）
3〜5（歳）	30〜49（歳）
6〜7（歳）	50〜64（歳）
8〜9（歳）	65〜74（歳）
10〜11（歳）	75以上（歳）

※エネルギーおよびたんぱく質については，「0〜5か月」および「6〜8か月」，「9〜11か月」の3つの区分で表した。

日本人の食事摂取基準2020年版より高齢者に2つの区分を設けたが，栄養素によっては，高齢者における各年齢区分のエビデンスが必ずしも十分ではない点に留意すべきである。

● 1つ(SV)の数え方
　一般の生活者にむけての情報提供という観点から，小数点をつけずに，整数で示すことが推奨されている。
　そのため，基本的なルールとして，各料理区分における主材料の基準量に対して2/3以上，1.5未満の範囲で含むものを「1つ(SV)」として表すことを原則としている。
　ただし，管理栄養士などの専門家が個人の食事の評価を行ったり，個々の料理や食品などに関する分析，評価を行う際には，その目的に応じて整数，小数を適宜使い分ける。

● ごはんの数え方
　日常的に把握しやすいごはん量の単位として，茶碗1杯がある。これは，ごはん150g程度で，こめでは約70gとなり，丁度1/2合分に相当する。「1つ(SV)」の数え方は原則的に整数とされるが，ごはん1杯は，一般に把握しやすい単位であるため，ごはんだけは[1.5つ]と示されている。
　なお，ごはん1つ(100g)は小さい茶碗1杯，または，おにぎり1つ分，ごはん2つは丼物に用いられるごはん量である。

安定するように，人間も運動することが欠かせないことを，コマを用いて分かりやすく伝えている。コマの軸は人体に不可欠な水分としている（図2-1-5）。

（2）構成内容

コマを構成するものは，料理区分としての「主食」，「主菜」，「副菜」，および「牛乳・乳製品」，「果物」の5区分である。より具体的な食事のあり方の指標として，食品区分ではなく，食べる状態に近い『料理区分』となっていることが，大きな特徴である。

また，乳・乳製品を主菜の料理区分から外して，果物と同様に単独区分にしている。日本人の食事では，乳・乳製品や果物を料理にとり入れる頻度は少なく，また，日本人に不足しがちなカルシウムを乳・乳製品によって充分に摂取することを促している。

「菓子・嗜好飲料」については，食生活の中の楽しみとして捉えられ，摂り方を考える必要性からコマを回すための『ひも』として表現した。楽しく適度にとのメッセージを付し，コマの本体には含めず目安量も示していないが，これらを多く摂りすぎることで本来の食事バランスをくずすおそれがあるので十分に気をつけることが望ましい。

● どんぶりなど複合料理の数え方

1料理に主食・主菜・副菜が全て含まれるどんぶり物的な料理の数え方は，それぞれの区分における各料理区分ごとに分けて数える。

例：カレーライスの数え方
　主食：2つ(SV)（ごはん：200g）
　主菜：2つ(SV)（豚肉：60g）
　副菜：2つ(SV)（野菜：160g　じゃがいも，たまねぎ，にんじんなど）

● 油脂・調味料の摂取

油脂，調味料は基本的に料理のなかに使用されているため，個別の量の把握が難しく，食事バランスガイドでは，これらの摂取量の指示はない。

しかし，これらの摂取量は，食事全体のエネルギー量や食塩摂取量に大きく影響するものである。従って実際には，エネルギー量・脂質，および食塩相当量も合わせて情報提供することが望ましい。

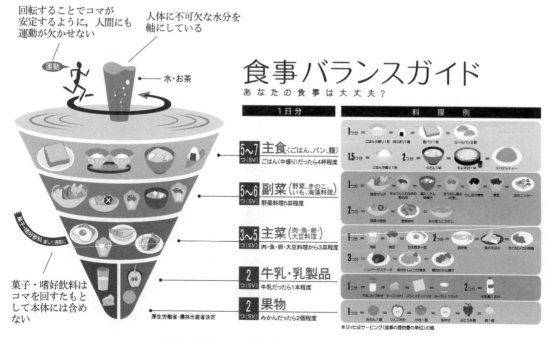

図2-1-5　コマを用いた食事のバランスガイド
出典：「厚労省・農水省決定　食事バランスガイド」，第一出版(2005)

(3) 食事バランスガイドの利用

利用にあたっては,「何を」に当たる料理区分の理解と,「どれだけ」を示す量の理解が必要となる。対象は,学童から高齢者まで展開しているが図2-1-5に示した基本形は「成人」を対象としたものである。料理区分,および数え方につ

● 基本形とその対象

基本形はエネルギー量として2,000～2,400 kcalを想定している。これは,6才以上の国民の推定エネルギー必要量の平均に相当する。

料理区分	食品群	主材料の例	分類条件	数え方の基準	主な供給栄養素
基本的な組合せ					
主食 (ごはん,パン,麺など) 5～7つ (SV)	米類(めし)	ごはん,もち,ビーフン	左記の主材料を2/3目安量を超えて含むもの	主材料に由来する炭水化物として40g	炭水化物 エネルギー
	パン(菓子パンを除く)類	食パン,ロールパン,お好み焼き			
	麺類	うどん,そば,そうめん・冷や麦,中華めん,即席めん,マカロニ・スパゲッティ			
	その他の穀類食品	シリアル			
副菜 (野菜,きのこ,いも,海藻料理) 5～6つ (SV)	野菜類	野菜(キャベツ,きゅうり,だいこん,たまねぎ,トマト,ほうれんそう,レタス)	左記の主材料を2/3目安量を超えて含むもの	主材料の素材重量として70g	ビタミン ミネラル 食物繊維
	いも類	いも,こんにゃく			
	大豆以外の豆類	あずき,いんげん豆,うずら豆			
	きのこ類	きのこ(しいたけ,しめじ,えのきたけ)			
	藻類	海藻(海苔,わかめ,ひじき)			
	種実類	落花生・ナッツ類,くり			
主菜 (肉,魚,卵,大豆料理) 3～5つ (SV)	肉類	牛肉,豚肉,鶏肉 肉加工品	左記の主材料を2/3目安量を超えて含むもの	主材料に由来するたんぱく質として6g	たんぱく質 脂質 エネルギー 鉄
	魚類	魚,貝,えび,かに,たこ,魚介加工品(さつま揚げ,かまぼこ,ちくわ)			
	卵類	卵			
	大豆・大豆製品	豆腐,大豆,納豆			
積極的にとりたいもの					
2つ (SV)	乳類	牛乳,飲むヨーグルト ヨーグルト,チーズ,粉乳		主材料に由来するカルシウムとして100mg	カルシウム たんぱく質 脂質
2つ (SV)	果実類	果実(みかん,りんご,いちご,すいか)		主材料として100g	ビタミンC カリウム
楽しく適度に					
菓子・嗜好飲料	菓子類	菓子類,菓子パン			
	嗜好飲料	甘味飲料類,酒類			

(右端に「複合的料理」と縦書きで表示)

注] 水・お茶は料理,飲物として食事や間食などにおいて十分量を摂る

図2-1-6 食事バランスガイドを構成する内容

出典:「厚労省・農水省決定 食事バランスガイド」, 第一出版(2005)

いては図2-1-6に示した。数え方の基準は各料理区分により異なる。

5　食品群

日常使用する食品は極めて多い，そこでこれらの食品を成分特性，栄養的特性よってグループに分類したものを「食品群」という。主な食品群には「3色食品群」「4つの食品群」「6つの基礎食品」，「18食品群」などがある。

● 18食品群
　国民栄養・健康調査，食事摂取基準の食品群別摂取目標量（食品構成），日本食品標準成分表では18食品群が使用されている。

表2-1-1　3色食品群

群別	食品	作用	栄養素
赤群	魚介・肉類　卵類 牛乳・乳製品　大豆・豆製品	血や肉をつくる	たんぱく質　脂質　カルシウム ビタミンB_1・B_2
黄群	穀類　いも　油脂類 砂糖類	力や体温となる	炭水化物　脂質　ビタミンA・B_1・D
緑群	緑黄色野菜　その他の野菜 海藻類　果物	体の調子を整える	カロテン　カルシウム　ヨウ素 ビタミンC

表2-1-2　4つの食品群

群別	食品	作用	栄養素
第1群 ♠	乳・乳製品，卵	栄養を完全にする	たんぱく質　脂質　カルシウム ビタミンA・B_1・B_2
第2群 ♥	魚介・肉，豆・豆製品	肉や血をつくる	たんぱく質　脂質　カルシウム ビタミンA・B_2
第3群 ♣	野菜（きのこ・藻類を含む） いも類，果物	体の調子をよくする	ビタミンA　カロテン　ビタミンC ミネラル　食物繊維
第4群 ♦	穀類，砂糖，油脂	力や体温となる	糖質　たんぱく質　脂質

表2-1-3　6つの基礎食品

群別	食品の種類	作用	栄養素
第1類	魚，肉，卵，大豆・大豆製品	血や肉をつくる 筋肉や血液になる	たんぱく質
第2類	牛乳・乳製品，海藻，小魚	骨や歯をつくる	カルシウム
第3類	緑黄色野菜	体の調子を整える	ビタミン，ミネラル
第4類	その他の野菜，果物	体の調子を整える	ビタミン，ミネラル
第5類	穀類，いも類，砂糖類	エネルギー源となる	糖質
第6類	油脂	効率的なエネルギー源となる	脂質

出典：「文科省科学技術・学術審議会資源調査分科会編　五訂増補」，日本食品成分表(2005)

主な食品群を表2-1-1, 2, 3に示した。
どの食品群を利用するかは使用目的を考慮し選択する。

(1) 3色食品群

食品を栄養素のもつ役割から赤, 黄, 緑の3色の群に分けたもので, 1952年, 岡田正美(広島県庁技師)が提唱し, 近藤とし子(栄養改善普及会)が普及に努めた。3色の食品の分類は, 赤群は血や肉をつくる魚介・肉類などのたんぱく質の供給源の食品, 黄群は力や体温となる穀類, 油脂類, 砂糖類, 緑群は体の調子を整える野菜, 果物などの食品である。毎日それぞれの群から食品を組合せて食べることを「栄養三色運動」として提唱した。内容も簡潔で理解しやすい食品群である。

(2) 4つの食品群

女子栄養大学の創立者・香川綾は1930年に主食を胚芽米とし, 副食は魚1・豆1・野菜4の組合せを献立のスローガンとして提唱していた。それを1956年に4つの食品群に改め, 日本人に不足しがちな牛乳や卵を第1群に, ほかの栄養素ははたらきの特徴から3つの群に分けている。魚介・肉と豆・豆製品は第2群, 野菜, いも類, 果物は第3群, 穀類, 砂糖, 油脂は第4群になっている。また, 覚えやすいように群別にトランプのマークがつけられている。この基礎食品を組合せれば献立の作成を簡単に行うことができる。

(3) 6つの基礎食品

厚生省(現 厚生労働省)が1958年に国民の栄養知識の向上を図るための栄養教材として作成し, 1981年に改訂されて現在まで使用されている。栄養成分が類似している食品を6つに分類している。特色として野菜を緑黄色野菜とその他の野菜に分けていることがあげられる。具体的にどのような食品を組合せて食べるかを示したもので, 栄養教育の教材として効果が期待できる。

(4) 食品群の摂取のめやす

一人ひとりが必要な食事摂取基準を満たすためにはどのような食品をどれだけ食べたらよいか, バランスよく1日の食事摂取基準を満たすための食品の組合せを食品構成という。6つの基礎食品をベースにした6つの食品群別摂取量のめやすを表2-1-4に示した。また, 4つの食品群ではさらに身体活動レベル別で分けており, 身体活動レベルⅡ(ふつう)での食品構成を表2-1-5に示した。

● **栄養三色運動**

栄養改善普及会は「食品を色分けして交通信号の色で覚えましょう」と三色食品群を広めている。また体にやさしい, 食材のわかりやすい合言葉として「マゴタチワヤサシイ」と推奨している。

- マ だいず・大豆製品
- ゴ ごま・種実類
- タ 卵
- チ 牛乳・乳製品
- ワ わかめなど藻類
- ヤ 野菜, 果物
- サ 魚介, 肉類
- シ しいたけなどのきのこ類
- イ いも類

● **四群点数法**

四群点数法は4つの食品群による食品構成を重量ではなく「80kcalを1点」とする点数で表している。成人の場合, 1日20点(1600kcal)を標準量としている。たとえば, 卵1個は1点と点数で表すことによってエネルギーの調整を簡略的に行い, バランスよく食品を摂取することができるのが特徴である。

群別	食品	点数	
第1群	乳・乳製品	2	3
	卵	1	
第2群	魚介・肉	2	3
	豆・豆製品	1	
第3群	野菜	1	3
	いも類	1	
	果物	1	
第4群	穀類	9	11
	砂糖	0.5	
	油脂	1.5	
合計			20

表2-1-4 6つの食品群別摂取量のめやす　　　　　　　　　　　　　　　　　　（単位：g／日）

年齢(歳)	第1群 魚・肉・卵・大豆		第2群 牛乳・乳製品		第3群 緑黄色野菜		第4群 その他の野菜・果物		第5群 穀類・いも類・砂糖		第6群 油脂	
	男	女	男	女	男	女	男	女	男	女	男	女
6〜8	230	220	400	400	90	90	320	320	360	310	15	15
9〜11	280	280	400	400	100	100	400	400	430	370	20	20
12〜14	330	300	400	400	100	100	400	400	500	420	25	20
15〜17	330	300	400	400	100	100	400	400	520	400	30	20
18〜29	330	300	400	400	100	100	400	400	520	380	20	15
30〜49	300	300	300	300	100	100	400	400	520	380	20	15
50〜69	250	250	300	300	100	100	400	400	480	360	15	15
70以上	250	210	300	300	100	100	400	400	410	330	15	15

① 1群は，たまご1個（50g）をとり，残りを肉：魚：大豆製品＝1：1：1に分ける。
② 2群は，牛乳の一部代替品として乳製品，小魚，海草を摂るようにする。
　牛乳50g（カルシウム約50mg）に相当する食品は，チーズ10g，ヨーグルト50g，スキムミルク5g，しらすぼし10g，ひじき（干）5g，わかめ（干）5gなど。
　また，中高年者の場合は，牛乳のかわりにスキムミルクを摂るようにする。
③ 4群は，400gの場合，その他の野菜250g，果物150gとする。
④ 5群は，いも（生重量）50g，砂糖30gを含む。穀類については，飯はこめの重量で，パン，めんはそのまま（生重量）で計算する。
　たとえば，米飯1ぱい（こめ）60g，食パン6枚切り1枚60g，ゆでめん1ぱい200gなど。
⑤ 6群は，おもに植物性油脂を摂る。
⑥ 1日に摂取する食品の種類は25〜30種類とする。

出典：金子佳代子他：日本家庭科教育学会誌，45, p.22 (2002)

表2-1-5 4つの食品群の年齢別・性別・身体活動レベル別食品構成　　　　　　（単位：g／日）

身体活動レベル	食品群 年齢(歳)	第1群 乳・乳製品		卵		第2群 魚介・肉		豆・豆製品		第3群 野菜		いも類		果物		第4群 穀類		油脂		砂糖	
		男	女	男	女	男	女	男	女	男	女	男	女	男	女	男	女	男	女	男	女
身体活動レベルⅡ（ふつう）	1〜2	250	250	30	30	60	50	40	35	180	180	50	50	100	100	110	100	5	5	3	3
	3〜5	250	250	30	30	60	60	60	60	240	240	60	60	150	150	170	150	10	10	5	5
	6〜7	300	250	50	50	80	80	60	60	270	270	60	60	150	150	200	180	10	10	10	10
	8〜9	330	330	50	50	120	80	80	80	300	300	60	60	200	200	240	220	15	15	10	10
	10〜11	350	350	50	50	140	100	80	80	350	350	100	100	200	200	300	280	20	20	10	10
	12〜14	400	350	50	50	160	120	100	100	350	350	100	100	200	200	360	340	25	20	10	10
	15〜17	400	330	50	50	160	120	100	100	350	350	100	100	200	200	420	320	30	20	10	10
	18〜29	300	250	50	50	140	100	80	80	350	350	100	100	200	200	400	260	30	20	10	10
	30〜49	250	250	50	50	140	100	80	80	350	350	100	100	200	200	400	270	20	15	10	10
	50〜69	250	250	50	50	140	100	80	80	350	350	100	100	200	200	370	260	25	15	10	10
	70以上	250	250	50	50	120	80	80	80	350	350	100	100	200	200	320	220	20	10	10	10
	妊婦 初期		250		50		100		80		350		100		200		280		20		10
	妊婦 中期		250		50		150		80		350		100		200		310		20		10
	妊婦 末期		250		50		150		150		350		100		200		350		20		10
	授乳婦		250		50		150		150		350		100		200		320		20		10

（香川芳子案）

注］1）野菜はきのこ類，藻類を含む。また，野菜の1/3以上は緑黄色野菜で摂ることとする。
　　2）エネルギー量は「日本人の食事摂取基準（2015年版）」の参考表・推定エネルギー必要量の約95％の割合で構成してある。各人の必要に応じて適宜調節すること。
　　3）食品構成は「日本食品標準成分表　2015年版（七訂）」で計算

出典：「七訂食品成分表　2016」，女子栄養大学出版部

2. 献立の作成

食事計画には，栄養素レベル，食品レベル，料理レベルの3レベルがあるが，最終的には食べる状態である料理レベルでの食事計画が必須となる。献立作成は代表的な食事計画である。

1　3食の配分

1日の給与栄養素量を3食に配分する比率は，対象の食習慣・生活状況などを考慮して定める。日本の食事習慣は夕食に重点をおいているので，等分比ではなく，朝：昼：夕を1：1.5：1.5，あるいは1：1.5：2などの例が多い。さらに主食のみ3食同一にし，副食を上記配分にする場合もある。健康な成人を調査した報告では，朝食18％，昼食34％，夕食40％（間食8％）であった。一部の食事のみを提供する場合は，給与しない食事内容の量と質に個人差が存在することを考慮した上で，提供献立を計画する。

2　献立計画

献立は，1食あるいは1日ずつ独立して存在するものではなく，連続した前後の献立とのバランスを十分に考慮しなければならない。献立計画は，個々の献立作成に先立って1週間単位，あるいは1か月単位で立案するが，連続した食事内容のバランスを予め検討する。

献立を構成する料理区分は，主食・主菜・副菜の3区分で捉えると設定しやすい。献立の組み立ては，「主菜」→「主食」→「副菜」→「果物・デザートなど」の順番で考えていくことが多いが，食事の状況，対象者の特性などによってはこの限りではない。

3　主食の設定

主食とは，炭水化物を多く含む食材である，こめ・パン・めんなどを用いた料理であり，食事の主なエネルギー源となることから「主食」とよばれる。

（1）栄養的意義

①炭水化物・エネルギーの供給源，②脂肪の過剰摂取を防止する，という役割をもち，献立に1品設定する。

（2）料理特性

ごはん，パン，めんを用いた料理で，日本では，ごはんの

●一汁二（三）菜の料理構成

料理構成には一汁二菜や一汁三菜の考え方もある。しかし，この概念では，汁が必ず入ることや，おかずである「菜」が数しか示されず，栄養素的な質の情報が入らない。これらのことから，料理構成として，主食・主菜・副菜の捉え方が食事計画には有効といえる。

●日本における米食の意義

①こめは日本食のキーフーズ
②長期にわたる食文化の伝承により，ごはん食は多くの食材と組合せることができる。
③こめは自給自足が可能な食材である。
④白飯はそれ自体は調味をしないので，ほかの料理の味を引き立てる。

●口中調味

塩味をつけていない白飯と，塩味をつけているおかずを一緒に口の中に入れることによって，好ましい0.8％程度の塩分濃度となることを示す。子どもに多くみられる「ばっかり食い」の警鐘としても利用されている。

●主食におけるごはん食の現状

朝食のごはん食は半数を下回っているが，夕食はほとんどがごはん食である。

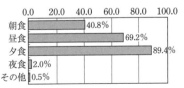

出典：エルゴ・ブレインズによる調査（2007）

割合が圧倒的に高い。

（3）重量の設定

1食のエネルギーの約40〜45％程度を主食で摂取することによって，エネルギー産生栄養素バランスの炭水化物エネルギー比の比率を50〜60％にすることができる。すなわち，1食が700 kcal程度の場合は約250 kcalを主食から摂取する。

（4）料理展開
(1) こめ料理
① **白　飯**　多様な副食と組合せ可能な最も基本的なこめ料理。
② **味付け飯**（p.75参照）　主食が味付け飯の場合は，主菜・副菜を塩分濃度の低い料理にするなどの配慮が必要である。
③ **粥**　飯粒と重湯の割合によって分類される。通常は仕上がりの粥の状態から命名された「分粥」の表現が一般的であるが，「分粥」では仕上がり点を評価しにくく，日によって変動しやすい。「倍粥」の表現を利用することで，こめに対する仕上がり量が明確に示され，安定した提供ができる（表2-2-1）。

(2) パン料理
食パン1斤は規格では340 g以上とされているが，実際は360 g相当であるため，それを基準に8枚切り，6枚切りなどの重量を換算する。また，パンは種類によって，脂肪の含有量が大きく異なるため，種類によるエネルギー量を把握して使用重量を設定する。

(3) めん料理
① **うどん・そば**　ゆでたものの1玉は200 gが標準。乾めんは，ゆでると240〜270％に重量が増加する。
② **スパゲッティ**　1人分80 gが標準

めん料理を主食とする場合，副食が少なくなる傾向があるため，その際は主食量を多く設定する。

4　主菜の設定

主菜は，主食に対する「副食」のなかで，たんぱく質主体の食品を用いた料理で，料理重量も多く，献立において主となる副食である。

（1）栄養的意義
①たんぱく質・脂質の供給源である。②カルシウム，鉄など

●およそ250 kcalの主食量
ごはん：150 g
　　（茶碗1杯）
食パン：100 g（8枚切り2枚）
ゆでうどん：250 g（1玉）

表2-2-1　粥の種類と名称

粥一般名称	仕上がり倍率（倍）	望ましい粥表現	通常調理での加水量(容量)	
			米	水
全粥	5	5倍粥	1	5
七分粥	7	7倍粥	1	7
五分粥	10	10倍粥	1	10
三分粥	20	20倍粥	1	20

●パンの概量

種類	1枚・1個当たりの重量
食パン（4枚切り）	90 g
食パン（6枚切り）	60 g
食パン（8枚切り）	45 g
ロールパン	30 g
クロワッサン	40 g

●たんぱく質6 gの意味

食事バランスガイドで，主菜1つ(SV)分がたんぱく質6 gとなっている。これはちょうど，卵1個分(50 g)，牛乳200 mL分のたんぱく質に相当する。

それぞれのたんぱく質成分量は，鶏卵で12.6 g，普通牛乳で3.2 gで，成分量としては4倍の差がある。しかし，1回の摂取量の観点からみると，ともに6 g相当となり，1日の摂取基準量の約10％量となる。

摂取する食品の栄養素量は，成分量にまどわされず，常に摂取量との関連から捉えることが必要である。

●献立計画における主菜の設定

主菜料理の配置には以下の3項目を配慮し，同種の料理が連続しないように，また出現頻度が適当量であるように，バランスよく配置していく。
①主な食材：肉・魚・卵・大豆・乳に分類することが多い。

のミネラルの供給源としての役割をもつ。③過剰に摂ることにより脂質やエネルギーの過剰摂取が生じるため，1食に1品が望ましい。

（2）料理特性

主菜はエネルギー的，重量的にも主になる副食であり，肉，魚，卵，大豆，乳・乳製品を主材料に用いた料理である。なお，食事バランスガイドでは，乳・乳製品は別料理区分となっている。

（3）重量の設定

学童期以降高齢者まで，たんぱく質の食事摂取基準推奨量が，ほぼ1日50～60gであり，その50％程度を主菜の主材料から摂取する。したがって1日当たり約30gとなり，1食のたんぱく質量は平均10g前後となる。これは食品重量としては，ほぼ40～100gの範囲となり，食事バランスガイドの数え方では，主菜1つ～2つ（主材料が多い場合は3つ分）の料理となる。主材料の使用量が20g程度では，主菜としての，栄養的意義や，料理としての意味が不足する。

また，主菜料理の食材総重量は，野菜・いもなどの付け合わせを組合せることで，総量を100g以上にすることが望ましい。

（4）料理展開

主菜は，副菜とともに種々の料理を設定することができる。食事計画をする際に，料理のバリエーションを豊かにすることはきわめて重要である。そのためには，以下の4要素を分析することで，各料理を分類することができる。

（1）材料の形態

肉では①固まり，②薄切り，③ひき肉，④ハムなどの加工食品に大別できる。魚は①切り身（1尾も含む），②干物，③刺身，④練り物，⑤魚類以外の魚介類に大別できる。

（2）調理方法

①冷食（和え物・なま物），②煮物，③蒸し物，④焼き物，⑤炒め物，⑥揚げ物に分類される。

（3）料理様式

日本では，様々な料理様式が日常的に食されているが，大別すると①和風料理，②洋風料理，③中華風料理となる。これらの料理様式は，各国の料理・献立パターンを日本に導入

②調理方法，③料理様式：これらは本文に示した分類に従う。

●だしの種類

和風料理：こんぶ，かつお，煮干しを主に用い，短時間でうま味を抽出させる。市販だしとして，和風だし，かつおだし，こんぶだしなどがある。

洋風料理：骨，肉，野菜などを用い，2時間以上煮込んでうま味を抽出させる。市販だしとして，コンソメ・ブイヨンなどがある。

中華風料理：肉や鶏がら，しょうが，ねぎなどを用い1時間程度煮込んでうま味を抽出させる。市販だしとして，中華風だし，鶏がらだしなどがある。

●特徴的な主な調味料

和風料理：しょうゆ，みそ，砂糖，みりん

和風料理は，菓子以外の料理に甘味が加えられるのが特徴であり，上白糖をはじめとする各種の糖類や，みりんが使用される。また，しょうゆ，みそ，酒の使用によって和風料理の特徴が出る。

洋風料理：塩，油

塩と油（バターやオリーブオイルなど）が基本的な調味料となり，そこに多様な香辛料が加わる。牛乳，チーズなどの乳製品も調味料として利用される。菓子以外の料理に砂糖が加えられることはほとんどない。

中華風料理：各種の醤，塩，油

醤はしょうゆのほかに，豆板醤や甜麺醤・豆鼓醤などがある。砂糖はかくし味に使われる。

●共通調味料としての酢・酒

酢と酒は，和風・洋風・中華風料理ともに使用される調味料である。しかし，ともに，発酵食品であるため，風土の影響を受けやすく，和風料理では，醸造酢，米酢，日本酒が主に使用される。洋風料理では，果実酢，ワイン，中華風料理では，黒酢，紹興酒が用いられる場合が多い。

し，日本の家庭料理としてアレンジされた料理様式である。そのため「風」と表現した。

これらの3種の料理様式は，「だしの種類」，「主な調味料」などが異なる。それらの特性を利用することによって，同じ材料・調理方法を用いても，料理様式を変えることができ，多様な料理が展開できる。

表 2-2-2　料理に使用される食品の目安量と主なSV量

	食品	20～30g	40～50g	60～70g	80～100g	150g程度
主食	米パン麺	粥（こめ）ロールパン	食パン8枚切り	食パン(6～5枚切り)マカロニグラタン（乾物）	おむすび（1SV量）うどん・そば・スパゲッティ（乾めん）	飯茶碗1杯（1.5SV量）
主菜材料	肉	（1SV量）汁の具用 野菜炒め 五目とり飯 ハムエッグ コロッケ		（2SV量）一般的肉料理 豚しょうが焼き カレー ハンバーグ	（3SV量）やや多めの肉料理 鶏のから揚げ トンカツ ステーキ	
	魚介	（1SV量）シラス干しのおろしあえ 炒め物・サラダ等 イカ・エビ・貝		（2SV量）一般的な魚料理 アジの開き 焼き魚 煮魚 照り焼き 刺身		
	卵	かき玉汁 茶碗蒸し チャーハン用いり卵	（1SV量）目玉焼		（2SV量）オムレツ 厚焼き卵 かに玉	
	大豆製品	五目豆（乾物）	納豆（1SV量）豆腐　汁の具	白和えの豆腐	冷奴（1SV量）揚げだし豆腐 マーボー豆腐	
副菜材料	野菜きのこ海草	汁の具用 付け合わせ野菜 色どり用にんじん 大根おろし 漬け物	せん切りキャベツ	（1SV量）具だくさんの汁 青菜のお浸し 酢の物・和え物 生野菜のサラダ 煮物小鉢1つ	かぼちゃの煮物 冷やしトマト なす焼 大根・かぶ煮物	（2SV量）煮物盛り合わせ総量 野菜炒め総量 ポトフ ロールキャベツ 白菜煮
	芋	汁の具用		（1SV量）ポテトサラダ シチュー・カレー	粉ふき芋 ポテトフライ コロッケ 大学芋 煮物	
乳類	乳類	チーズ1切れ（1SV量）		ミルク紅茶	ヨーグルト（1SV量）ホワイトソース・シチュー	1杯の牛乳

(SV：食事バランスガイド単位，p.43参照)

注]　料理名(SV量)は，その料理のSV量を示し，(SV量)が各欄のトップにあれば，その欄すべての料理に該当することを示す。

（4）調　味

味は味蕾によって認知される5基本味からなるが，調味料によって料理に添加される調味には，①塩味，②甘味，③酸味，④油，⑤辛味・スパイスがある。なお，うま味は，だしや食材から溶出されるため，ほとんど全ての料理にうま味が含まれ，今回，味付けのための調味からは外した。

料理に加える調味としては，①の塩味の添加が基本となり，そこに，ほかの②〜⑤の4種の味がどのように組合されるかで料理の味のバリエーションが展開される。

以上の4要素((1)〜(4))を考慮して主菜を考えることで，同一の食材からも，無限の料理が展開できる。この料理展開方法は，主菜に限らず副菜にも使用できる。

（5）付け合わせ

主菜における野菜・いも類を中心とした「付け合わせ」の必要性は以下の通りである。

① 料理としての色彩を高める。

主菜の主材料の多くは茶色系が多く，それだけでは料理としての色彩が好ましくない。そのため，色彩豊かな野菜類を付け合わせとして用いる。

② 味の多様性

味の濃い料理，油っぽい料理に生野菜を中心とした野菜の付け合わせをつけることで味のアクセントとする。

③ テクスチャーの多様性

味に加えて，野菜のもつ歯切れのよいテクスチャーは，肉・魚・卵料理にはないため，料理のテクスチャーを多様化する。

④ 野菜の摂取量を高める。

5　副菜の設定

主菜の設定について構成を決めるため，主菜料理とのバランスが必要である。その際のバランスとは
①食材料，②調理方法，③切り方，④外観・色彩，⑤テクスチャー，これらが主菜と類似しないようにする。また，⑥主菜重量によって，副菜の品数や重量が決まる。このほかにも副菜の決定には，主菜にかかる⑦作業時間，⑧食材料費も考慮しなければならない。和・洋・中の料理様式は，必ずしも主菜と副菜を統一する必要はなく，折衷型の組合せが現在の日本の日常食となっている。

● 主菜における付け合わせの位置

料理や器によって付け合わせの位置は異なり，和風料理の付け合わせの位置は右手前で，主菜の主材料の3分の1程度の量になる。

洋風料理の付け合わせ位置は，主菜の奥側とする場合が多く，その総量は，主材料とほぼ同量で，複数の食材を使用する場合が多い。

中華風料理は，大皿盛りが多いが放射状，もしくは左右対称に飾りとして付け合わせを使用する場合が多い。

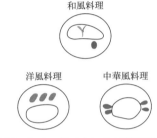

図2-2-1　付け合わせの配置図(例)

● 主な煮物の分類と名称

油を用いない煮物料理は，和風料理には様々あり，種類も豊富である。単に「○○の煮物」と表記せずに種々の名称を用いることは，料理イメージを豊かにし食育にもなる。

分　類	主な名称
形態から	角煮・そぼろ煮・重ね煮・姿煮，当座煮・佃煮・照り煮・つや煮(グラッセ)
色から	白煮・青煮
調味料から	みそ煮・甘煮・酢煮・しょうゆ煮・トマト煮・クリーム煮
調理方法から	含め煮・炒め煮・炒り煮・煮しめ・煮ころがし・煮込み
添加食材から	吉野煮・くず煮・オランダ煮・おろし煮・みぞれ煮

(p.157参照)

(1) 栄養的意義
① ビタミン，ミネラルの供給源，②食物繊維の供給源，野菜の摂取量を確保する。1食に2～3品の設定が望ましい。

(2) 料理特性
野菜，いも，海草，きのこを主材料に用いた料理。副食の中での副菜であるため，重量的には主菜より少ない。また，汁も副菜として扱う場合が多い。ただし，ビーフシチューや鶏のクリームスープなどは主菜となる。

(3) 重量の設定
副菜は，1食の中に複数設定される場合が多く，副菜，副々菜と称する場合もある。煮物，炒め物は，中皿料理で70～150g（副菜1～2つ）の料理となる。小鉢料理はおひたし，和え物などで50～70g程度，小皿料理は漬け物などで40g以下である。なお，汁物は具だくさんの場合は，70g前後であり通常のみそ汁，すまし汁では具の量は50g以下となる。

(4) 料理展開
汁，中皿，小鉢，小皿などのサイズの設定に加え，主菜と同様の4つの展開方法によって多様な副菜料理を計画することができる。

(5) 献立の組み立て
主食・主菜・副菜の組合せによって1食の献立が構成されるが，場合によって果物，デザートを加える。最終的に1食の食材料合計量を確認し，対象者が食べられる範囲の量を設定する。

6　調味料の設定

(1) 調味パーセントの意義
① 味を数値化することによって正確な伝達手段となり，味の再現性を高くする。また，的確な栄養管理を実現することができる。
② 味をパーセント（濃度）で示すことで調理量の影響を受けずに設定することができる。つまりひとり分のレシピを100人分の調理に使用できる。

(2) 調味パーセントの基本的概念
① 生の素材材料重量に対する調味料の「重量割合」で示す。

● だしの塩分含有率

コンソメや顆粒風調味料に示されているだし重量の目安は，仕上がりのだし塩分含有率が，抽出だしの塩分含有率に比べて，3倍～8倍とかなり高く設定されている。料理に使用する場合は，表示されている目安量より少なめにし，必ず塩味を確認してから，調味することが必要である。

だしの種類	塩分含有率(%)
かつお・昆布だし	0.1
昆布だし	0.2
煮干しだし	0.1
中華だし	0.1
洋風だし	0.5
固形ブイヨン	43.2
顆粒和風だし	40.6
顆粒中華だし	47.5

＊塩分含有率は，食品成分表に示される食塩相当量のこと。

● 主な塩味系調味料の塩分含有率

食品	塩分含有率(%)
濃い口しょうゆ	14.5
うす口しょうゆ	16.0
減塩しょうゆ	8.3
米みそ淡色からみそ	12.4
米みそ赤色辛みそ	13.0
めんつゆストレート	3.3
めんつゆ濃縮3倍	9.9
ウスターソース	8.4
特濃ソース	5.6
オイスターソース	11.4
ぽん酢しょうゆ	5.8
ノンオイル和風ドレッシング	7.4
ごまドレッシング	2.7
トマトケチャップ	3.3
マヨネーズ	2.3
カレールー	10.7

(p.129参照)
出典：「日本食品標準成分表　2015年版（七訂）」

② 汁物料理・たれ・麺類の汁の場合のみ，汁（液体）重量に対する調味料重量割合で示す。

（3）好ましい味濃度（調味パーセント）

（1）塩　味（塩分パーセント）

約0.85％濃度の食塩水を生理的食塩水という。体液の浸透圧と等張になる濃度で，これが塩味の基本となる。したがって，すまし汁・みそ汁（具が少ない場合）は0.6〜0.8％程度の塩味となる。ただし，だしを十分に濃くとった場合や，油が入る場合は，調味料の添加は，0.6〜0.7％塩分でよい。主食とともに食べる主菜・副菜料理の塩分パーセントは0.6〜1.0％の範囲で塩味をつける。特に甘味の入る和風料理の煮物では0.8〜1.0％の塩分となる。

（2）甘　味（糖分パーセント）

体液の浸透圧に対して等張液となるしょ糖の濃度は約10％濃度であり，甘い飲料はしょ糖10％濃度が基本となる。料理に加わる甘味はそれより少なく，煮物で2〜3％，甘煮で5〜6％となる。デザート，菓子では，10％以上にして，甘味が充分に感じられるようにする。

（3）酸　味

酸味をつける料理は，酢の物，サラダ，すし飯などであまり多くない。酸味の嗜好は個人差が大きいとされるため，多数を対象とする献立の場合は，酸味は少し控えて調味する。酢として5〜8％濃度となる。

（4）油および吸油率

炒め物の油は2〜5％で，中華風の炒め物の場合は5〜7％とやや多くなる。揚げ物の油は，調理時の使用量と摂取量は全く異なるため，吸油率から油の摂取量を求める。揚げ物の吸油率は基本的に衣の量に影響され，唐揚げのように衣が薄ければ吸油率は少なく，かき揚げのように衣が多ければ多い。食材によっても異なるが，標準値の設定をして栄養計算を行う。標準値は種々提示されているが，生材料に対して素揚げは8％，唐揚げ10％，フライ・天ぷらは12％，かき揚げ，串かつのように衣の厚い揚げ物で15％程度とされることが多い。

（4）調味パーセントの計算方法

調味パーセントによって，調味料重量（使用量）を求めることができる。計算方法は次の①式の通りである。

● 乾物の戻し率

乾めん	2.5〜3倍
切り干しだいこん	4.5倍
ひじき	4〜5倍
干ししいたけ	5倍
まめ	2〜2.5倍

（p.177参照）

● 塩としょうゆの併用

料理に塩味をつける調味料の代表が，塩としょうゆである。塩は料理に色がつかない，塩味以外の味が無いことが特徴である。しょうゆは液体であり，茶色，さらにアミノ酸によるうま味や，アミノカルボニル反応による香りがあるのが特徴である。これらの両者の特性を理解し，塩としょうゆを使い分ける。併用する場合，その比率は様々であるが，しょうゆの比率が高いほど，料理の仕上がりは茶色が濃くなる。

● 吸油率

揚げ物の吸油量は，摂取エネルギーに大きく影響するため，慎重な設定が望まれるが，実際は，食品の種類，切り方（表面積），衣の種類，衣の量，油切りの方法などの諸条件によって変化するため，吸油率の設定はむずかしい。

国民健康・栄養調査では，揚げ物の吸油率を10％とし，唐揚は，素材重量の10％，天ぷら，フライでは素材重量＋衣の重量の10％としている。

ただし厚い衣の場合の吸油率は15％とすることを指示している（p.162参照）。

調味料の使用量＝生材料の合計重量(g)×$\dfrac{調味パーセント}{100}$ …①

なお，生材料重量とは乾物は戻したもの，野菜・魚などは可食部重量であり，だしや他の液体および調味料などの重量は含まない。ただし汁物の場合は，生材料は汁重量となる。

(1) 塩味系調味料の換算

塩を使用する場合は上記の式をそのまま使用するが，しょうゆ，みそ，マヨネーズなどは，塩での使用量を求めてから，各調味料の食塩相当量(塩分含有率)で換算し使用量を求める。

使用頻度の高い，しょうゆ，みそは塩に対する味同等の重量比を用いると便利である。また，だしに顆粒風味調味料を用いる場合は，それらの塩分含有率が40％を超えているため，顆粒風味調味料由来の食塩量を加味して調味する。

(2) 糖分の換算

砂糖の使用重量は，先の①式で求めるが，みりん重量は砂糖量に3倍して求めている。みりんに含まれている43％の糖質は，グルコースやその他のオリゴ糖であり，砂糖より甘味が少ない。グルコースの甘味度は約0.6～0.7であるが，みりんの甘さはしょ糖の約30％(0.43×0.7＝0.30)となり，みりん重量の1/3砂糖量が，同等の甘さとなる。

(5) 調理使用量と摂取量の差異

献立作成で用いるいわゆるレシピは，「料理をつくるための材料一覧」である。食材は，料理中の付着，残存によるロス率はほとんどないが，調味料の場合は，調理器具，皿への残存により，使用する調味料の全てが摂取されるわけではない。

特に，照り焼きのようなつけ汁や，そば，天ぷらなどのつけ汁中の塩分や，炒め物の油は調理器具や食器への残存量が無視できない。そのため，これらの料理の栄養素の算出においては，使用する調味料の全量ではなく，摂取量を推定して計算する必要がある。

■7 献立の評価

献立の評価基準は多岐にわたるが，大きくは，栄養性・嗜好性・安全性・経済性の4項目からの評価となる。

① **栄養性** 給与栄養素量と，摂取栄養素量から把握し，評価する。
② **嗜好性** 献立の構成や嗜好調査・残菜などから把握し，評価する。
③ **安全性** 食品の安全性に加え，作業の安全性も留意する。
④ **経済性** コスト，調理時間などから評価する。

● **主な調味料の味同等の重量比**
　(換算係数)

しょうゆ：塩	＝	7：1
みそ：塩	＝	8：1
みりん：砂糖	＝	3：1

みそは，一般的なみそ(淡色辛みそ)が塩分含有率12.4％であるので，

$$\dfrac{100}{12.4}=8.1$$

すなわち，みそ8gは塩1gに相当する。

● **しょうゆの使用量の計算方法**
①塩での使用量(A)を求める
　A＝材料量×$\dfrac{塩分パーセント}{100}$
②しょうゆの換算係数を用いる。
　しょうゆ使用量＝A×7

● **食塩相当量(塩分含有率)からの調味料使用量の換算方法**
　例：マヨネーズ
　　　(食塩相当量：2.3g/100g)
　　塩として1.5g使用する場合
　　　　2.3：100
　　　　1.5：X
　　　　X＝$\dfrac{100×1.5}{2.3}$
　　　　X＝65.2(g)

マヨネーズ65.2g中の塩分	＝	塩1.5g

● **本みりん**
「本みりん」は約40～50％の糖分と約14％程度のアルコール分でできている調味料である。料理の照り，つや出しに使用することが多い。

また，うまみ調味料や水あめなどの糖分を加えて，みりんの風味に似せた「みりん風調味料」もある(p.60参照)。

3. 栄養評価

1 日本食品標準成分表

（1）食品成分表の歴史

「日本食品標準成分表」の初版は、1950年に経済安定本部国民食糧、および栄養対策審議会が作成した。その改訂版は1954年に科学技術庁資源調査会が作成し、三訂版は1963年、四訂は20年後の1983年に、五訂は2000年に公表された。2010年には、名称を改め「日本食品標準成分表2010」が公表され、2015年には「日本食品標準成分表2015年版（七訂）」、2020年には「日本食品標準成分表2020年版（八訂）」が発表された。

（2）食品成分表の目的

食品成分表は各国に存在するものであるが、食品成分は、生産、流通、加工、家庭内での調理によって変化するものである。したがって食品成分表は、日本人が日常摂取する食品の成分に関する基礎データを幅広く提供することが目的となる。これらは、給食管理や食事改善の専門現場で利用されるだけでなく、栄養、健康への関心の高まりから一般家庭内における日常生活においても広く活用されている。さらに、食事摂取基準作成のための基礎資料、国民健康・栄養調査や、食糧需給表の作成などにおいても活用されており、日本人の健康の維持、増進を図るため、さらに食糧の安定供給を確保するために必要不可欠なものである。

（3）標準成分値とは

私たちが日常摂取する食品の種類はきわめて多岐にわたる。しかも原材料の食品は、動植物界由来の天然物であり、動植物の種類、生育、生産環境など、種々の要因から、かなりの変動幅があることは容易に推測される。

食品成分表は、これらの数値の変動要因に十分配慮しながら、目的で示したような幅広い利用目的に応じて、成分値を以下のように定めている。すなわち、成分値は分析値（測定値）そのものではなく、分析値と文献値などを基に標準的な成分値を求めたものである。また、数値の範囲などを示すことなく、原則的に1食品1標準成分値を収載している。つまり標準成分値とは、年間を通じて普通に摂取する場合の、全国的な平均値を表すという概念に基づき求めた値である。

● フォローアップ調査で追加された栄養成分表

1986年	「改訂日本食品アミノ酸組成表」
1989年	「日本食品脂溶性成分表」脂肪酸・コレステロール・ビタミンE
1991年	「日本食品無機質成分表」マグネシウム・亜鉛・銅
1992年	「日本食品食物繊維成分表」
1993年	「日本食品ビタミンD成分表」
1995年	「日本食品ビタミンK, B_6, B_{12}成分表」
2010年	「日本食品標準成分表準拠アミノ酸成分表2010」
2015年	日本食品標準成分表2015年版（七訂）アミノ酸成分表編・脂肪酸成分表編・炭水化物成分表編

● 成分表2020年版（八訂）の主な改訂内容

① エネルギー産生成分の見直し
　成分表の最も基本的な情報であるエネルギー計算と炭水化物の見直しを行った。
　「たんぱく質」表示に加え、「アミノ酸組成によるたんぱく質」を表示
　「脂質」表示に加え、「脂肪酸のトリアシルグリセロール当量」を表示
　「炭水化物」表示に加え「利用可能炭水化物」「食物繊維総量」「糖アルコール」を表示

② 調理済み流通食品を掲載
　「調理加工食品類」を「調理済み流通食品類」と表記を変え、代表的な調理食品41種の成分値を新たに収載。

③ 食品数の増加
　七訂から287食品を追加し、全2,478食品を収載。
　追加の内訳は、新たに食卓に上がるようになった「えごま」や、従来の食品から大きく変化した「梅干し」など。さらに「油ふ」や「ずんだあん」のような日本の伝統的な食品など。

④ 調理後の素材食品の充実
　調理前後の重量変化率の収載を379食品から509食品に増加。揚げ物調理の脂質量の増減等の収載を14食品から30食品に増加。

（4）数値の表示方法

成分値の表示は，すべて可食部100gあたりの値とし，単位は成分ごとに設定されている。表示方法は数値，Tr，(Tr)，0，(0)，－の6種類が設定されている。

数値は，先に説明したように分析値と文献値をもとに，標準的な成分値を示したものである。数値の丸め方は，最小表示桁の一つ下の桁を四捨五入するが，エネルギー以外の整数表示は，有効数字2桁としている。

（5）収載食品の分類・配列

成分表2020年版の収載食品は2,478品目であり，18食品群に分けられている。食品群の配列は四訂から改められ，植物性食品，動物性食品，加工食品の順となっている。収載食品の分類および配列は，大分類，中分類，小分類および細目の4段階。大分類は原則として五十音順に配列し，中分類は［　］で示し，小分類は原則として原材料的形状から加工度が高まる順に表示している。

（6）廃棄率と可食部

廃棄率は，野菜の皮や，魚の骨など，通常の食習慣において一般的に除去して調理するか，あるいは食卓上で食べられずに残される部分を示す。廃棄率は，このような廃棄される重量を，それぞれの食品の通常の購入形態に対する重量の割合（重量％）で示したものである。10％未満は整数，10％以上は5の倍数で示される。

廃棄率は，特にいも類や根菜類では，皮のむき方によって廃棄量が異なるので，成分表の廃棄率を利用するだけでなく，施設ごとの廃棄基準値等の設定も必要である。

可食部は食品から廃棄部分を除いたものである。成分表の各成分値は，可食部100g当たりの数値で示しているため，廃棄率が示されている食品でも成分値に廃棄率を配慮する必要はない。

ただし，廃棄率は購入時（発注時），もしくは，調理準備時には重要な項目であり，廃棄率が記載されている食品は，可食量に廃棄量を加算して準備しなければならない。

（7）主な収載成分項目
(1) エネルギー

食品のエネルギー値は，可食部100g当たりのたんぱく質，

● 成分表に示された数値以外の表記内容
① Tr（Traceの略）：微量
含まれているが，最小記載量の1/10以上，5/10未満であるもの。最小記載量は成分によって異なる。

② (Tr)：推定値微量
文献等により，微量に含まれていると推定されるもの。

③ 0：ゼロ
食品成分表の最小記載量の1/10未満，または検出されなかったことを示している。（尚，ヨウ素，セレン，クロムおよびモリブデンは3/10，ビオチンは4/10未満）。ただし食塩相当量の0表示は，算出値が最小記載量(0.1g)の5/10未満の場合。

④ (0)：推定値0
文献などにより含まれていないと推定できる成分については，無記載ではなくなんらかの数値表示の希望があることからこの表示をしている。

⑤ －：未測定値
いも，およびでんぷん類，野菜類，果物類，およびきのこ類の脂肪酸組成については，原則として測定をせずに，「－」と表示している。

● 成分表の18食品群
植物性食品
①穀類　②いもおよびでんぷん類
③砂糖および甘味類
④豆類　⑤種実類　⑥野菜類
⑦果実類　⑧きのこ類　⑨藻類
動物性食品
⑩魚介類　⑪肉類　⑫卵類
⑬乳類
加工食品
⑭油脂類　⑮菓子類　⑯嗜好飲料類
⑰調味料および香辛料類
⑱調理加工品類

● 廃棄率の求め方

$$廃棄率(\%) = \frac{元重量 - 可食分重量}{元重量} \times 100$$

脂質，および炭水化物の量(g)に各成分ごとのエネルギー換算係数を乗じて算出している。なお，エネルギー換算係数は食品個別に設定されているが，適用すべきエネルギー換算係数が明らかでない食品や，複数の原材料からなる加工食品についてはAtwater係数を適用している。

エネルギーの単位は，キロカロリー単位に加えキロジュール(kJ)を併記している。(1 kcal = 4.184 kJ)

(2) **一般成分(水分，たんぱく質，脂質，炭水化物，灰分)**

たんぱく質は，これまでは窒素量の分析値に一定の換算係数を乗じた計算値を示していたが，FAOの推奨に沿って，アミノ酸の残基量の合計から算出する「アミノ酸組成によるたんぱく質」も表示している。脂質も脂肪酸の分析値を換算した「脂肪酸のトリアシルグリセロール当量」を表示，さらに炭水化物は，これまでは他の成分を差し引いて計算した「炭水化物」であったが，単糖と二糖とでん粉等を含む消化性の炭水化物である「利用可能炭水化物」を表示している。

(3) **無機質**

収載した無機質は，すべて人において必須性が認められたものである。日本人の食事摂取基準に設定されている全項目は，成分表に収載されている。

(4) **ビタミン**

脂溶性ビタミンとして，ビタミンA，D，E，K，水溶性ビタミンはビタミンB_1，B_2，ナイアシン，B_6，B_{12}，葉酸，パントテン酸，ビオチン，ビタミンCを収載している。

(5) **食塩相当量**

食塩相当量は，ナトリウム量に2.54を乗じて算出した値を示した。ナトリウム量には食塩に由来するもののほか，グルタミン酸ナトリウム，アスコルビン酸ナトリウム，リン酸ナトリウム，炭酸水素ナトリウムなどに由来するナトリウムも含まれている。

(8) **食品の調理条件**

(1) **調理条件**

調理した食品509種の成分値が収載されている。調理方法は，一般調理(小規模調理)を想定し条件が定められている。加熱調理はゆで，水煮，炊き，蒸し，焼き，油いため，および油揚げ，電子レンジ等であり，ゆでが最も多い。非加熱調理は水さらし，水戻し，塩漬け，ぬか漬けとなっている。ただしこれらの調理には基本的に調味料の添加を行っていない。

● **廃棄率の具体例(にんじん)**

野菜は，廃棄率を加算し食材の準備が必要な食品であるが，成分表には同じ食品でも複数の食品番号が掲載されているので，選択に留意する。
①にんじん，根，皮つき，生：廃棄率3%
②にんじん，根，皮むき，生：廃棄率10%
　通常のにんじんの食べ方は皮をむいた状態であるため，使用する廃棄率は②となる。廃棄率10%は，へたと皮の部分の重量となる。①は皮が付いた状態での成分値であり，へたの部分のみを廃棄した場合である。

● **調理準備量(発注量)の求め方**

$$調理準備量 = \frac{正味(摂取)重量}{100 - 廃棄率(\%)} \times 100$$

● **むき方による廃棄率の違い**

食品	むき方	廃棄率(%)
さといも	包丁むき	20
	こそげとり	5
じゃがいも	包丁むき	10
	ゆでた後皮とり	7
にんじん	ピーラー使用	15
	面取り	30

出典：「調理のためのベーシックデータ」
(女子栄養大出版)

● **エネルギー算出方法**

① アルコールを含む食品については，アルコールのエネルギー換算係数としてFAO/WHO合同特別専門委員会報告に従い7.1 kcal/gを適用している。
② 酢酸を含む食品については，酢酸のエネルギー換算係数として3.5 kcal/gを適用している。
③ 七訂と八訂の成分表では，エネルギー値の決定方法が異なるため，新旧の成分表からのエネルギー値を混在させて単純比較しない。

● **レチノール活性当量**

レチノール活性当量(μgRAE)
$= $レチノール($\mu$g) $+ \frac{1}{12} \beta$カロテン当量(μg)

これらの調理に伴い，食品中の成分の溶出や変化，および調理に用いる水や油の吸着によって，食品の重量は増減する。従って成分表には，調理による食品の「重量変化率」が示されている。

（2）調理後成分値の利用方法

国民健康・栄養調査などの食事記録法，24時間思い出し法などによって，実際に摂取した食品から栄養素の摂取量を求める場合は，実際に食べた食物量（摂取重量）からの計算であるため，調理後の食品成分値がある場合はそれを用いる。

一方，食事計画での栄養素の計算では，調理前の「生」の食品番号を用いて計算をする。しかし，口に入る状態により近い栄養素量を示すためには，積極的に調理後食品の栄養素量を活用することも望まれる。その場合，重量変化率を用いて，調理前の可食部重量から，調理後食品栄養量を求める。

$$\text{調理された食品重量に対する成分量(g)} = \text{調理した食品の成分値(g/100gEP)} \times \frac{\text{調理前の可食部重量(g)}}{100\,(g)} \times \frac{\text{重量変化率(\%)}}{100}$$

■2 食事計画での食品成分表利用の留意点

（1）食品選択と成分項目

成分表2020年版には，食品総数が2,478品目，成分項目は，本表収載が54成分であるが，各組成成分表（アミノ酸・脂肪酸・炭水化物成分表）を加えると，1食品について約150項目が示され，それらを総合してエネルギー値を算定している。これらの成分値を用いて，栄養評価をする際には，適切な食品選択が不可欠である。

使用する食品については，食品の原材料，原産地などを確認し，特に肉類については，種類，部位，脂身の有無などに留意して活用する。また，野菜や果実類は食習慣などによって皮の利用や食べ方が異なるので，実態に応じた活用をする。

●成分表における食品の調理方法の概要

ゆ で：調理の下処理として行い，ゆで汁は廃棄する。2～10倍のお湯でゆでた後，ざるにとって水切り，または水にさらして，しぼるなどの処理も含む。
〈ほうれんそうの調理過程〉
　ゆで⇨湯切り⇨水冷⇨手しぼり

水 煮：ゆでより少量の水（1.5～3倍）で水煮し湯切りしたもの。本来煮る調理方法は，煮汁も料理の一部として口にするものであるが，成分表では，煮汁を除いている。
〈さといもの調理過程〉
　下ごしらえ⇨水煮⇨湯切り

炊 き：こめの加熱は「炊き」であるため，こめのみ炊く調理方法を実施している。IHジャー炊飯器によって炊飯する。

蒸 し：いも・卵などがある。

焼 き：電気ロースターを用いて焼く。魚・肉を中心に示されている。

油いため：植物油5％を用いて，炒める。
〈ピーマンの油いための調理過程〉
　下ごしらえ⇨油いため

揚 げ：じゃがいもやなすなどの素材に加え，天ぷら用等のミックス粉や春巻きの皮がある。

●こめと飯

食事計画の際は，こめを用いて調理する場合は，「水稲穀粒」を用いるが，チャーハンのように，めし重量を示す場合は，「水稲めし」を用いる。こめからめしへの重量変化率は210％である。

●乾めんとゆでめんの食塩相当量

乾めんは製造時にグルテン形成のため食塩を多く添加する。したがって，スパゲッティを除く小麦使用の乾めんの食塩相当量は4％近くになっている。しかし，ゆでることによって塩分がゆで水に溶出し，食べる時点では，めんの食塩相当量は0.5％以下となる。通常食事計画時の栄養価計算は，生・乾物での食品番号を利用する場合が多いが，めん類はゆでの食品番号を用いないと，的確な摂取塩分量が求められない。

（2）エネルギー量，栄養素量算出使用する代表食品番号

食品成分表を用いて，摂取エネルギー量，および各栄養素量を算出することを，以下栄養計算とする。

(1) 主 食

こめは水稲穀粒・精白米，または水稲めし・精白米を使用する。パンは使用するパンの食品番号がない場合は，それに近いものを選ぶ。めんは設定材料に応じて乾めん，ゆでめんを選択する。ただし，栄養計算をする際には，乾めんを用いると摂取塩分量に誤差が生じるため，ゆでめんを用いる。

(2) 主 菜

① 肉 類　中分類に品種概要が示されている。うしは，和牛肉，乳用肥育牛肉，交雑牛肉，輸入牛肉があり，さらにそれぞれ部位別，脂身の有無別に分けられている。肉の市販一般形態は脂身つきである。和牛，輸入牛であることや使用部位が明確である場合は，該当する食品番号を用いる。それ以外で部位が不明もしくは特定できない場合は，乳用肥育牛肉・かた・脂身つきを使用する。

ぶたは大型種肉，中型種肉に分けられているが，中型種肉は，市販流通名称が黒豚（バークシャー種）であるため，一般的な豚肉は大型種肉である。使用部位が不明である場合は，大型種肉・もも・脂身つきを用いる。

にわとりは，成鶏肉，若鶏肉があるが，成鶏肉は主に加工用であるため，市販されている鶏肉は若鶏である。調理方法によって皮つき，皮なしを選択する。

② 魚　細目に養殖・天然，および漁獲時期が示され，また備考に国産品・輸入品の明記がされている場合もあるので，使用を計画している食材にそれぞれ適した食品番号を選択する。

③ 大豆製品　豆腐は，種類に応じて食品番号を選択する。絹ごし豆腐でも，パックに充填されているものは，「充填豆腐」を使用する。

(3) 副 菜

① 野 菜　皮を除去して調理するものは，「皮つき」と「皮なし」の両方が収載されているが，皮を除去して食べる野菜については，栄養計算に用いる食品番号は，「皮なし」を用いる。

野菜の調理後食品の「ゆで」は，2倍〜5倍の水でゆでて湯切りしたものである。ゆで野菜の栄養計算は，「ゆで」を用いることが推奨されるが，煮汁込みで食べる料理（煮物・シ

●主に用いる肉の食品番号

一般食品名	食品番号	成分表食品名
牛 肉	11030	うし（乳用肥育牛肉）かた脂身つき，生
牛ひき肉	11089	うし ひき肉
豚 肉	11130	ぶた（大型種肉）もも，脂身つき，生
ソーセージ	11186	ぶた（ソーセージ類）ウインナー
豚ひき肉	11163	ぶた ひき肉
鶏むね肉	11219	にわとり（若鶏肉）むね皮つき，生
鶏もも肉	11221	にわとり（若鶏肉）もも皮つき，生

出典：日本栄養改善学会監修：「食事調査マニュアル」，南山堂（2016）

●主な魚類の食品番号

一般食品名	食品番号	成分表食品名
あじ	10003	まあじ，生
さけ	10134	しろさけ
サーモン	10144	大西洋さけ，養殖
まぐろ（刺身）	10256	みなみまぐろ，赤身，生
めかじき	10259	めばちまぐろ 生
え び	10329	ブラックタイガー，養殖，生

出典：日本栄養改善学会監修：「食事調査マニュアル」，南山堂（2016）

●複数品種ある野菜の代表食品名

ねぎ類：根深ねぎ
　　　　こねぎ（万能ねぎ）
みつば類：切りみつば
もやし類：ブラックマッペもやし

チュー等)は,「ゆで」は該当しない。「油いため」を使用する場合は,生重量の5％の植物油で炒めた成分値になっている。また,電子レンジ調理も増えているので,適正な栄養計算のためにも,調理後成分値を有効に活用する必要がある。

② 緑黄色野菜の取扱い　従来,栄養指導上「緑黄色野菜」の分類を設けている。これは,原則として可食部100g当たりβカロテン当量が600μg以上のものとし,加えて,トマト,ピーマンなど一部の野菜については,βカロテン当量が600μg未満であっても摂取量,および頻度などを勘案の上,栄養指導上緑黄色野菜とするとされている。「緑黄色野菜」の取扱いについては,成分表での記載はされていないが厚生労働省より別表が発表されている。

(4) 調味料

食品成分表には,調味料,および香辛料類が掲載されているが,その中から用いる調味料を選択する。みそは種類が明確な場合はそれに対応した食品番号を選択する。

だしは,市販の顆粒を用いる場合は,使用重量を用いて栄養計算をする。しかし,昆布やかつお節などを用いて,抽出しただしの場合は,それぞれに適しただしの食品番号(たとえばかつお・昆布だし)を用いる。献立には,昆布・かつお節の重量を明記するが,これらは栄養計算には用いない。こしょう,からしなどのスパイスは使用量が微量なので,栄養計算から除外してよい。

(5) 調理済み流通食品

成分表に収載されていない,調理済み流通食品(調理加工食品等)を利用する場合は,①類似した食品番号に置き換える,②栄養計算可能な食品に分解する,③香辛料などの使用量が僅かな食品は計算から除外するなどの処置を行い,より摂取量に近い栄養計算を実施する。

(6) 飲　料

だしと同様に,飲料も茶葉と抽出液の双方が収載されている。茶葉をそのまま食べるのではないため,抽出液を使用する。通常の食事では,牛乳類以外の飲料は個人が設定することが多く,献立上の記載はしないことが多いため,茶の栄養計算は省略される。

● 緑黄色野菜(別表)

あさつき	葉だいこん	パセリ
あしたば	だいこん(葉)	はなっこりー
アスパラガス	(たいさい類)	(ピーマン類)
いんげんまめ(さやいんげん)	つまみな	オレンジピーマン
うるい	たいさい	青ピーマン
エンダイブ	たかな	赤ピーマン
(えんどう類)	たらのめ	トマピー
トウミョウ(茎葉,芽ばえ)	ちちみゆきな	ひのな
さやえんどう	チンゲンサイ	ひろしまな
おおさかしろな	つくし	ふだんそう
おかひじき	つるな	ブロッコリー(花序,芽ばえ)
オクラ	つるむらさき	ほうれんそう
かぶ(葉)	とうがらし(葉・果実)	みずかけな
(かぼちゃ類)	(トマト類)	(みつば類)
日本かぼちゃ	トマト	切りみつば
西洋かぼちゃ	ミニトマト	根みつば
からしな	とんぶり	糸みつば
ぎょうじゃにんにく	ながさきはくさい	めキャベツ
みずな	なずな	めたで
キンサイ	(なばな類)	モロヘイヤ
クレソン	和種なばな	ようさい
ケール	洋種なばな	よめな
こごみ	(にら類)	よもぎ
こまつな	にら	(レタス類)
コリアンダー	花にら	サラダな
さんとうさい	(にんじん類)	リーフレタス
ししとう	葉にんじん	サニーレタス
しそ(葉・実)	にんじん	レタス(水耕栽培)
じゅうろくささげ	きんとき	サンチュ
しゅんぎく	ミニキャロット	
すいぜんじな	茎にんにく	ルッコラ
すぐきな(葉)	(ねぎ類)	わけぎ
せり	葉ねぎ	(たまねぎ類)
タアサイ	こねぎ	葉たまねぎ
(だいこん類)	のざわな	みぶな
かいわれだいこん	のびる	
	パクチョイ	
	バジル	

出典：厚生労働省「日本食品標準成分表2020年版(八訂)」の取扱いについて(2021.8)

● 調味料などで主に用いる食品番号

一般食品名	食品番号	食品名
塩	17012	食　塩
	17014	精製塩
しょうゆ	17007	濃いくちしょうゆ
めんつゆ	17030	3倍濃厚めんつゆ
みそ	17045	米みそ,淡色辛みそ
砂糖	03003	車糖,上白糖
みりん	16025	本みりん
	17054	みりん風調味料
酢	17015	穀物酢
酒	16001	上撰(清酒)
油	14006	調合油
ソース	17001	ウスターソース
マヨネーズ	17043	マヨネーズ(卵黄型)
ドレッシング	17040	フレンチドレッシング
小麦粉	01015	こむぎ(小麦粉),薄力粉,1等

出典：日本栄養改善学会監修：「食事調査マニュアル」,南山堂(2016)

4. 食事評価

1 おいしさの評価

(1) 官能評価・嗜好調査による評価

(1) 官能評価

　官能とは人間の感覚器官の機能，主に五感，すなわち視覚，嗅覚，聴覚，味覚，触覚をさす。これを使って評価や検査を行うことを官能評価または官能検査という。洋服生地の肌触りのよしあしやオーディオ機器の音色の心地よさなど，人間以外にはできない評価は無数にある。食の分野でも，日本酒の級別審査やだしのうま味の強さと塩味とのバランス，菓子のフレーバーの強さなど多くの事例があり，商品開発や研究に不可欠な手法となっている。人間には感情や体調の波があり評価機器としては，安定性を欠くものではあるが，訓練により安定した評価ができるようになる。さらに複数のデータをとり，統計処理を行うことによって，信頼性のある結果を導くことができる。ここでは官能評価の概略を述べる。

　官能評価は分析型と嗜好型に分けられ，目的によって使い分ける。

① **分析型官能評価**　どちらの液体の塩分が強いか，基本となるフレーバーとの差はないか，などのように人間が対象物の特性の測定を行う評価であり，個人の嗜好ではなく，客観的に差や品質を判断するために行う。評価を機器類使用で行うのに比べ，より迅速で簡便，感度・精度が高いなどの理由から使われる。

② **嗜好型官能評価**　どちらのジュースの色がおいしそうに見えるか，どのクッキーの甘味がおいしいと感じるかなど，個人の嗜好によって判断する評価であり，対象物によって人間の特性を把握したい場合（どういう人・集団がどんな食品の特性を好むか）に使用する。

(2) 官能評価の条件

① **パネル**　官能評価を行うために選ばれた人間の集団をパネルとよび，集団のなかのひとりひとりをパネリスト，パネルメンバーなどとよぶ。分析型官能評価のパネルは試料の性質をできるだけ正確に判定することが目的であり，嗜好は問題にされない。常に安定した評価ができることを要求される。嗜好型パネルは個人の好みによって評価を行う。

② **試料及び提示方法**　試料は各パネリストに同一条件で提示しなければならない。食品なら提示するサイズや量，温度，

●**属　性**
　対象者のもつ特性で，どのような集団に属しているかを表す。性別，年齢，居住地域，体格，病歴，趣味，嗜好，職業，年収など種々の属性が考えられる。評価や調査を行う前に知っておくことが望まれる基本的な事項である。

●**官能評価を行うときの注意**
　官能評価は簡便な評価方法として安易に行われがちであるが，正しい結果を得るためには，実施方法や統計処理について，専門書を参照し，細心の注意を払って行うようにする。

●**パネルの構成人数**
　分析型官能評価の場合，特定の訓練を受けた専門パネルの場合は，10名以下で十分であるが，一般のパネルの場合は30名以上が望ましい。
　一方，嗜好型官能評価では最低でも30名以上が望ましく，50～300人規模の中型パネルと300人以上の大型パネル構成とに分類される。

●**パネルの選定**
　パネルの選定は，目的に沿って属性や障害の有無，嗜好などを把握して行う。例えばチョコレートの新製品のおいしさを評価してもらうにはチョコレートが嫌いな人は不適で，チョコレートを好んで食べる人を選ぶべきである。

●**記号効果**
　試料を区別する際につけた記号によって評価に影響がでること。例えば，日本人は試料に1から10までの数字をつけると5を好み，9や4を嫌う傾向がある。

容器などを全く同じにする。温かく食べることの多いラーメンなどでは温度を一定にすることが非常に難しいため，同時に大人数のパネルでの評価には設備と人手が必要になる。条件を揃えるために，作業計画は綿密にたてる。試料を入れる容器は，色や形で試料の印象が変わることを避けるため，白い皿や容器を使用することが多い。複数の試料を評価することがほとんどで，提示試料にはあまり意味のない記号や数字をつけ区別し，提示する順番も組合せをランダムに取り換える。人間は試料の品質とは関係なく，アルファベットや数字の違いでよしあしを判断してしまうことがあるからである。これらは記号効果，順序効果とよばれるもので，できるだけ排除する対策を講じる。味やフレーバーを評価させる際には，評価に影響する商品名や価格などの不要な情報は与えない。他者と話しながら行うと他人の意見に影響を受ける場合もあるので，静かに評価する（話し合いながら評価する場合もある）。味わって評価を行う場合は，試料毎に水で口をすすぎ，直前に評価した試料の味が残らないようにする。

③　評価環境　評価室はひとりずつ仕切られたブースに入る形式が多い。他者の評価が目に入り，それによって影響を受ける可能性を排除するため，仕切られたブースにひとりずつ座り評価を行う。ブース内には口をすすぐシンクがある。試

〔評価の例〕

試料Aについての評価：該当する評価に○をつけなさい。

色の濃さ	濃い	やや濃い	ふつう	やや薄い	薄い
色の好き嫌い	嫌い	やや嫌い	ふつう	やや好き	好き
香りの強さ	強い	やや強い	ふつう	やや弱い	弱い
香りの好き嫌い	嫌い	やや嫌い	ふつう	やや好き	好き
食感の好き嫌い	嫌い	やや嫌い	ふつう	やや好き	好き
塩味の強さ	強い	やや強い	ふつう	やや弱い	弱い
塩味の好き嫌い	嫌い	やや嫌い	ふつう	やや好き	好き
総合評価	悪い	やや悪い	ふつう	やや良い	良い

● 順序効果

　複数の試料を提示した場合，1番最初の試料の評価が高くなる傾向が見られ，このように提示順序によって評価に影響が出ることをいう。

出典：日本科学技術連盟，「官能検査入門」p.9

● 評価に影響するその他の効果

① 位置効果

　数個の試料を同時に提示する場合，置く位置によって評価に影響が出る。3種の試料を識別する際，中央に置かれた試料が他の2つと異なるものであると判断する傾向がある。

② 初期効果

　数個の試料を順次評価していく場合，初めの試料はパネルの判断基準がまだ確立されていないため中庸の評価をする傾向がある。

③ 疲労効果

　同じような試料の評価を繰り返し行ううちに，感度が低下して正しい評価が行えなくなる。複数の評価を行う場合は，感覚の疲労度を考慮する必要がある。

● 評価環境

図2-4-1　仕切られたブース
女子栄養大学短期大学部内官能評価室

● 評価表の設計

　左の表の評価では試料の色・香り・塩味が総合評価にどのように影響しているかを明らかにする設計となっている。香りや塩味の強さが好きかどうかまで判断させており，分析結果からどのように改善すればよいかを導き出せる。

　統計処理を行う際は
「悪い＝－2」～「良い＝＋2」
のように数値に置き換え，集計する。

料は正面にある窓から入れる設計になっている(図2-4-1)。話し合いながら評価する場合は円卓を用いることもある。温度,湿度,照明などの条件に配慮し,常時一定条件下での評価を行うことが望ましい。

(3) 官能評価の手法

官能評価には目的によっていくつかの手法があり,試料の提示方法や統計処理手法が異なる。何を知りたいのか明確にして手法を選択し,評価表の設計を行う。前ページに示したのは,香りや味などの特性それぞれを与えられた尺度によって評価する尺度法の評価表である。官能評価の代表的な手法は表2-4-1のようなものがある。

(4) 嗜好調査

ある特定の集団ないしは個人が,どのような嗜好をもつか調査することをいう。嗜好調査には,アンケートによるものとインタビュー形式の聞き書き調査とがある。前者は,目的に沿って設計された調査票に記入させ,統計的に処理して解析を行う。官能評価のように試料を伴う場合や対面式で行う場合もあるが調査票のみで実施することが多いため,郵送やインターネットを利用でき,大規模なデータ収集が可能である。ある地域でどのような食品が好まれているかや,特定の年齢層に購入される惣菜は何かなどが例としてあげられる。評価表さえあれば実施できるので安易に実施されがちであるが,官能評価と同様に評価をする集団が目的に合った属性になっているか,調査票の設計が必要とする結果を導き出せるものになっているかなど,慎重な計画が必要である。一方インタビュー形式は個々の人に対して行うため調査人数は限ら

● 「おいしさ」に影響する情報

人間が食物をおいしいと感じるのは舌の感覚ではなく脳の認識によるところが大きい。通常ではふせておく情報である価格や商品名を知らせたうえで官能評価を行うと,高価であったり有名な商品であったりすることで評価が上がる。また同じ料理でも,盛りつける食器の違いで評価に影響が出る。「おいしさ」を考え食事を提供する際,食品自体の特性以外の要因が大きいことも考慮に入れなければならない(p.20参照)。

表2-4-1 官能評価の主な手法

目　的	手法名	評価の概要	統計解析手法
差の識別や特性の比較	2点比較法 1:2点比較法 3点比較法	2種の試料を用い,特性の強いほうを選ばせたり同じものを選ばせる	二項検定
特性や嗜好の順位付け	順位法 一対比較法	複数試料の特性や嗜好により順位をつけさせたり,対になった試料を評価させ特性や嗜好の順位を決める	ケンドールやスピアマンの順位相関係数,シェッフェの方法 ブラッドレー・テリーの方法 サーストン・モステラーの方法
特性や嗜好の大きさや嗜好の測定	評点法 尺度法	試料の特性や強さや嗜好を採点させたり,「良い」「悪い」などの言葉で評価させる	分散分析 平均値の差の検定
試料の特性を描写	SD法	形容詞対で試料の特性を描写する	主成分分析 因子分析

れている。病院や老人ホームで行なわれる嗜好調査では、インタビュー形式は有効である。給食管理を目的とした食事計画においては、提供する対象集団の特性の把握のため、嗜好調査を行うことも必要である。

(2) 機器測定による評価

おいしさを評価するには、人間の感覚を用いた評価が必須であるが、官能評価はパネルが心理的な影響を受ける、個人差が生じるなどの問題がある。また人間は疲労し、再現性に問題を生じることもある。そこで、官能評価を補足するためあるいは裏付けるために、客観的な評価方法である機器測定が用いられる。つまりおいしさを評価するためには、官能評価と機器測定を併用することが望ましい。機器測定は、この他、食品産業での品質管理にも用いられている。

機器を用いた分析では、化学的要因の測定と物理的要因の測定があり、前者は、呈味成分、香気成分などが挙げられ、後者はテクスチャーの測定、組織の観察などがあげられる。

(1) 呈味成分の測定

核酸関連物質、有機酸、糖などの測定には高速液体クロマトグラフィー（HPLC）、遊離アミノ酸などのうま味成分はアミノ酸分析計、無機質は原子吸光分光分析計が用いられる。

簡易測定として糖度は、屈折糖度計やデジタル糖度計、塩分は塩分濃度計、酸味ではpHメーター、pH試験紙が用いられる。複合型の測定機器として、味覚センサーがある。

また、市場に出回る前の食品を破壊せずに測定する非破壊検査法も普及してきている。近赤外線成分分析計は穀類、豆類の水分、たんぱく質、でんぷん含有量の測定など多くの食品に利用されている。

(2) 香り成分の測定

においをもつ化合物は40万種以上ある。それらは揮発性でなければならないため、分子量は300以下と小さい。それら食品中の香気成分はガスクロマトグラフィー、ガスクロマトグラフィー質量分析計を用い定性・定量する。

(3) 色の測定

食品の色は、マンセル色票やJISによる標準色票を用いて記号で表す方法と測色色差計により光学的に測定する方法がある。色差計は、現在、図2-4-2に示したL*, a*, b*表色系が、多く用いられている。L*（エルスター）値は明度、a*（エースター）値は赤－緑、b*（ビースター）値は黄－青を表す。

● 食品の主な呈味成分

味	食品名	呈味成分
甘味	砂糖	ショ糖
	果物	ショ糖, 果糖, グルコース
塩味	みそ	塩化ナトリウム
酸味	食酢	酢酸
	柑橘類	クエン酸, アスコルビン酸
苦味	コーヒー	カフェイン
うま味	藻類	グルタミン酸
	肉・魚類	イノシン酸
	きのこ類	グアニル酸
辛味	とうがらし	カプサイシン
渋味	緑茶	タンニン
えぐ味	たけのこ	シュウ酸, ホモゲンチジン酸

(p.21, 22参照)

● 近赤外線成分分析計

近赤外線成分分析計は近赤外線（800～2500 nmの波長の光）を食品に照射し、その透過率や反射光を検出器で測定すると、各食品で独特の近赤外線吸収スペクトルが得られる。食品の構成成分のうち、水、たんぱく質、脂質、炭水化物などには独特の原子団（官能基）が含まれており、原子団に基づき独特の吸収バンドがみられる。そこで吸収バンドの吸光値を測定することで、食品を構成する各成分の濃度を算出することができる。

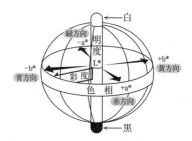

図2-4-2 L*, a*, b*表色系の色空間
資料：カラーストーリー　日本電色工業(株)

（4）温度の測定

接触型温度計として，液体温度計（アルコール，水銀），熱電対温度計，サーミスタ温度計，蛍光式光ファイバー温度計などがある。

非接触型温度計には，赤外線エネルギー量から温度を測定する放射温度計，表面温度の分布を色で示すサーモグラフィーなどがある。

（5）テクスチャーの測定

テクスチャーの測定には人間の咀しゃく，嚥下状態を測定する生体計測法と食品の物性の特性を測定し，考察する方法とがある。

口腔内の感覚である食感を数量化するには，圧力センサーを歯や口蓋にセットし咀しゃく中の咀しゃく力，口蓋圧を測定する方法や咀しゃく中の咀しゃく筋の活動を，筋電位として測定し，運動量として表す方法などがある。

食品の物性の測定方法は図2-4-3のように分類することができる。粘性，粘弾性，破断性，硬さ，付着性など食品の種類，状態と測定項目を考慮し，測定方法を検討する。

（6）組織の観察

調理では摩砕，加熱，調味などのさまざまな調理操作の過程で食品が物理的変化を起こし，組織構造が変化する。微細な組織構造の変化を顕微鏡で拡大し視覚的に把握することは，食品の化学的変化や物理的な変化を理論的に裏付けるための根拠として示すことができる。

① 光学顕微鏡　生物の観察に一般的に用いられる生物顕微鏡で，可視光源と対物レンズの間に標本をセットし，透過光による倒立像を観察する。軟らかい固体試料はパラフィンや樹脂で包埋，硬化させて切片をつくり，目的に応じて染色を行い観察する。

接眼計数計，対物計数計を組合せることで長さを測定することができる。

実体顕微鏡は標本の上部から光を照射し，反射光による標本表面の立体的な正立像を観察する。倍率は10～150倍程度と比較的低いが，本来の色に最も近い像を観察できる。

位相差顕微鏡は，生物顕微鏡で観察が困難な無色透明の微生物や液体中の物体像を位相差板，位相差対物レンズによる光の干渉作用を利用して観察することができる。

偏光顕微鏡は偏光板を光源と標本の間，および対物レンズと接眼レンズの間に装着し，干渉色を観察する。でんぷん粒

● 味覚センサー

味覚センサーは味細胞の生体膜を模し，膜の外側と内側で生じる電位差を利用し味覚をデジタル化（数量化）したもので，5基本味のほかに渋み，こくなどの一部も測定できる。ビール，茶，ハム，食パン，インスタントカレーなどさまざまな食品の味の分析に用いられ，食品開発や品質管理に利用されている。

● ガスクロマトグラフィー
（gas chromatography GC法）

試料を注入し，展開する気体を送り，検出されるガスクロマトグラムから成分を定性，定量する。

● ガスクロマトグラフィー－質量分析法
（gas chromatography-mass spectrometry GC-MS法）

ガスクロマトグラフで分離した成分のマススペクトルを質量分析計で測定し，分子量，構造から物質を同定，定量する方法である。

● 蛍光式光ファイバー温度計

光ファイバーの先端に極薄の蛍光物質を接着し，閃光をあてて，その蛍光輝度を温度に換算して測定する。電子レンジの加熱中の内部温度の測定等に用いる。

● 筋電計による測定例

提供：大阪歯科大学　青木秀哲

咀しゃく筋である，咬筋や側頭筋の活動が導出できる顔表面に，表面電極をはり，これらの筋肉の活動電位を測定する。

子の結晶化,糊化の様子が観察できる。

② **電子顕微鏡** 野菜の組織観察,ペクチンの分散状態など,食品の微細構造は電子顕微鏡で観察できる。調理や加工の際,物理的,化学的要因によって組織的な変化が生じ,食味との関連性も明らかになってきている。電子顕微鏡は透過型電子顕微鏡(TEM)と走査型電子顕微鏡(SEM)に大別され,分解能は前者が0.2 nm,後者が3〜5 nmでオングストローム(Å)からナノメータ(nm)サイズの物体の観察ができる。

顕微鏡で得られた画像はコンピュータ上で画像解析ソフトを用い,長さ,面積,個体数などの画像解析をすることができる。

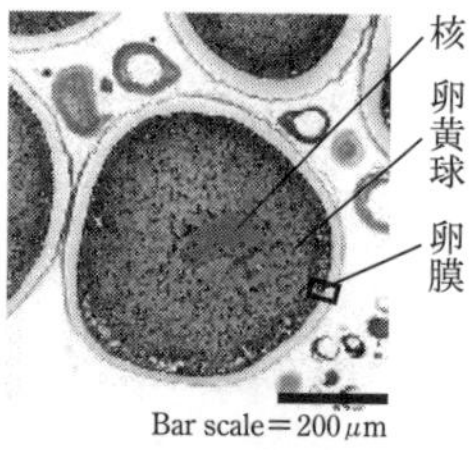

図2-4-4 光学顕微鏡像
例:すけとうだら卵

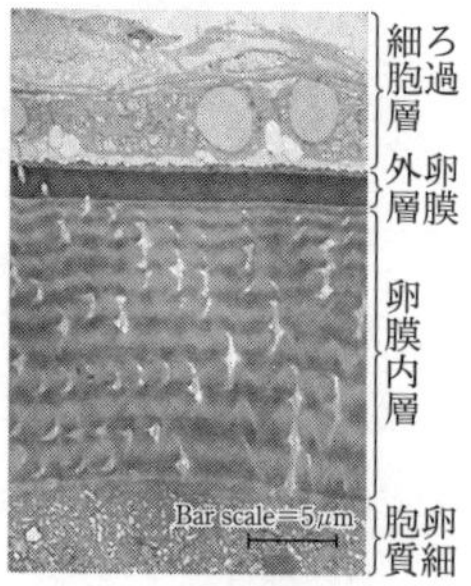

図2-4-5 透過型電子顕微鏡像
例:すけとうだら卵の卵膜(図2-4-4の□部分を拡大したもの)
卵の成熟に伴い,卵膜内層が厚くなる現象を確認した。
(福岡女子大学 早渕研究室 藤恵子撮影)

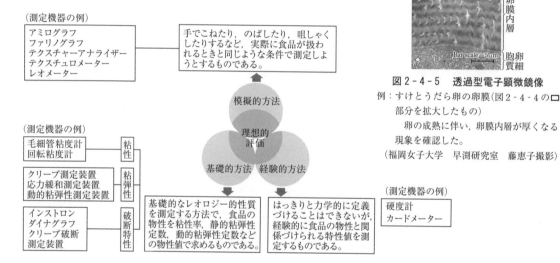

図2-4-3 物性の測定法の分類と測定機器の例
出典:川端晶子:「M. C. Bourner : *Food Texture and Viscosity*. p. 49, Academic Press」,(1982)より作図(一部変更)

2 食事環境,供食

(1) 食事環境

食事をおいしく食べるためには料理のみではなく,食事するときの食事環境を快適に整えることは大切な要素である。このことは人体の生理機能にも影響を与える。特に高齢者や病人では,食事が精神的満足感,安定感を与え,身体能力の向上など,QOL(生活の質)を高めることになる。

食事環境の快適さは人間,時間,空間の三間の調和によってもたらされる。食事環境の構成要素を図2-4-6に示した。

時間は1日,1年,一生とさまざまなとらえ方が必要である。すなわち,1日のどの時間帯の食事かによって,内容,

量，食事にかける時間が異なる。また，わが国では四季の食材を活かした料理や行事食を提供するなどの配慮が必要である。

（2）供 食

供食とは，単に食事を提供することではなく，食事をもてなすことである。人にとって食べることは喜び，楽しみでもあり生きる活力である。よりよい供食のためには，①食事の種類（日常食，行事食など）と目的（健康増進，生命維持，共食者とのコミュニケーションなど），②喫食者（年齢，性別，健康状態，食事に対する価値感など），③共食者（誰と，何人で食べるかなど），④食事の場所（家庭，集団給食施設，飲食店など），⑤料理様式，⑥献立内容などについて検討しなければならない。

供食で大切なことは，ホスピタリティ(hospitality)をもつことである。ホスピタリティとはラテン語の「hospes（賓客）」という語源から，心のこもったおもてなし，人に親切にもてなす心という意味である。つまり喫食者の精神的，文化的面に配慮し満足感をもってもらえるようなメニュープランニングや食事空間のコーディネートが必要となる。

● **食事と音楽**

女子大学生45名に好きな音楽，嫌いな音楽を聞きながら食事をする実験を行った。その結果，食欲では危険率1%で有意差がみられ，嫌いな音楽は食欲減退させた。また，嫌いな音楽を聞きながらの食事は，おいしく感じないという結果になった。

高橋ひとみ：「食事環境の違いが食欲等におよぼす影響，調理科学会研究発表発表要旨集」，(2008)

● **「食事を楽しみましょう」**

食事は栄養をとるためだけでなく，家族の団らんや人との交流という心を豊かにする場所でもあることを食生活指針（文科省，厚労省，農水省，2016改訂）でも述べている。孤食，個食など食事のあり方を見直す必要がある（p.37参照）。

● **テーブルコーディネート**

食事空間のコーディネートで中心になるのがテーブルコーディネートである。使用するテーブルクロス，ナプキンには格付けがある。

テーブルクロスの場合，素材では麻＜綿＜化繊，色では白＜淡い色＜柄物や濃い色の順にカジュアルになる。

食器や食具も料理を配慮し選択することが大切である。日本料理は箸を使う食文化で，熱い汁は椀に盛り，器を手にとり，口をつけて食べる形式のものである。そのため椀は熱の伝わりにくい軽い漆器類が用いられる事が多い。それに対して，中国料理，西洋料理のスープ類は湯匙（れんげ）やスプーンを使う文化である。そのため器をテーブルに置いたまま食するのが一般的であり，料理様式や食文化に合ったテーブルコーディネートが必要である。

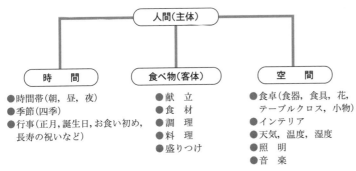

図2-4-6　食事環境の構成要素
出典：和田淑子他編：「健康・調理の科学」，(2004)を一部加筆

5. ライフステージ別食事設定

■1 乳幼児期の食事

(1) 離乳の開始と進め方

　生後5，6か月までは乳汁のみの栄養であるが，離乳の開始によって，調理形態，および提供量・食べさせ方に留意しながら離乳食を進めていく。午後の1回食をスタートに，午前・午後の2回食，朝・昼・夜の3回食へと食事を発展させ，約1歳位で，3食の食事リズムを形成させる。5，6か月頃の食事は1回食で，食材料・食物形態・調味の特徴は，穀物あるいは，植物性食品を中心にペースト状の食物形態で塩味をほとんどつけない。スプーンを用いて食べさせ全介助となる。

　7，8か月頃の食事は，2回食となり，舌でつぶせる位の硬さにし，食材を複数組合せた料理とする。塩分は0.3％濃度程度とし，調味料として油も使用できる。

　9～11か月頃になり3回食になると乳切歯がはえてくるので，前歯での噛みとりが可能になる。また，舌の動きの成長によって，歯ぐき食べによる咀しゃく様運動が可能になりバナナ程度の硬さの料理が食べられるようになる。まだ自らスプーンの使用はできないため，手づかみ食べによる自食をスタートさせ，自分で食べる意欲・楽しみを発達させる。

　離乳食は，第1乳臼歯が生えてくる1歳半頃まで続けることが食べる機能の成長のためには望ましい。なお，母乳や育児用ミルクは子どもの離乳の状況に応じて進める。離乳完了が，母乳・ミルクの終了を意味するものではない。

(2) 幼児の食事

　1歳半から3歳位までの幼児前期と6歳までの幼児後期では，摂食機能が大きく異なる。幼児前期では食具の扱いが不十分で，舌の動き，第2乳臼歯の萌出以前であることから，食べる機能に対応した食物形態の配慮が必要となる。

　幼児期は乳児期に続いて発育が盛んで，かつ乳児期よりも運動が活発になる。そのため，体重当たりに必要な各栄養素は成人に比べかなり多いため，間食を有効に利用する。

　幼児の間食の留意点として栄養面からは，食事の一部としての要素をもち，栄養バランスに留意するとともに，幼児にとっては間食が楽しみでもあるため，①菓子をとり入れる，②食具をあまり用いずに食べられるものとする，③甘さがあるなどの食事とは異なる要素も組み込む必要がある。

●離乳の開始の要点
　離乳の開始は，乳児の発育に対応するもので，時期を定めるものではないが，一般的には，生後5，6か月頃が適当である。乳児の発育のポイントは，
①首のすわりがしっかりしていて，支えると座れる状態である。
②哺乳反射(探索反射・口唇反射・舌挺出反射など)が減弱し始めて，スプーンを口に入れても舌で押し出すことが少なくなる。
③乳以外の食べものに興味をもち始める。
などの状況を示す。

●手づかみ食べの重要性
　2007年に改定された離乳の支援ガイドで，新しく導入された項目で，食べる機能と意欲を発達させるために重要である。
　食べる機能としては，食べものを目で確かめて，指でつかんで，口まで運び入れるという手と口の協調運動を発達させる。また，1歳頃から「自分でやりたい」という意欲がでる。
　手づかみ食べができるようになったら，より積極的に支援することが大切であり，
①手でつかめる食物形態
②汚れてもいい環境づくり
③子どもの食べるペース・意欲を尊重することなどが要点になる。

●幼児食の味
　幼児食の味つけは，生得的な味嗜好を理解し，甘味・うま味を基本とした味つけとする。酸味は嗜好性が低いため，酸味のある酢の物・サラダなどは，成人向けの料理よりは甘味・うま味を強めにする。さらにテクスチャーとしての柔らかさ，滑らかさを強調した料理とすることが重要。辛み・苦味は基本的に幼児は嫌うので使用しないか，食品に含まれる場合は，できるだけ除去して用いる。
(p.21参照)

2　学童期の食事

　学童期は一般に小学校在学中の6歳〜12歳までをさす。学童期前半は幼児の延長で性差も少ないが、後半は特に女子では第2次成長期に入り成育が著しくなる。

　学童期は、生活を営むうえで基本的な知識を学ぶ時期であり、毎日の家庭での食事はもちろんのこと、学校給食や学校内・地域での食育などを通じて、栄養的な基本知識を身につけるには最適な時期である。

　食事計画の要点は、成長期であるため、たんぱく質、カルシウム、鉄の確保や微量栄養素の不足に注意する。学童期の食事摂取基準は、2年ずつの3区分に分けられる。また、成人後の食嗜好に影響する時期であるため、多種多様な食品・多彩な料理を食べる経験をもてるような配慮が必要である。学童期の食事は、これらの基本的な生活習慣の獲得と併せて、生活習慣病予防の観点もとり入れる必要がある。近年小学生の肥満傾向児は減少傾向にあるが、高学年になるにつれ肥満傾向児の割合は多くなる(表2-5-1)。食事内容に加え、肥満をもたらす生活習慣への指導と意識付けが大切である。成長期にあるため、食事量を制限するより、生活リズムを整え間食を控え、体を動かす遊びを生活に取り込み、活動量を増やすことである。

3　思春期・青年期の食事

　思春期は2次成長期が顕著となる11歳〜15歳、青年期はそれ以降の20歳前後までを表わす。なお、食事摂取基準の年齢区分では、1〜17歳を小児、18歳以上を成人としている。

　この時期は食事リズム・栄養バランスが一番乱れやすい時期である。それまでの食生活は主として、家庭依存や、親の管理下にあるが、自立心が芽生える思春期以降では、食べものを自分で選択する機会や外食が多くなる。栄養的知識が十分であれば問題ないが、実際には嗜好に偏って摂取している場合が多く、それが習慣化されれば、エネルギー、脂肪、塩分などの過剰摂取を引き起こし、生活習慣病の発症をより若

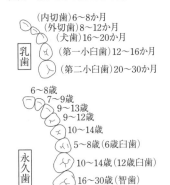

●乳歯・永久歯の生える年齢

乳歯
- (内切歯)6〜8か月
- (外切歯)8〜12か月
- (犬歯)16〜20か月
- (第一小臼歯)12〜16か月
- (第二小臼歯)20〜30か月

永久歯
- 6〜8歳
- 7〜9歳
- 9〜13歳
- 9〜12歳
- 10〜14歳
- 5〜8歳(6歳臼歯)
- 10〜14歳(12歳臼歯)
- 16〜30歳(智歯)

●学校給食の目標

1. 適切な栄養の摂取による健康の保持増進を図ること。
2. 日常生活における食事について正しい理解を深め、健全な食生活を営むことができる判断力を培い、及び望ましい食習慣を養うこと。
3. 学校生活を豊かにし、明るい社交性及び協同の精神を養うこと。
4. 食生活が自然の恩恵の上に成り立つものであることについての理解を深め、生命及び自然を尊重する精神並びに環境の保全に寄与する態度を養うこと。
5. 食生活が食にかかわる人々の様々な活動に支えられていることについての理解を深め、勤労を重んずる態度を養うこと。
6. 我が国や各地域の優れた伝統的な食文化についての理解を深めること。
7. 食料の生産、流通及び消費について、正しい理解に導くこと。

(学校給食法(平成27年改正))より

表2-5-1　学童期における肥満傾向児の出現率

年　度	6歳		7歳		8歳		9歳		10歳		11歳	
	男子	女子	男子	女子	男子	女子	男子	女子	男子	女子	男子	女子
2006年(%)	5.7	5.0	6.2	5.9	8.6	7.4	10.8	8.6	11.7	8.6	11.8	10.0
2015年(%)	3.7	3.9	5.2	5.0	6.7	6.3	8.9	7.0	9.8	7.4	9.9	7.9

注]　肥満傾向児とは、性別、年齢別、身長別標準体重から肥満度を求め、肥満度が20%以上の児童のことをいう。
出典：文科省、「学校保健統計調査報告書」

年化させる。女性においては，過度の摂食制限（ダイエット）によるやせの増加も栄養上の問題とされている。神経性食欲不振症は，特に思春期を中心とした女子に多くみられる心因性の摂食低下であり，やせたいという単純な動機からスタートする場合がほとんどである。

表2-5-2 神経性食欲不振症

① 標準体重の-20％以上のやせ
② ある時期に始まり，3か月以上持続
③ 発症年齢：30歳以下
④ 女　性
⑤ 無月経
⑥ 食行動の異常（不食，多食，隠れ食い）
⑦ 体重に対するゆがんだ考え（やせ願望）
⑧ 活動性の亢進
⑨ 病識が乏しい
⑩ 除外規定（以下の疾患を除く）
　A．やせをきたす品質的疾患
　B．総合失調症，うつ病，単なる心因反応

○印の3項を満たすものを広義の本症として，1～10のすべての症状を満たすものを狭義の本症とする。

出典：厚労省，「摂食異常調査研究班の定義」

4　成人の食事

成人期は最も年齢範囲が広く，種々の年齢区分があるが，食事摂取基準では18～29歳（若年成人期），30～49歳（中年，または壮年期），50～69歳（実年または更年期）の3区分に分けられている。この時期は，成長のための栄養摂取はなく，生活活動状態に合った栄養摂取となる。また，加齢とともに基礎代謝が低下するため，エネルギー必要量は低下する。男性では，30歳以上の1/3以上が肥満，女性では50歳以上の1/3が肥満傾向にあるとされ，メタボリックシンドロームの概念を導入し健診を充実させている。

5　高齢者の食事

高齢者では，次に述べる咀しゃく・嚥下といった摂食機能の低下や，消化・吸収率の低下，運動量の低下に伴う摂取量の低下などが存在する。特に，これらは個人差が大きいのが特徴である。また，多くの人が何らかの疾患を有していることも特徴としてあげられる。

食物嗜好は，食事経験に影響される要素が大きいため，身体状況や健康状況の影響を受けながら，高齢期は最も嗜好の個人差の大きい時期であり，年齢だけでなく，個人の特徴に十分に注意を払い対応していくことが大切である。また，感

● 思春期・青年期の身体的変化

発育曲線は男女で時期のずれはあるが，思春期・青年期はⅢ期（第2発育急進期）・Ⅳ期に当たる。女子はエストロゲンの分泌量も多くなり，からだつきが女性らしくなる。すなわち，皮下脂肪の増量，乳房の発達，骨盤の発育などである。男子は，身長の急増がみられたのち，男性ホルモンの分泌量が増す。声変わり，体毛，肩幅の急増などがみられる。

● がんを防ぐための新12か条

1条　たばこは吸わない
2条　他人のたばこの煙をできるだけ避ける
3条　お酒はほどほどに
4条　バランスのとれた食生活を
5条　塩辛い食品は控えめに
6条　野菜や果物は「不足にならないように」
7条　適度に運動
8条　適切な体重維持
9条　ウイルスや細菌の感染予防と治療
10条　定期的ながん検診を
11条　身体の異常に気がついたら，すぐに受診を
12条　正しいがん情報でがんを知ることから

出典：がん研究振興財団（2011）

● 高齢者年齢区分と名称

区分基準	年齢区分	名　称
慣用的	65～74歳	老年前期
	75歳～	老年後期
WHO定義	60～74歳	前期高齢者（young old）
	75～84歳	後期高齢者（old old）
	85歳～	超高齢者（very old）
食事摂取基準	70歳～	高齢者

覚機能の低下(塩味閾値の上昇・白内症などの視覚の低下など)による,食事の感覚機能の低下も生じやすいため,味付け,みた目の好ましさなどの感覚機能特性への配慮が欠かせない。

6 摂食機能障害者の食事

歯の喪失・義歯の不適応による咀しゃく機能の低下,および嚥下機能低下による嚥下障害によって,口腔経由の摂食に支障が生じる。

食事設定には,摂食機能に対応した食事形態の配慮が重要である。一律に刻んだり,軟らかくするのではなく,食物に応じた形態の展開が必要になる。きざみ食・ペースト食は,糖質中心となったり,水分を多く加えた流動化によって,栄養素密度の低下を招き,たんぱく質,ビタミン,ミネラルの不足などによる低栄養を誘発する原因となる。

食事形態に加え,喫食事の体位や,介助のスピードなどの食事環境の配慮も大切である。摂食機能に対応していない食事形態によって誤嚥を招くことは最も危険である。

表2-5-3　食事形態別栄養素摂取量の比較

(mean±SD)

栄養素など		普通食(n:134)	刻み・流動食(n:36)
エネルギー	(kcal)	1828 ± 446	1309 ± 363
たんぱく質	(g)	75.2 ± 23.7	55.1 ± 15.1
脂肪	(g)	49.3 ± 17.1	32.2 ± 10.1
カルシウム	(mg)	694 ± 233	452 ± 176
鉄	(mg)	11.0 ± 3.3	7.5 ± 2.0
ビタミンA	(IU)	3624 ± 1768	2459 ± 1608
ビタミンB_1	(mg)	1.45 ± 0.63	0.81 ± 0.28
ビタミンB_2	(mg)	1.41 ± 0.43	1.02 ± 0.30
ビタミンC	(mg)	156 ± 65	98 ± 41

出典:「寝たきり老人食生活実態調査報告書」(福岡県)

● フレイル予防と食事

フレイルとは,日本老年医学会が,虚弱・老衰・衰弱といった日本語訳で表されていたFrailtyを「フレイル」と表現したものである。フレイル予防のための食事内容としては,低栄養を招かないために,摂取食品の多様性・たんぱく質性食品摂取の確保,食べる機能の維持に加え,生活において社会性を維持することの重要性が指摘されている。

● 自助食具

手や腕の機能低下に伴い,箸やスプーン,コップなど通常の食具や食器が扱えない場合に,介助を少しでも少なくし,自分で食事ができるように工夫されたもの。ばね付きの箸や,柄の太いあるいは,手に固定できる工夫がされたスプーン,裏に滑り止めのついた皿,指を伸ばしたままもてるコップなどがある。

● ソフト食

脱「きざみ食」として,軟らかいが形のある状態を目指した食物形態。高齢者福祉施設や病院での導入が増加している。サイズを小さくした食材に,やまといもやたまねぎ,豆腐などのつなぎを加えて再形成したり,ピューレ状の食材に,ゲル化剤を添加して形成したものである。

出典:黒田留美子:「高齢者ソフト食」,厚生科学研究所(2001)

● 誤嚥性肺炎(p.31参照)

本来咽頭から食道を経由して胃に送り込まれる食べものが,誤って気管を経て肺に送り込まれてしまい,肺炎を発症してしまうことをいう。これらは,食事の際に誤嚥によって生じるだけでなく,就寝中に口に残存した食べものの小片が,呼吸とともに肺に入ってしまったり,胃からの内容物が逆流して生じる場合もある。

参考文献　＊　＊　＊　＊　＊

日本摂食嚥下リハビリテーション学会医療検討委員会:日本摂食嚥下リハビリテーション学会嚥下調整食分類2013,日摂食嚥下リハ会誌17(3):p.255-267(2013)

飯島勝矢ら:厚生労働科学研究(長寿科学総合研究事業)「虚弱・サルコペニアモデルを踏まえた高齢者食生活支援の枠組みと包括的介護予防プログラムの考案および検証を目的とした調査研究」(H24〜26年度)

3章　調理の科学

- 食品をどのような調理操作で，おいしさを創りだすか，おいしく食べられる食物にするかに関わる内容を扱う。
- 食卓を構成するには，食べる対象によって，主食を選択し，旬の食材を考慮しながら，主菜を決め，そして，足りない食材を副菜に利用する。調理法，調味の特徴，調理時間などを考慮して，バランスのよい献立とする。
- 使われる食材が調理のプロセスでどのような科学的変化を受け，おいしさが形成されるのかなどの理解を深め，栄養性や機能性を上手に活用する。
- 調理に使われるエネルギー源や調理用具・機器の特徴を学ぶ。

1. 主食材料の調理

1 こめ

（1）こめの種類

　世界のいねの分布は大きく分けて，インディカとジャポニカがあり，いねの種実がこめである。ジャポニカはインディカに比べて寒さに強く，およそ北（南）緯30度を境に温帯あるいは熱帯・亜熱帯の山地で栽培されている。ジャポニカは短粒種（長幅比1.6〜2.0）で，インディカは長粒種（長幅比2.0〜4.0）である。日本は南北に長く，品種の数が多い。全国的にみて作づけ面積の高い品種はこしひかりであるが，北海道でも，きたひかり，ゆきひかり，きらら397など食味のよい品種が生まれ，各地で食味のよい品種が育成されている。陸稲は水稲より生産量が少なく，成分的にはたんぱく質が多く，飯の粘りが弱いので，食味は劣る。軟質米は北海道・東北・北陸・山陰地方産米のことで，他府県産米の水分が少ない硬質米と区別されている。また，用途の異なるもち（糯）米とうるち（粳）米がある。乾燥して水分が16％以下になると，もち米は胚乳部が乳白色になり，うるち米は半透明な外観となる。

- こめが主食の位置を占めたのは

　3千年の歴史のあるこめは主食でありながら，庶民の常食ではなかったことが指摘されている。しかし，長くつくり継がれてきた。こめの諸性質と社会経済の仕組みの中で重要な役割を果たしていたと考えられる。こめが主食の位置を占めたのは第一次世界大戦以降であった。しかし飽食の時代といわれた1975年以降，日本人のこめの摂取量は漸減している。

- 長幅比＝米粒の長さ／幅

- でんぷんの構造（p.144参照）
  * アミロース：グルコースがα-1,4結合で直鎖状に連なったもの。
  * アミロペクチン：直鎖状部分のグルコースがα1-6結合で枝分かれしたもの。

- 形質米（精米）の外観

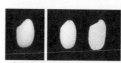
もち米　低アミロース米

左：普通米
右：高アミロース米

（原図：横尾政雄）
出典：農文協編：稲作大辞典I「総説／品質と食味」，p.3,（社）農山漁村文化協会(1991)

（2）こめの形態と性状

　玄米の組織は図3-1-1のように外側から果皮・種皮・胚乳（糊粉層・でんぷん細胞）・胚芽よりなり，果皮・種皮・糊粉層を糠層とよび，精米時に胚芽とともに除かれる。各部の割合は糠層5〜6％，胚芽2〜3％，胚乳90〜92％である。

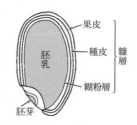

図3-1-1　玄米の組織

(3) こめ成分と調理

こめの主成分は約75％を占める炭水化物のでんぷんで，直鎖状のアミロースと枝分かれ構造をもつアミロペクチンから構成されている。

もち米のでんぷんはアミロペクチンがほぼ100％，うるち米のジャポニカはアミロースが20％前後，アミロペクチンが80％前後からなり，インディカのアミロース含量は25％を超える品種もある。この違いが飯粒の硬さ・粘りなど物性に影響し，調理・加工用途にも関与する。新形質米も含め，こめの品種特性を表3-1-1に示した。こめのたんぱく質の約8割がオリゼニン（こめのグルテリン）で，リシンや含硫アミノ酸が少ないがアミノ酸スコアは61であり，穀類のなかでは高い。また，米粒の外周部に偏在している脂質は微量（精白米で約1％）であるが，リノール酸やオレイン酸などの不飽和脂肪酸を含むので，古米臭や古米化に関わる。表3-1-2に示したように，ライフスタイルの多様化，健康志向からこめの形態もさまざまなものが出回っている。

● 新形質米の研究

バイオテクノロジーの発達により育種技術が進歩し，消費者ニーズとも直結し，新形質米の研究が進展し，多用な食味のこめが生産されている。また，主食となるこめは，多様な機能性のタイプのものが出回っている。

● 低たんぱく質米

腎臓病などたんぱく質の摂取制限のある人向けに開発された品種「春陽」・「あさかぜ」はグルテリンが通常の1/3ぐらいで，飯の食感，食味は普通のこめと変わらない。

● 低アレルギー米

こめのたんぱく質でアトピー性皮膚炎などを起こす人向けに，こめにたんぱく質分解酵素処理したもの，高圧処理・塩類溶液洗浄したもの，あるいは，高度に精白したこめなどがある。

表3-1-1 こめの品種特性

こめ	特性	品種・系統	水分(％)	たんぱく質(％)	アミロース含量(％)	調理用途
うるち	低アミロース米	奥羽344号	15.15	5.4	7.7	握り飯，弁当
		ミルキークイン	15.54	5.7	9.0	
	高アミロース米	夢十色	14.51	6.7	29.4	ピラフ，粥 リゾット
		ホシユタカ	14.69	5.3	27.3	
	巨大粒	オオチカラ	14.37	6.6	16.9	
	香り米	サリークイン	14.99	6.4	17.9	ライスサラダ 白米と炊く
	代表的品種	コシヒカリ	14.16	5.9	16.3	白飯, 味つけ飯，粥
		日本晴	15.22	5.0	18.6	
もち		エチゴネバリ	16.6	6.1	0.0	赤飯，餅

農林水産技術情報協会：「新しい米」，(2001)に加筆

表3-1-2 こめの形態と栄養的特徴（100g当たり）

種類	特徴	脂質(g)	炭水化物(g)	Ca(mg)	ビタミンB_1(mg)	食物繊維(g)
無洗米	製法多種あり	0.8	78.4	4	0.09	0.3
胚芽精米	胚芽保有80％以上	2.0	75.8	7	0.23	1.3
加工玄米	パフ加工	3.0	73.0	9	0.36	1.1
発芽玄米	発芽させ軟らかい γ-アミノ酪酸豊富	3.3	74.3	13	0.35	3.1
精白米*	品種・食味多様	0.9	77.6	5	0.08	0.5

注] 上表のこめはいずれも普通の炊飯器で炊くことができる。＊のみ洗米して炊飯する。

出典：菅野道廣他編：「食べ物と健康Ⅱ 食事設計と栄養」p.38, 南江堂(2005)を一部改変

（4）うるち米の調理
(1) 炊　飯

　炊飯は，水分15％前後の米粒に水を加えて加熱し，水分60％程度の飯とする操作である。洗米，加水・浸漬，加熱，蒸らしからなり，少なくとも予備浸水30分，加熱・蒸らし操作で45分程度を要する。近年，こめの生産・精米過程での技術革新により，除糠もよくなされているので，洗米方法は，水溶性成分の損失を抑え，手早く数回の水換えをして"洗う"方法が推奨されている。"研ぐ"ことに比べ，洗米中にでる固形分が少なく，家庭排水による環境負荷を少なくし，食味への影響も少ない。洗米時の吸水は約10％である。

① **加水・浸漬**　加水量はこめに吸水される量と加熱中の蒸発量に加え，飯の用途・嗜好を加味して決める。目安量は米重量の1.3～1.5倍，容積では1.2倍である。浸漬による飽和吸水の目安は25％前後である。

② **加　熱**　この操作で生でんぷんは糊化される。火力・加熱時間は飯の物理的性状に大きな影響を与える。**温度上昇期**（鍋内が沸騰状態に至る時期，こめの吸水と糊化が進む），**沸騰期**（こめに吸収されていない水が沸騰し，対流により米粒が動く時期），**蒸し煮期**（水は飯粒に吸収され，米粒は動かず，飯粒の周囲のわずかな自由水を吸わせ，蒸し煮の状態で，焦げやすいので，弱火にする時期）に分類できる。家庭的には温度上昇期は米内部に水分を導く操作で約10分，沸騰期と蒸し煮期は熱を十分与え，糊化を促進する。米粒内のでんぷんの糊化には，98℃以上20分の保持が必要とされる。沸騰継続時間が15分以上の場合，次の蒸らし操作を含め20分確保されれば，飯の糊化度や食味に問題は少ない。たんぱく質，糖質，脂質が変化し，飯らしい味や香りが生成される。蒸らしは消火後10～15分の高温を保つために，蓋をしたまま蒸らす。この間に飯粒表面に付着した水分が完全に吸水され，ふっくらした飯になる。戻り水は飯をまずくするので，蒸らし終えたら，蓋を開け，粘らせないように軽く混ぜ，余分な蒸気を逃がすことが，おいしくすることに通じる。おいしいとされる炊き上り倍率は2.2倍前後となる。昨今は，自動炊飯器で炊飯し，70～75℃に保温される。残った飯は10時間以内なら保温可能だが，おいしく食べるためには，1人分ずつ密封・冷凍して，電子レンジで解凍するとよい。

● 精白米の炊飯手順

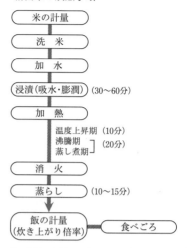

● 調味料の添加と米の吸水率

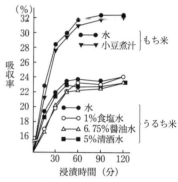

出典：調理科学研究会編：「調理科学」p.248，光生館（1984）

● 飯の走査型電子顕微鏡による微細構造

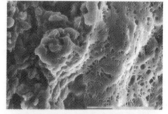

炊飯開始20分のうるち米の表層部

炊き上がり直後のうるち米の表層部

（原図：松田智明）

出典：農文協編：稲作大辞典Ⅰ「総説／品質と食味」p.5，(社)農山漁村文化協会（1991）

(2) 粥

こめから炊く粥は，加熱時間はかかるが，飯からつくるよりおいしい。一定のエネルギーを摂取する場合，飯に比べ摂取重量が増す。粥は咀しゃく回数が少なくても嚥下しやすいが，消化しやすい形態なので，健常者群と糖尿病患者群を比較した場合，糖尿病患者群は30分後の血糖値，インスリン分泌反応，グリセミックインデックスが高値を示したという報告もある。粥（p.48参照）の供し方も健康管理の視点になる。

(3) 味つけ飯

こめは新米の時期を除いて，季節を感じる調理はといえば，旬の食材を使う味つけ飯である。食材の成分や色の変化を考慮し，添加時期を選び，調味は塩，しょうゆ，清酒などが使われる。しょうゆの添加は，塩味・風味・色を付与するだけでなく加熱中の泡立ちを抑制し，水引きのわるい飯になるので，沸騰継続時間を延ばす。調味時期は予備浸水が済み，火にかける（通電）直前がよい。食べてちょうどよい塩味は飯重量の0.6～0.7％であるので，こめ重量の1.3～1.5％塩分，加水量の1％塩分が目安である。清酒を加水量の5％程度加えると風味もよく，パラリとした飯になる。

(4) すし飯

通常より硬めに炊き，蒸らし半ばの「あつあつ」の白飯に合わせ酢を全体に回しかけ，蓋をして1，2分して，粘らぬよう，切るように混ぜながら，うちわで扇ぎ，余分な水分を急激に飛ばすと，つやのよいすし飯になる。

(5) 炒め飯

炒め飯には，飯を油脂で炒める炒飯（チャーハン）とこめを炒めて炊き上げるピラフがある。炒飯は硬めに炊いた飯を熱容量の大きい鍋で中火で時間をかけ，パラリとするまで炒める。ピラフは洗米後，水気を十分切り，米重量の3～7％程度の油脂を加えて，こめが熱くなるまで十分炒め，熱いスープストックを加えて炊く。水量が少ないので，沸騰期を短めにする分，蒸し煮期を長くする。

(5) もち米の調理

もち米はうるち米に比べ，予備浸水時の吸水量が多く（飽和吸水の目安は35％前後），加熱すれば組織が脆弱で，主成分のでんぷんは低温で糊化を開始し，粘りが出やすい。また，飯の食味は米重量の1.6～1.9倍が好まれている。このため，もち米は炊飯せず，40～50分強火で蒸す方法がとられ，強飯

● 味つけ飯の具の分量

味	具と分量(％)*
塩　味	グリンピース　20～40 く　り　　　　30～40 いも類　　　　70～80 菊花，青しそ　10～15
しょうゆ味	たけのこ　　　40～50 あさり，かき　50～60 五　目　　　　50～70

＊は米重量に対する割合（％）

● 合わせ酢を加えて炊飯するすし飯

手間が省け，酢酸がたんぱく質に作用し，グルテリンの溶出を促進し，酸性プロテアーゼによるたんぱく質の分解を誘発させるので，飯のつや，透明感，粘りがあり，硬さは弱まる。

● 塩分（えんぶん）

食塩相当量を示す。

● 炒め飯の油脂量

ピラフ：こめの3～7％
炒　飯：飯の5～8％

● もち米を炊飯器で炊く

もち米にうるち米を25％位加え，水加減して30～60分予備浸水後スイッチを入れる。

（こわめし）にする。予備浸水しただけの飯は硬いので，途中で1，2回振り水（打ち水）をして，硬さを調節する。赤飯の場合は渋切りしてゆでたささげやあずきのゆで汁（冷ましたもの）にこめを浸けて用いる。また，それは振り水にも使う。

（6）米粉の調理

家庭で使う米粉は上新粉（うるち米の粉）と白玉粉（もち米の粉）が多い。上新粉のこね水は水でも，微温湯でも熱湯でもよい。こね水の水温が高いほど，生地をまとめるための水量が多くなるので，蒸し上げて，よくこねただんごは軟らかい食感になる。一方，白玉だんごをつくる場合は水でこね，だんご状に成形し，沸騰水でゆで，浮き上がって数分後冷水にとる。前者のだんごは弾力があり老化しやすい。後者は粘りが強くてやわらかく，老化しにくいので，冷やし汁粉や冷たい和菓子に利用される。上新粉に片栗粉を加えると，歯切れのよいだんごになる。砂糖を加えると，だんごのやわらかさを保つ。

パンやうどんにも小麦粉の一部代替食材として利用される米粉は，表3-1-3のような粒度の細かいタイプが利用される。

2　小麦粉

（1）小麦粉とその種類

こむぎの断面の構造は図3-1-2に示す。粒溝が中に深く入り込む外皮は強靭で，胚乳は脆くて砕けやすいので，製粉してふるい分けして，胚乳は小麦粉として，外皮はふすまとし，胚芽はたんぱく質，脂質，ビタミン・無機質等を多く含有するので，分離・精製して栄養補助食品として利用される。小麦粉の種類・用途（表3-1-4参照）に応じて，こむぎ

● 強　飯

強飯は蒸し上がったら，ざるなどに移し，余分な水分を飛ばすとよい

● 米粉だんごのこね回数による弾性の変化

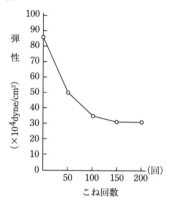

出典：松元文子他：「三訂調理実験」
p. 20, 柴田書店（1986）

● 国内産こむぎ

平成19年度から国内産こむぎは，全量民間流通になっている。主産地は北海道で約65％を占め，福岡，佐賀，関東3県，熊本などで栽培。生産量は少ないが，北海道産春播こむぎはパン用に適すると評価が高い。

表3-1-3　新潟県が開発した米粉関連特許の概要

種類（略称）	特許の内容	特　徴	利用製品等
2段階製粉	水漬・脱水後ロール圧偏粉砕後に気流粉砕	平均粒形30ミクロン，でんぷんの損傷がなく吸水性が高い。	カステラ，ケーキ，和菓子，米菓
酵素利用米粉	酵素液浸漬により米粒を軟化させた後，脱水・気流粉砕	平均粒形40ミクロン，でんぷんの損傷がなく吸水性が低い。	パン（グルテン入り，グルテンフリー），めん，ケーキ
グルテンフリー米粉パン	酵素利用米粉にα-化うるち米粉等添加することでグルテンを使用せずパンを製造する方法	従来の米粉パンに比べ日持ちがよくカロリーが低い。小麦アレルギー症の消費者にも対応	パン
高アミロース米を用いた米麺	高アミロース米を活用した米麺	米粉100％の米粉麺。難消化性でんぷんが多いため低カロリー	ざるそば風米麺，パスタ風米麺

出典：岩森大他：日調科誌，42, p.144（2009）

表3-1-4 小麦粉の種類と用途

種類	たんぱく質含量（メーカーによる）	でんぷん含量	粒度	用途
強力粉	11.5〜13.0%	少ない	粗い	食パン・フランスパン
準強力粉	10.5〜12.5%		やや粗い	中華めん・皮，菓子パン
中力粉	7.5〜10.5%		やや細かい	日本のめん類，即席めん
薄力粉	6.5〜9.0%	多い	細かい	菓子類，天ぷら
デュラム小麦のセモリナ	11.0〜14.0%	少ない	極めて粗い	パスタ類

の品種や品質の異なる数種類をブレンドして小麦粉とされる。現在，日本で利用されるこむぎは約90％が輸入品であるが，国産の小麦粉は地粉とよばれ，うどんなどに使用されている。小麦粉は製粉工程から灰分含量によって，1等粉(0.3〜0.4％)，2等粉(約0.5％)，3等粉(約1％)，末粉(2〜3％)と分けられる。家庭用は1等粉が多い。パスタ類はデュラム小麦のセモリナ(粗挽き粉)が使われ，全粒粉パンには小麦全体を粉にし，食物繊維の多い全粒粉(グラハム粉)が使われる。

（2）小麦粉の成分

小麦粉の主成分は，量的な面では炭水化物が多く，2等粉以上では70.6〜75.8％を占め，その大部分がでんぷんである。食物繊維は2.1〜2.8％である。しかし，小麦粉の調理性の発現に関わるのはたんぱく質で，8.3〜12.6％と量的には少ない。そのたんぱく質はグルテニンとグリアジン(図3-1-3)がほぼ同量含まれ，併せて全たんぱく質の84％程度を占め，グルテン形成に関与する。この性質は穀類の中で小麦粉にのみ特有なものである。アミノ酸組成をみると，リシンが制限アミノ酸となり，アミノ酸スコアは40前後である。その他に脂質2％前後，ペントザン，水溶性糖類などを含む。

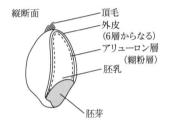

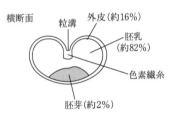

図3-1-2 小麦粒の断面構造
出典：長尾精一編：シリーズ〈食品の科学〉「小麦の科学」p.38，朝倉書店(1995)

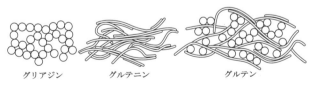

グリアジンとグルテニンの表面で，各たんぱく質は非共有結合して，グルテンたんぱく質の網目をつくる。

図3-1-3 非共有結合をもつグルテンの網目構造図
出典：島田淳子他編：現代栄養科学シリーズ9 「調理学」p.68，朝倉書店(2001)
(Huebner, F. R, ; *Baker's Dig.*, 51, 154, 1977)

●デュラム小麦(コハク色の硬質春小麦)
アメリカの伝統的産地：北米4州(ノースダコタ，サウスダコタ，モンタナ，ミネソタ)で，ほかにカリフォルニア，アリゾナ州で，前者と品質に違いがある。他国でも栽培されている。

1．主食材料の調理

（3）小麦粉の調理特性
(1) グルテンの形成

　小麦粉に水を加えてこねると，グルテニン(弾性あり)とグリアジン(粘性あり)が約2倍量の水を吸ってそれぞれの分子内S-S結合が分子間のS-S結合に変化し(図3-1-4)，三次元の網目構造の粘質物，グルテンを形成する。このグルテンは粘弾性，伸展性，可塑性(保形性)をもつため，調理用途が広い。加熱するとグルテンは変性し失活する。代わって小麦粉中のでんぷんが糊化して粘りを与える。この変性温度は70℃位である。

　小麦粉を使う調理では，グルテン形成をしたほうがよい場合とそうでない場合がある。

●グルテニンとグリアジンの性質
　グルテニンは水を加えると，弾性の強い固まりとなり，グリアジンは粘着力が強く糸状に伸びる性質がある。

●たんぱく分子間の変化
　たんぱく質はシステインを含み，チオール基(SH基)のまま存在しているものもあれば，分子内あるいは分子間でジスルフィド結合(S-S結合)を形成しているものもある。
　小麦たんぱく質の中のSH基はミキシングによる酸素によって減少するが，残りのSH基との間でSH-SS交換反応を起こして生地の物性に大きな影響をおよぼし，ドウは伸びに対する抵抗を増す。

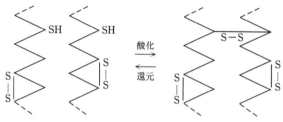

図3-1-4　たんぱく分子間の変化
出典：島田淳子他編：現代栄養科学シリーズ9,「調理学」p.69,朝倉書店(2001)

① **小麦粉の種類**　たんぱく質含量の高い強力粉ほどグルテンの形成はよく，強靭な構造となるので，パンや中華めんのように粘弾性・伸展性などをいかす調理には強力・準強力粉を使う。

② **加水量，温度**　加水量が多くなるほど，グルテン形成は弱くなり，30℃前後が形成されやすい。

③ **混合，混捏，ねかし**　小麦粉に加水したら，手早く混ぜ，生地がまとまったらある程度まで，よく混捏することはグルテン形成を促進し，粘弾性，伸展性を増加させる。捏ねすぎないよう注意する。ねかしはグルテン形成の均一化と促進を図るために行い，30分のねかしは伸展性を向上させ，調理操作性を容易にする(図3-1-5)。

④ **添加材料の種類と量**　食塩の添加はグルテンの網目構造を緻密にし，ドウの粘弾性，伸展性を増す。
　砂糖(親水性あり)や油脂(疎水性あり)はグルテン形成を阻害するので，調理用途に応じてある程度グルテン形成した後添加すれば，その影響は少なくなり，油脂の場合はドウの伸展性や安定性を増す効果がみられる。
　卵・牛乳のように水分が多く，液状のものは，生地調製時

●エクステンソグラフ(Brabender extensograph)
　エクステンソグラフは一定の硬さの小麦粉生地の伸長度および伸長抵抗を測定する機器で，下図のような記録曲線が得られる。

A：面積（大きいほど弾力がある）
B：伸長度（長いほど伸びやすい）
C：伸長抵抗（大きいほど強ைで引っ張り伸ばすのに力を要する）

エクステンソグラフ

●ドウをねかすことの効果
　ドウを30分ねかすだけで，約1/4の力(F)でドウが約2倍に伸び(E)伸展性を増し，操作性が向上する。ねかし時間を使って，ほかの材料の準備をすることができる。

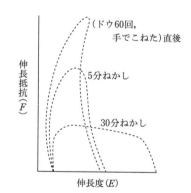

図3-1-5　ドウをねかすことによる変化(エクステンソグラフ)
出典：松元文子 他：家政誌, 11, p.348(1960)

の加水量を加減する。乳化性のある材料で,脂肪も含有するので,ドウの伸展性や安定性をもたらす。

かん水などのアルカリ性こね水は,中華めんをつくるときに使われるが,グルテンとでんぷんに作用して中華めん特有の粘弾性,滑らかさ,香りを与え,フラボノイド色素に作用し,生地は黄色くなる。

● かん水
わが国では食品添加物に分類され,「かん水は炭酸ナトリウム,炭酸カリウム,炭酸水素ナトリウム,およびリン酸塩のカリウム塩,またはナトリウム塩を1種以上含む」と定義され,固形かん水,液状かん水などがある。家庭なら重そう水を使うとよい。

(2) 生地の種類（ドウ,ペースト,バッター）

表3-1-5に示したように小麦粉の調理によって加水量は異なり,目的に適す状態が得られる。使う時期を見計らって生地を調製することが肝要である。

表3-1-5 小麦粉生地の種類と調理用途

小麦粉生地	粉：水（重量比）	グルテン形成	調理形態	調理用途
ドウ（dough）	1：0.5～0.6	促 進	膨 化 膨化せず	パン類,中華まんじゅう,ピッツァ めん類・中華の皮類
		やや抑制	膨 化	パイ類
ペースト（paste）	1：0.7～0.9	抑 制	膨 化 膨化せず	シュー,カップケーキ クッキー
バッター（batter）	1：1～2～4	抑 制	膨 化 膨化せず	スポンジ・シフォンケーキ, ルウ,天ぷらの衣,桜餅の皮, クレープ,お好み焼き

（4）小麦粉の調理

(1) めん類

めん類（うどん,そうめん,中華めん,パスタ類など）や中華の皮類はドウの粘弾性,伸展性を利用したものである。日本のめん類は生地に食塩を加え,混捏・熟成後麺状にし,ゆでためんは粘弾性と噛み応えの食感「こし」があるようになる。パスタ類は食塩が入っていないので,ゆで湯に0.5～1％の食塩を加えて塩味を付与する。中華の皮をつくる場合のこね水は食べ方により熱湯,微温など,水を使い分ける。ゆでたり,蒸したりする場合は,こね水に水を使うことが多い。

(2) ル ウ

ルウは小麦粉を油脂で炒めたもので,ソース,スープ,煮込み料理の濃度づけに用いる。厚手の鍋で熱が均一に回るよう攪拌する。炒める温度により白色ルウ（120～130℃）,淡褐色ルウ（140～150℃）,茶褐色ルウ（170～180℃）となり,それをブイヨンなどでソースにすると,炒め温度の高いものほど,さらりとし,粘度が低下する（図3-1-6, 7）。

● めん類のゆでによる重量変化率（％）

生うどん	180
干しうどん	240
手延そうめん・ひやむぎ	290
生中華めん	190
マカロニ,スパゲッティ	220
干しそば	260

（食品成分表 2015による）

● 濃度づけに用いる小麦粉

調理	小麦粉濃度
スープ類	液体の2～4％
シチュー類	液体の3～5％
ソース	ソースの仕上がりの3～6％
グラタンなど	ソースの仕上がりの4～9％
クリーム	液体の8～10％

1．主食材料の調理

(3) 天ぷらの衣

　ふるった薄力粉を160～200％の卵水(15℃位)に手早くさっと混ぜて，すぐ使い，火のそばに置かないことが要点である。油温は150℃(いも，ししとう，しそ)～170, 180℃(えび，白身魚，いか他)で揚げる。衣の水分が急速に蒸発し，油が侵入し，水と油の交代が行われるので，衣は軽いテクスチャーになり，素材のもち味が賞味できる。

(4) 膨化調理

① **イーストによる調理**(食パン，菓子パン，中華まんじゅう)　粉に水と食塩とイースト(酵母)と砂糖を加え，あるいはほかの材料を加え適度に混捏すると，ドウに練り込まれたイーストの発酵により産生された炭酸ガスが小さな気泡となり包みこまれ，ドウの体積を増しながら，特有のフレーバーをもつスポンジ状組織を有する生地となり，加熱によりさらに膨化し，焼き色がつくなどし，独特のテクスチャーが形成される。

② **化学的膨化剤による調理**(ホットケーキ，カップケーキ)　ベーキングパウダー(BP)や重そう(炭酸水素ナトリウム)の炭酸ガスにより生地を膨化させる。重そうは生地がアルカリ性になるため，生地が黄変し，使い過ぎると苦味が残る。炭酸ガスの発生力が弱いので，軟らかい生地のほうが膨化しやすい。BPは重曹に2, 3種類の酸性剤(酒石酸塩，酸性リン酸カルシウム，ミョウバンなど：中和剤・ガス発生促進剤)と緩衝剤としてでんぷんを加えたものであり，加熱により中和反応を起こして炭酸ガスを生成し，生地をスポンジ状に膨化させる。

③ **気泡の熱膨張による調理**(スポンジケーキ，スフレ，かるかん)　卵白泡・全卵泡など，山いもを細かく磨砕し撹拌したものに小麦粉をていねいに泡を壊さぬように混ぜ加熱すると，ふんわりとした食感のスポンジ状に膨化する。

④ **蒸気圧による調理**(シュー，パイ)　シュー生地は，水と油脂を沸騰させた中に小麦粉を加え混ぜ，均一なペースト状にし，火から下ろす。このときの生地の温度が78℃前後であると，グルテンはほぼ失活し，膨化にかかわるでんぷんが糊化している。生地が65℃位になったら，全卵を数回に分け加えながら十分混ぜ，適量のサイズに分け，霧をふいてから200℃の高温で焼成すると，生地内に発生する強い蒸気圧でキャベツ状の特有な形態になる(図3-1-8)。

　パイ生地は練りこみ式(アメリカンパイ)と折りたたみ式(フレンチパイ)の2種類があり，つくり方に差異はあるが，

●ソースの粘度

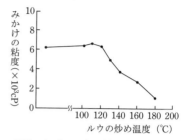

図3-1-6　ルウの炒め温度と粘度

●ホワイトソースの粘度

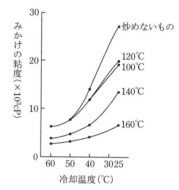

図3-1-7　ルウを冷却したときの温度
出典：大澤はま子他：家政誌，24，p.361, 365 (1973)

●天ぷらの卵水
　卵水＝卵：水＝1：3

●市販天ぷら粉がカラリと揚がる理由
　グルテン形成をしない，でんぷん，新粉が配合されている。さらにBPにより炭酸ガスが発生して水分が抜けやすい。

●膨化調理の分類と適する小麦粉の種類

分類	膨化の原理	小麦粉の種類
生物的膨化	イースト(酵母)によるガスの発生	強力粉，準強力粉
化学的膨化	膨化剤によるガスの発生	薄力粉
物理的膨化	気泡の熱膨張，蒸気圧	薄力粉，強力粉

●生物的膨化の反応式
イースト発酵：

$$C_6H_{12}O_6 \xrightarrow{\text{加熱}} 2C_2H_5OH + 2CO_2 \uparrow$$

グルコース　　　　エチルアルコール

高温加熱によって，ドウの間に含まれる空気が熱膨張し，同時に発生する水蒸気圧で生地が層状に浮き上がる。油脂は加熱中に糊化でんぷんの生地層に浸透し，冷めれば油脂は固まるので，サクサクしたテクスチャーとなる。パイ生地用の油脂はドウと同じ軟らかさとなり，伸展しやすく，口溶けのよい融点(35〜45℃)の性質をもつ固形脂を小麦粉の70〜100％用いる。

第1加熱温度	膨化状態		膨化度	
60℃		空洞小さく，皮硬い	不良	5番
70℃		小部屋が多く，皮硬い	良	4番
78℃		キャベツ状に空洞状膨化	やや良	1番
85℃		硬く乾燥して，つやがない	最高	1番
95℃		硬く乾燥して，つやがない		2番

小麦粉1，油脂0.8，水1.7，卵を一定の生地の硬さに調節
焙焼：高速ガスレンジ200℃15分＋150℃15分

図3-1-8　シューペーストの第1加熱温度と焼成後のシューの断面
出典：島田淳子他編：調理科学講座3，「植物性食品」p.155，朝倉書店(1994)

● 化学的膨化の反応式

重そう：
$$2NaHCO_3 \longrightarrow Na_2CO_3 + H_2O + CO_2\uparrow$$
炭酸水素ナトリウム　炭酸ナトリウム

ベーキングパウダー：
$$NaHCO_3 + HX \longrightarrow NaX + H_2O + CO_2\uparrow$$
酸性剤　中性塩

● パイ生地における固形脂の役割

① 油脂は水と混じらない。
② 油脂は軟化(30℃前後)する。生地と同じ軟らかさになる。
③ 伸展性，可塑性がある。
④ 加熱をすれば溶解する。
⑤ 冷却すれば，固形状態に戻る。

したがって，室温の高い夏場は，パイつくりは難しいという。

● パイ生地(折りたたみ式)

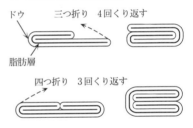

3　雑穀類（そば，とうもろこし）

雑穀とはこめ，むぎ以外の穀類の総称とされている。それらに含まれる機能性成分の多様さや健康ブームに後押しされて，こめに混ぜた五穀米や五穀パンなどが出回っている。

(1) そ　ば

そばは播種後20日ぐらいで開花，60〜70日で成熟する短期作物である。図3-1-9のような内部構造からわかるように三角稜形で殻(外皮)は厚く，胚芽が胚乳の中に入り込んだ形態をしている。そば子実を粉にするとき，すべてが挽かれ，各種酵素も含まれるので，変質しやすい。1週間以内で消費できないときは密封して冷蔵(冷凍)保管する。そば粉の主成分はでんぷんで，たんぱく質は穀類の中ではリシンが多く良質だが，グルテンを形成する作用はないので，そばを打つ場合は熱湯を使い，でんぷんの糊化により生地をまとめる。抗

● 五穀豊穣とは

すべての穀物が豊かに実ること。昔の日本はこめの生産量が足らず，多くの農山村ではハレの日の憧れのご馳走だった。

● そばの構造

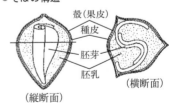

図3-1-9　そば子実の内部構造
出典：本田裕：食の科学，11月号(No.297)，p.29(2002)

1．主食材料の調理

酸化成分，血圧降下に役立つ成分(ルチン等)を含んでいる。

(2) とうもろこし

イネ科の作物で日本へは16世紀に伝えられた。世界ではこむぎ，こめに次ぐ第3の穀物である。完熟粒は，粉に挽いたり，炒ったり，その他食品工業的に利用される。でんぷんが主成分でたんぱく質も8％前後含むが，リシンやトリプトファンが少ない。コーンスターチ，コーンフレークの原料である。粉の挽き方により，粒度の粗い順からコーングリッツ，コーンミール，コンフラワーがある。トルティーヤ，コーンブレッドなどに利用される。

(3) あ わ

わが国最古の作物とされ，縄文時代から栽培された。うるち種はこめと混炊し，もち種はあわもち，あわおこしなどに利用される。

(4) ひ え

冷害に強く，貯蔵性もよいので，救荒作物として重要視された。こうじ原料としてこめに次ぐもので，ひえしょうゆなどに使われる。

(5) き び

玄穀のフ(殻)は光沢があり，黄，白，赤，黒色があり，胚乳は乳白色，淡黄色で，うるち種はこめと混炊し，もち種は製粉してだんごなどがつくられる。

(6) アマランサス

紀元前からアンデス南部で栽培された。種子は，径2mm凸レンズ状。小麦粉，精白米に比べ，たんぱく質が多く，リシン，メチオニン，フェニルアラニンが多く，鉄，カルシウムも多い。多くはもち性なので煮たり，蒸したりすると粘性を生じ，ほかの食材となじみやすい。優れた機能性食材として評価され，おにぎり，茶の材料として注目される。アマランサス(子実)は，粒食，粉食いずれの場合の食形態でも全粒を食するので，たんぱく質13〜15％，脂質6〜7％，糖質61〜64％，食物繊維13〜15％，アミノ酸スコア96で栄養学的に優れた雑穀といえる。

●五穀
　食品成分表2015では，あわ，ひえ，きび，大麦等を含むもの。

●雑穀とは
　広辞苑によれば，左記のほかに「まめ・そば・ごまなどの特称」とも記載されている。農林統計においては豆類の項目が別になり，おおむぎは雑穀には含まれない。

●おおむぎの種類と調理用途
　おおむぎは，食品工業的にはビール醸造には乾燥麦芽が使われ，みそ，焼酎，麦芽糖などの原料として欠かせない。しかし，一般的な消費形態としては，雑穀に類似している。また，煎って粉にしたものが麦こがしである。
二条大麦：ビール麦ともいわれ，大粒で発芽力の高く，たんぱく質含量が低いので，醸造用原料に使われる。
六条大麦：精麦して，そのままこめと混炊できる。しかし，精麦後食べやすく加工した押麦(蒸気で加熱圧偏した)と白麦(縦溝部に沿って，2つに切り，黒条線を除去し，高熱蒸気処理した)がある。

●もろこし
　コーリャン，ソルガム，たかきび，マイロ

●アマランサス子実の一般成分と食物繊維含量　　　　　　　(単位g/100g)

品　種		Ah	Ac
水　分		11.69	11.09
たんぱく質		14.25	13.44
脂　質		6.52	5.84
炭水化物	糖質	61.29	64.27
	繊維	3.70	3.11
灰　分		2.55	2.25
食物繊維		13.52	14.86

Ah：淡黄色子実　Ac：淡赤色子実(ナイロビ産種子を秋田県で栽培)
出典：今村経明他：日調科誌，25，p.217(1992)

2. 主菜材料の調理

1 肉 類

(1) 肉の構造と成分
(1) 構 造

長さ20～30 cm，直径20～150 μmの筋線維は筋内膜に包まれ，これが100本前後筋周膜で束ねられている（図3-2-1）。筋周膜の近くには血管や神経細胞が走っており，脂肪組織もここに形成され，脂肪が沈着する。筋線維は，さらに微細な筋原線維（筋細線維）からできていて，この間に筋形質が存在する。

(2) 成 分

肉の成分は，部位により異なるが，およそたんぱく質20％，脂質2～30％，水分50～75％である。

① **たんぱく質** 食肉のたんぱく質は，約60％が筋原線維たんぱく質，約30％が筋形質たんぱく質，約10％が肉基質たんぱく質である。

筋原線維たんぱく質を構成する主要たんぱく質は，細いフィラメントを構成するアクチンと太いフィラメントのミオシンである。筋形質たんぱく質はミオゲン（各種酵素などを含む），肉の色素であるミオグロビンなどからなり，ヌクレオチド，アミノ酸，ペプチドのようなうま味にかかわる成分も含まれる。肉基質たんぱく質は，結合組織の膜や腱を構成しており，コラーゲン，エラスチンなどが含まれる。これらが多い部位ほど肉質は硬い（表3-2-1）。

② **脂 肪** 脂肪は骨格筋の結合組織に存在する脂肪細胞に蓄積され，筋周膜と筋内膜の間に脂肪が均一に蓄積する現象を脂肪交雑といい，脂肪が細かく網状に分散した霜降り肉は商品価値が高い。食肉に含まれる脂肪酸の量は動物の種類と

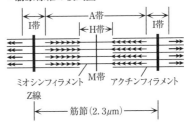

● 筋原線維の模式図

出典：鈴木敦士他編：「タンパク質の科学」p.23，朝倉書店（1998）

● 食肉類

食肉類は，主として家畜，家禽の横紋筋とよばれている骨格筋である。ほかに副生物としての内臓，血液，舌なども用いられる。食肉の品質は，動物の種類，品種，年齢，飼育法などによって異なる。

● 筋肉たんぱく質の名称

筋原線維たんぱく質は，筋細線維たんぱく質ともよばれる。
筋形質たんぱく質は，筋漿たんぱく質，筋原質たんぱく質ともよばれる。
肉基質たんぱく質は，結合組織たんぱく質，筋基質たんぱく質ともよばれる。

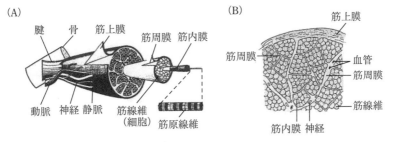

図3-2-1　骨格筋の模式図
出典：(A)森田重廣監修：「食肉・肉製品の科学」p.32　学窓社（1992）
(B)大森正司：フードマテリアルズ，「新しい食品学」，各論，p.54，化学同人（1997）

部位により異なり，脂肪の特性は，含まれる脂肪酸組成により異なる。動物性脂肪は，飽和脂肪酸を多く含むため，融点が高く，常温では固体である。飽和脂肪酸が多い牛脂や羊脂の融点は高く，不飽和脂肪酸が多い鶏脂の融点は低い。

（2）熟　成

動物は屠殺され，数時間後から死後硬直を起こして肉質が硬くなる。硬直中の肉は，肉質が硬く，うま味も少なく，保水性も低いため加熱すると肉汁の流出が多く食用に適さない。硬直した肉は，冷温貯蔵すると解硬して軟らかくなり，味もよくなる。この過程を熟成という。熟成中に筋肉中のプロテアーゼによるたんぱく質の分解が始まり，肉は軟らかくなる。また，ペプチドやアミノ酸が生成される。このとき筋肉のpHが上昇し，保水性が増す。解硬過程（熟成）を経ると，肉質が軟化，保水性が回復，アミノ酸や核酸関連物質が生成されて食感や食味が向上する（図3-2-2）。

● 動物性脂肪の融解温度

種　類	融解温度（℃）
牛　脂	40〜50
羊　脂	44〜55
豚　脂	33〜46
馬　脂	30〜43
鶏　脂	30〜32
バター（乳脂）	28〜38

出典：渋川祥子他編：「調理学」p.175，同文書院（1974）

● 脂肪の融点と肉の食味

脂肪の融点が高い牛肉や羊肉は熱いうちに食べるほうが適している。冷めた状態で食べる場合は，牛肉や羊肉では脂肪の少ない部位を選ぶ。また，融点が低く，人間の体温に近い鶏肉や豚肉を用いたほうがよい。

表3-2-1　肉類のたんぱく質の特徴

項　目	たんぱく質		筋原線維たんぱく質	筋形質たんぱく質	肉基質たんぱく質
形　状			線維状	球　状	線維状
溶解性	水		－	＋	－
	0.6M塩溶液		＋	＋	－
	希酸・希アルカリ		＋	＋	－
たんぱく質の種類			ミオシン，アクチン，トロポミオシンなど	ミオゲン，グロブリン，ミオグロビン，各種酵素	コラーゲン（皮膜），エラスチン，レティキュリン（血管壁，靱帯）
たんぱく質の役割			筋収縮，硬直，保水性，結着性	筋線維の細胞質である。グリコーゲン，脂肪球，呈味成分含有	生肉の硬さの主役，コラーゲンは湿熱加熱により可溶化
加熱による変化			凝固，収縮	凝固（前者より高温）	収縮，分解，ゼラチン化
含有量（％）	牛肉	背　肉	84		16
		胸　肉	72		28
		すね肉	44		56
	豚肉	背　肉	91		9
		もも肉	88		12
	鶏肉	胸　肉	92		8

出典：清水亘他訳：「食肉の化学」p.122, 163, 地球出版（1964），渋川祥子他編：「調理学」p.129, 同文書院（2006）

（3）加熱による変化

　鶏のささ身や牛肉（赤身）などは生食することもあるが，多くは加熱して食される。加熱により肉のたんぱく質は変化し，筋原線維たんぱく質は40〜50℃で変性を開始し，60℃ぐらいで線維状に収縮・凝固する。水溶性の筋形質たんぱく質は，それよりやや高温で，豆腐状にかたまる。結合組織のたんぱく質であるコラーゲンは65℃ぐらいで元の長さの1/3〜1/4でゴム状に収縮する。しかし，水を加えて長時間加熱すると，結合組織の三重らせん構造をしたコラーゲンが徐々に分解し，ゼラチン化する。筋線維は収縮しているが，それを包む膜がゼラチン化するため，ほぐれやすくなり，軟らかく感じる。このように，肉は加熱により，テクスチャー，保水性の減少や重量減少を伴う。

　肉の色はミオグロビン（肉色素）とヘモグロビン（血色素）の2種類のヘム色素由来であり，この割合は肉の種類，部位，年齢などにより異なる。

　肉の色の変化は図3-2-3に示した。肉を加熱すると，肉は褐色になる。これはミオグロビンのたんぱく質部分である

● 死後硬直

　屠殺され酸素供給が停止しても，細胞は一定時間は生きており，エネルギー源として筋肉中のクレアチンリン酸からATPを得る。酸素の供給が止まっているため，TCAサイクルが十分に回らなくなり，ATPの供給ができなくなる。さらに，解糖系で生じたピルビン酸が乳酸となって蓄積し，pHが低下する。このpHの低下とATPの不足により，アクチンとミオシンが結合してアクトミオシンが形成され，筋肉が収縮することを死後硬直という。

● 食肉の色の変化

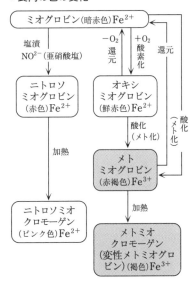

図3-2-3　食肉の色の変化

● 酸素化（ブルーミング）

　ミオグロビンに酸素が結合し，オキシミオグロビンを生成する反応を酸素化もしくはブルーミング（blooming）とよぶ。これが生肉の色の変化で15〜30分で完了する。

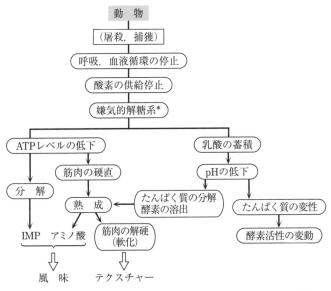

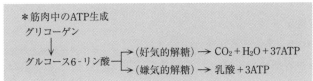

出典：日本家政学会編：家政学シリーズ10「食生活と食品素材」p.62, 朝倉書店（1992）

図3-2-2　肉の死後変化と熟成

グロビンが熱変性し，ヘムは酸化され鉄原子2価から3価となり，メトミオクロモーゲン(変性グロビンヘミクローム)に変化するためである。

(4) 肉の軟化方法
(1) 機械的軟化方法
挽肉にしたり，肉の線維に直角に薄く切る，筋切りする，肉叩きで叩き筋線維の細胞間の結着をほぐすなど，物理的な手段により筋線維を短く切断し，加熱による収縮を抑制する。

(2) 調味料による方法
肉の保水性はpHにより変化する。肉たんぱく質の等電点付近で保水性が最低になる。そこで，肉のpHを等電点より酸性側あるいはアルカリ性側に調整すれば保水性は向上する。ワインや酢に漬けることで肉のpHは酸性側になり保水性が向上し，肉の軟化が期待できる。また，筋肉に存在する酸性プロテアーゼの活性も期待できる。みそ・酒・しょうゆなどの発酵調味料のpHは4.2〜5.2ぐらいであり同様の効果が期待できる。肉に重そうを少量添加してpHをアルカリ性側にすると肉は膨潤し，軟化するが，食味はやや低下する。砂糖の添加は，たんぱく質の熱による変性を抑制する。

(3) 酵素作用による方法
たんぱく質分解酵素(プロテアーゼ)を含むしょうがなどの絞り汁に浸漬すると，酵素は主に筋原線維たんぱく質に作用し，軟化する。また，香味による肉の臭み消しも期待できる。また，酸性を示す果汁の添加は，筋肉中の酸性プロテアーゼを活性化する。

(5) 肉の調理
動物の種類，部位(図3-2-4参照)，年齢などによって構成たんぱく質の種類，脂肪の沈着などが異なり，硬さや食味が違う。そこで，調理法と使用部位を適切に判断して使用することが必要である。

(1) ステーキ
ビーフステーキは，肉のうま味成分を逃がさないように，高温で焼いて表面のたんぱく質を凝固させて，肉汁の流出を防ぐようにする。この調理法には，軟らかい部位の肉(ヒレやロース)を用いる。肉の焼き加減は，レア(表面のみ焼き，中心部が生で生肉の弾力と表面の焦げの風味が味わえる)，ミディアム(筋原線維は変性し収縮しており噛みごたえはあ

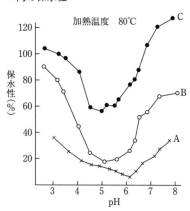

●肉の保水性

試料：生肉＋60％の水
　A：加熱後にpH調整，B：加熱前にpH調整
　C：生肉(対象)
　　　　出典：右田正男：調理科学，2，p.95(1969)

●主なたんぱく質の等電点
　(p.143参照)

●たんぱく質分解酵素名

食品名	酵素名
パパイア	パパイン
パインアップル	ブロメライン
キウイフルーツ	アクチニジン
イチジク	フィシン

●ビーフステーキの焼き加減と内部温度

焼き加減	内部温度(℃)
レア	55〜65
ミディアム	65〜70
ウェルダン	70〜80

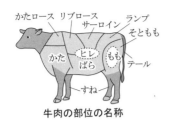
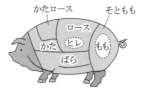

牛肉の部位の名称　　　豚肉の部位の名称　　　鶏肉の部位の名称
（点線は内側の部位を示す）

牛肉の部位と調理

	かたロース	リブロース	サーロイン	ヒレ	ランプ	もも	ばら	かた	すね	テール	舌
ステーキ	●	●	●	●	●						
焼き肉	●	●	●		●	●					
すき焼き	●	●	●		●	●					
カツレツ				●	●	●					
しゃぶしゃぶ	●	●	●		●	●					
煮込み							●	●	●	●	●
スープ								●	●	●	●
ひき肉							●	●	●		

豚肉の部位と調理

	かたロース	ロース	ヒレ	もも	ばら	かた	すね
ロースト	●	●		●			
ソテー	●	●	●	●			
焼き肉	●	●		●	●		
カツレツ	●	●	●	●			
煮込み					●	●	●
スープ						●	●
ひき肉					●	●	●

鶏肉の部位と調理

	手羽先	手羽	むね	もも	ささみ
ロースト		●	●	●	
ソテー			●	●	
から揚げ		●	●	●	
煮込み	●	●		●	
蒸し物			●	●	●
生食					●

図3-2-4　肉の部位と調理

るが，筋形質たんぱく質はほとんど凝固しておらず，咀しゃく時に肉汁が流出してうま味を感じる。中心はピンク色），ウェルダン（肉は収縮していて硬い食感，肉汁は少ない，色は外側も内側も灰色）がある。

(2) ハンバーグ

挽肉は組織が破砕されているので，そのまま加熱すると形はくずれやすい。加熱調理の前，肉の約1％塩分を添加してよく混ぜると筋原線維たんぱく質のミオシンが解離・融解し，その一部がアクチンと結合してアクトミオシンになる。これらが網目構造をつくり，結着性や保水性をよくする。

(3) シチュー

結合組織を多く含むすね肉などは，長時間煮込むシチューなどに適する。長時間水中で加熱するとコラーゲンが分解し，低分子化し，ほぐれやすくなり，軟らかく感じる。

(4) 鶏の唐揚げ

唐揚げは，ぶつ切りの鶏肉に，しょうゆ，酒などで下味をつけ，肉の表面にでんぷんなどの粉をつけて揚げる方法で，粉をつけることで肉からのうま味成分が溶出しにくくなる。骨付き肉を用いると熱伝導が緩慢になり加熱による収縮も少なく，軟らかくジューシーになる。また，むね肉は淡白な味であり，もも肉はコクがあるというように部位により食味が

● リブロースとサーロイン

リブロースは肋骨筋（胸椎部）の背肉の意味で，牛肉の中の最上質の部位とされている。サーロインは腰椎の背肉で，両者とも脂肪交雑がはいりやすい。

● ハンバーグの副材料

ハンバーグには，たまねぎ，パン粉，牛乳，卵などの副材料を加えるが，炒めたたまねぎと牛乳は肉の臭みを消し，パン粉は肉の結着性を低下させ，軟らかく仕上げる（炒めたたまねぎにも同様の効果がある），卵には，つなぎの役割がある。
肉は赤身肉だけのものより，脂質を20％程度含むものが好まれる。

● 立田揚げ・竜田揚げ

立田揚げは唐揚げの仕上がりの色が竜田川の紅葉のさまにみえるので名づけられたという。立田揚げは魚系に，竜田揚げは肉系に使用されることが多い。

異なるので，部位を選択して用いるとよい。

　揚げるときは，150〜160℃の油に入れて数分間加熱して，肉を取り出し，もう一度180℃の油で加熱する二度揚げをするとよい。

■2　魚　類

（1）魚類の性質と構造

　われわれが日常利用する魚介類は，魚類のほか，貝類，甲殻類（えび，かになど），軟体動物（うに，くらげなど）と豊富である。魚肉の筋肉組織は，畜肉と同様に筋線維が集合したものであるが，大きな差異はW型の筋節の構造をもつことにある。

　筋節は脊椎骨の数に対応して並び，筋線維が薄い結合組織の筋隔膜で仕切られ，そのため筋線維は食肉より短く，横断面は同心円状の構造をしている。加熱した魚肉は畜肉と異なって線維状にほぐれやすいが，これは肉基質たんぱく質の含量が少なく，比較的低温で可溶化しやすいためである。背部と腹部の接合部付近には赤褐色または暗赤紫色の血合肉が存在する。血合肉以外の筋肉を普通肉といい，普通肉が赤色を帯びているものを赤身魚，白色に近いものを白身魚という。一般にかつおやまぐろなどの遠洋回遊魚は赤身魚，かれいやひらめなどの底棲魚は白身魚で，さばやあじはその中間である。

（2）成　分

　魚肉の成分組成は魚種，旬，養殖魚と天然魚，筋肉部位により異なるが，一般に水分65〜75％，たんぱく質20％，脂質5〜15％程度である。旬の時期には，特にさばやいわしなど回遊する魚類は含有する成分の変動が大きく，頭に近い部分，腹部，皮下などに脂肪が多くなり，呈味成分の含量も高くなる傾向がみられる。貝類はグリコーゲンの季節的な変動が大きく，旬にはきわめて高含量になる。

（1）たんぱく質

　魚介類の主成分は，魚肉の約20％を占めるたんぱく質で肉類と同様であるが，その構成たんぱく組成は筋原線維たんぱく質50〜70％，筋形質たんぱく質20〜50％，肉基質たんぱく質は多くの場合2〜3％である。結合組織の構成成分である肉基質たんぱく質が少ないため，肉質は軟らかい。一般に白身魚は筋原線維たんぱく質が多く，赤身魚は筋形質たんぱく質が多い（表3-2-2, 3）。

●魚の構造

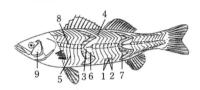

1. 筋節　2. 筋隔　3. 水平隔壁　4. 背側部
5. 腹側部　6. 前向錘　7. 後向錘
8. 表面血合筋　9. 関顎筋

すずきの体側筋の構造

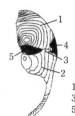

1. 背側部　2. 腹側部
3. 水平隔壁　4. 表面血合肉
5. 真正血合肉

かつおの体側筋の断面図

出典：下村道子他著：「動物性食品」p.45, 朝倉書店(1993)

●天然魚と養殖魚

　養殖魚と天然魚の脂ののりは，魚種によって差があり一定の傾向がみられない。はまちなどの場合は脂肪含量が高く，餌飼料の影響を受け，特に飽和脂肪酸より不飽和脂肪酸が影響を受けやすい。

表 3-2-2　魚肉の種類と筋肉たんぱく質の組成

		白身の魚（底棲性）	赤身の魚（沿岸性）	赤身の魚（外洋性）
魚の断面の模式図		普通肉／血合肉／腹腔	普通肉／血合肉／腹腔	普通肉／血合肉／腹腔
魚　種		たい，かれいなど	いわし，あじなど	かつお，まぐろなど
ミオグロビン量		少ない	← →	多　い
筋肉の種類	血合肉	少ない		多　い
	普通肉	多　い		少ない
普通肉中の筋肉たんぱく質	筋原線維たんぱく質（50〜70%）	多　い		少ない
	筋形質たんぱく質（20〜50%）	少ない		多　い
	肉基質たんぱく質（10%以下）	多　い		少ない
調理時の肉質	生　食	硬い（刺身は薄く）←	→軟らかい（刺身は厚め）	
	加熱魚肉	崩れ易い（そぼろに利用）←	→硬くしまる（節類に利用）	

出典：日本水産学会編：「白身の魚と赤身の魚-肉の特性」p.9, 恒星社厚生閣(1976)
畑江敬子他：「調理学」p.154, 東京化学同人(2003)を一部加筆修正

表 3-2-3　魚介類の筋肉たんぱく質組成

	種　類	筋原線維たんぱく質	筋形質たんぱく質	肉基質たんぱく質
魚介類	たら	76	21	3
	ひらめ	73〜79	18〜24	3
	ぶり	60	32	3
	まさば	60	38	1
	かつお	55	42	4
	まいわし	62	34	2
	こい	70〜72	23〜25	5
	するめいか	77〜85	12〜20	2〜3
	はまぐり（貝柱）	57	41	2

出典：須山三千三：鴻巣章二編，「水産食品学」p.18, 恒星社厚生閣(1987)

(2) 脂　質

　魚の筋肉の脂質は，季節変動と連動し，脂質が増加する時期には水分が減少する傾向がある。一般に回遊する魚類の脂質は産卵期に減少し，回遊する時期に増加する。魚類の脂質は生息環境の条件から低温でも液状であることが生理上不可欠であるため，不飽和脂肪酸の構成割合が大きく，特に大き

● メチル水銀の影響
　川や海の中にある水銀は微生物によりメチル水銀に変化し，魚介類に取り込まれ，多くの魚介類が微量なメチル水銀を含有する。食物連鎖上位にある大型魚は生物濃縮により更に多く含まれる。普段の食事から微量にメチル水銀を摂取するが，代謝や排泄により約2か月で半減される。しかし，胎児の場合，母体を介して取り込んだメチル水銀は排泄されない。胎児期に低濃度でも暴露を受けると中枢神経系に影響が出る可能性が指摘され，厚労省では，妊婦への魚介類の目安量を示している（表3-2-4）。

● イコサペンタエン酸(IPA)
　慣用名でエイコサペンタエン酸(EPA)と称されることもある。IUPAC命名法，学術用語集，日本化学会，日本油化学会では，IPAのよび方を使用。n-3系多価不飽和脂肪酸で，DHAとともに天然には水産物の脂質に含まれる。これらを多く含む魚介類を食べる地域は，血栓症が少ないとされる。

な特徴は多価不飽和脂肪酸(PUFA)を含むことにある。そのうちイコサペンタエン酸(IPAまたはEPA)やドコサヘキサエン酸(DHA)は心臓血管系疾患の予防や治療に有効である。しかし，多価不飽和脂肪酸は酸化されやすいため，調理加工の際，配慮が必要である。

（3）呈味成分

代表的な呈味成分は遊離アミノ酸とヌクレオチドである。グルタミン酸のモノナトリウム塩(MSG)とATPより生じたIMPは，おのおの単独でもうま味を呈し，さらに両者の共存により相乗的にうま味を増す。甘味を有するグリシンやアラニンは，甲殻類や貝類の甘味に寄与している。アルギニンは苦味アミノ酸だが，ずわいがにやほたて貝では味の複雑さやコクを増加させる。メチオニンは，うに独自の味を出すために欠かせないアミノ酸である。ヒスチジンはかつお節に多量に含まれ，酸味とうま味に寄与している。その他，いか，えびに含まれるベタインは甘味をもち，海水魚に多く含まれるトリメチルアミンオキシド(TMAO)は，うま味をもつ。また，貝類に多いコハク酸(有機酸)は，うま味をもつ。

（4）色　素

魚介類の色素のうち調理加工に関わる主要なものに，ヘム色素(ミオグロビン，ヘモグロビン)とカロテノイド(アスタキサンチン)がある。かつおやまぐろなどの赤身魚の筋肉の色は主としてミオグロビンによるもので，食肉同様に空気との接触や加熱により変色する。白身魚の筋肉にこれらは，ほとんど含まれない。一方，アスタキサンチンは，さけやますの肉色に関与し，これは調理による変色がほとんどない。えびやかにの殻には，たんぱく質と結合したアスタキサンチン(青藍色)が存在し，加熱によりたんぱく質との結合が切れる。さらに酸化してアスタシンとなって赤く発色する。

（3）死後硬直と鮮度判定

魚類は食肉に比較すると死後の変化が速い。死後数十分から数時間で死後硬直が始まり，硬直持続時間も短時間である。硬直期を過ぎた魚肉は，筋肉中の酵素や外因性酵素(細菌類)の作用によるたんぱく質分解やアクチンとミオシンの結合の脆弱化により肉質は軟化し，さらに腐敗へ進行する。魚介類をおいしく調理するには鮮度が重要である。人間の五感による判定もあるが，ヌクレオチドの分解生成物を指標とする鮮度判定法のK値は，"活きのよさ"を示す尺度として有用と認

表3-2-4　妊婦が注意すべき魚介類の種類とその摂取量(筋肉)の目安

摂取量(筋肉)の目安		魚介類
1回約80gとして	1週間当たり	
2か月に1回まで	10g程度	ばんどういるか
2週間に1回まで	40g程度	こびれごんどう
1週間に1回まで	80g程度	きんめだい，めかじき，くろまぐろ，めばちまぐろ，えっちゅうばいがい，つちくじら，まっこうくじら
1週間に2回まで	160g程度	きだい，まかじき，ゆめかさご，みなみまぐろ，よしきりざめ，いしいるか

出典：厚労省：「妊婦への魚介類の目安量」(2005)

● ATP関連物質と呈味

ATPの分解物であるAMPは，単体ではほぼ無味であるが，IMP同様にMSGと相乗効果をもつ。ATPが分解されると魚肉はIMPに，二枚貝やイカ・タコ類の肉はAMPを経てアデノシンに至る経路をもつ。エビ・カニ類はIMPとアデノシン両方の経路もつ。

● トリメチルアミン

トリメチルアミンオキシド(TMAO，海水魚に含まれるエキス分)が表皮やえらに付着した細菌の酵素作用により還元されトリメチルアミン(TMA)になると魚臭が出る。TMAOは赤身肉では血合肉に多く含まれ，逆に白身魚では普通肉に含まれている。また，いかはTMAOを多く含むが，貝類にはほとんど含まれない。

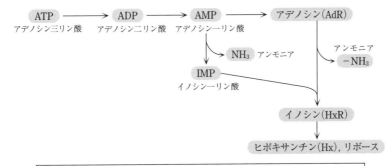

$$K値(\%) = \frac{(イノシン(HxR) + ヒポキサンチン(Hx))量}{ATP関連物質(ATP + ADP + AMP + IMP + HxR + Hx)量} \times 100$$

図3-2-5　ATPの分解経路とK値

魚肉の鮮度を判定するK値は，筋肉が死後変化するにしたがって，変化するATP関連物質中のイノシンとヒポキサンチンの割合を示したもの，鮮度の目安として使われている。

出典：遠藤金次：調理科学6, p.14(1973)

められている。K値が40％に達した場合，加熱調理用にするのがよい。

（4）魚類の調理性

　魚類の組織構造やたんぱく質組成が，生食と加熱肉のテクスチャーや食味に大きく関係する。生の魚肉の硬さは肉基質たんぱく質であるコラーゲンの含量が関与し，含量が多い魚は硬い。一方，加熱した魚肉の硬さは筋形質たんぱく質の量と筋線維の太さが関与する。加熱時，筋形質たんぱく質が多く筋線維の細い赤身魚は，硬くしまる。他方，筋形質たんぱく質が少なく筋線維の太い白身魚は，身がもろく軟らかい。

(1) 生食調理

① **さしみ**　生肉のテクスチャーを味わう日本独特の生食調理で，鮮度のよいものを衛生的に取り扱う必要がある。一般にまぐろなどの赤身魚は白身魚より軟らかく，ある程度の厚みが特有の舌触りをもたらすので，厚切りや角切りにする。一方，白身魚のひらめやかれいは肉質が硬いので，薄造りにする。また，白身魚は硬直中に歯応えがあり好まれる。さしみは皮を剥いで用いることが多いが，かつおのたたき（焼霜造り），たいの皮霜（霜降り）造りは，皮のコラーゲンを加熱により収縮・軟化させた食感を楽しむ料理法である。

② **あらい**　あらいは死後硬直を有効利用した調理法であり，たい，こい，すずきなどが用いられる。新鮮な魚を薄造りにして冷水（0～18℃）または湯（49℃）中で振り洗いをすると，

●**魚肉のK値**

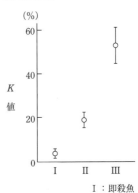

Ⅰ：即殺魚
Ⅱ：すし種，刺身
Ⅲ：市販生鮮魚

K値の分布を表す。
（平均値の95％信頼区間）
K値は活魚では5％前後，20％以下では，さしみなど生食用にできる。

出典：内山均：調理科学18, p.47(1985)

●**さしみの切り方と扱い方**

　平造り（刺身の代表的切り方），引き造り，細造り（糸造り：いか，細身の魚），そぎ造り，角造り（まぐろ，かつお），薄造り，鹿の子造り（あかがい），皮霜造り（たいの松皮造り），焼き霜造り（かつおのたたき），あらい（ひらめ，かれい，たい），湯あらい（ふな，こい）

身が収縮して硬直中のような，かたい食感になる。これは筋肉中のATPが急激に流出して低下すると，アクチンとミオシンが結合して筋原繊維は激しく収縮し，硬く弾力ある独特のテクスチャーに変化するためである。

③ **酢じめ**　魚肉を食塩で締めた後，食酢に浸して肉質を引き締める手法で，その代表は"しめさば"である。魚肉表面を白く覆う程度の食塩（10〜15％：あべかわ塩またはべた塩）をふって5〜6時間置くと，表面は脱水して身がしまる。さらに食酢に浸すことで魚臭が減少し，pH4付近で酸性プロテアーゼの作用により遊離アミノ酸が増加し，うま味が増し，保存性も向上する。食酢に浸すことで魚肉は白く凝固して硬くなるが，もろいテクスチャーとなる。食酢だけに浸した場合，肉は白くなるが，魚肉のたんぱく質の等電点よりpHが低いため膨潤度が増し，肉質は硬くならない。あらかじめ塩で締めておくと，等電点以下でも魚肉は膨潤せずに硬くなる。酢の物山は2〜5％の振り塩で30分ぐらいおいて，酢につけると，魚臭も弱まり身がしまる。

(2) 加熱調理

加熱した魚肉の肉質を左右する筋形質たんぱく質は，加熱前は水溶性の球状であるが，加熱時に筋線維や筋節のすき間に豆腐様に凝固して，筋線維同士を結着させる。筋形質たんぱく質の含量が高いまぐろやかつおなどの赤身魚は，加熱すると硬くなる。一方，たいやかれいのような白身魚は筋形質たんぱく質が少ないため，加熱時にそれ程硬くならず，煮魚では身のくずれや割れが生じやすい。

① **焼き魚**　塩焼きは鮮度のよい魚が向き，赤身魚やにおいが強い魚は照り焼きなどが向く。下処理時の振り塩は切り身で1％前後，姿焼きで3％前後，加熱は10〜30分後にする。食塩の浸透圧で魚表面の水分や生臭みを引き出し，身を引き締めて生臭みを抑え，焼き上がったときにしっとりふっくら仕上がる。脂ののった皮付きの魚は塩が浸透しにくく，食塩浸透量は皮なしの身の半分程度である。ムニエルは小麦粉をまぶして油脂で焼くことで，魚肉のうま味の流出を防ぎ，香ばしさも加わる。

② **煮魚**　短時間で火が通りたんぱく質は熱凝固するので，調味液を煮立てた後，魚を加える。これは魚肉表面を短時間で凝固させてうま味の流出を防ぐためである。新鮮な魚は薄味で短時間に仕上げるが，鮮度の落ちた魚やにおいの強い魚は比較的濃いめの味で，やや時間をかけて煮付ける。かれい

● **魚肉の膨潤性とpH**

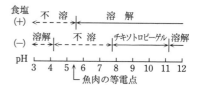

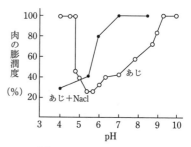

出典：岡田稔：「新調理科学講座4」p.23, 朝倉書店（1978）

● **アニサキス**

さば，すけとうだら，いか類の内臓や筋肉部分に寄生する渦状の線虫。肉眼で見つけられる。加熱処理（60℃1分以上）や冷凍処理（−20℃で1日以上）により死滅する。

● **振り塩と立て塩**

下処理で魚肉に塩をする場合，魚の表面に食塩を振る場合（振り塩）と食塩水に浸す場合（立て塩）がある。立て塩は下洗いや薄い味つけには3〜4％程度，塩蔵では10％以上を用いる場合がある。立て塩は食塩を多く必要とするが，振り塩のような脱水による魚肉の硬化はみられない。

● **練り製品**

魚肉に2〜3％の食塩を添加してすり潰すと粘りが出てまとまりやすい。これは筋原線維たんぱく質が塩溶性のため，かまぼこ特有の食感となる。副材料のでんぷんは，かまぼこを硬くし，卵白は魚肉団子を軟らかくする。

● **汁物（潮汁）**

かつお節や昆布のだしを用いず，貝類やたいなど材料から煮出した汁を利用する汁を潮汁（うしおじる）という。はまぐ

やひらめなどの魚類を煮ると、皮や軟骨のコラーゲンがゼラチン化して、冷却するとゲル化する。この性質を利用した寄せ物が"煮こごり"である。

（5）いかの調理

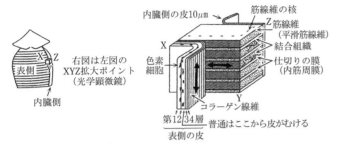

図3-2-6　いかの筋肉構造
出典：山崎清子他：「調理と理論」p.297、同文書院（2003）

いかは、胴部（外套膜）の筋組織構造が魚類と異なり、ほとんどの筋線維が体軸に直角に走行する輪走筋である。胴肉は4層の表皮で覆われ、色素細胞を含む1、2層は容易にとり除くことができる。皮を除去した筋肉部は白色である。3、4層は強靭な結合組織であり、肉に密着して完全にとり除くことはむずかしい（図3-2-6）。表皮の3、4層はコラーゲン線維が体軸方向に走行し、特に4層目のコラーゲン線維は筋肉内部に入り込み、加熱によりいか肉は大きく収縮、硬化する。コラーゲン線維と筋線維は互いに直交し、両者ともに加熱収縮するので、飾り切り（松かさ、かのこなど）を施して見た目の美しさを楽しみ、テクスチャーを改善する。

3　卵

（1）鶏卵の構造と成分

卵の構造を図3-2-7に示す。卵は卵殻、卵白、卵黄で構成されている。その重量比は卵殻8～12％、卵白56～61％、卵黄27～32％である。

卵殻部は、クチクラ、卵殻、卵殻膜からなる。卵殻は炭酸カルシウムを主成分とし、多数の気孔がある。また、表面は産卵時に親鶏から分泌される粘液が付着した皮膜であるクチクラで覆われている。クチクラは卵殻の気孔を閉塞して微生物の侵入を阻止するのに役立つが、洗卵などではがれやすい。卵殻の内側には外卵殻膜と内卵殻膜がある。卵の鈍端にはこの2枚の卵殻膜が分離し、気室が形成されている。卵の水分が気孔から蒸発すると気室は大きくなる。

りやたいの潮汁、さばを用いた船場汁が代表的である。材料を水から加熱するが、加熱にともない汁が白く濁る。これは水溶性たんぱく質が水中に溶出すると加熱凝固して起こる現象である。

● そぼろ

たい、たらなどの白身魚やえびなどの肉を加熱し（蒸す、ゆで）、水洗後、身をほぐして調味し細かくいり上げたもの。でんぶまたはおぼろともいう。

● 卵の断面図

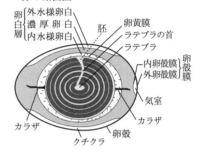

図3-2-7　卵の構造

● 卵白を構成するたんぱく質

卵白のたんぱく質には、熱凝固に関与するオボアルブミン（約54％）、鉄との結合性が高いオボトランスフェリン（コンアルブミン）（12～13％）、トリプシンの作用阻止をするオボムコイド（約11％）、オボムチン（2～4％）、起泡性に関与するオボグロブリン（約8％）、溶菌作用を有するリゾチーム（3.4～3.5％）などが含まれる。

● 卵黄を構成するたんぱく質

卵黄のたんぱく質は脂質と結合しており、主としては低密度リポたんぱく質（LDL）と高密度リポたんぱく質（HDL）である。

● 鶏卵のサイズ別規格

サイズ	ラベルの色	重量
LL	赤色	70g以上～76g未満
L	橙色	64g以上～70g未満
M	緑色	58g以上～64g未満
MS	青色	52g以上～58g未満
S	紫色	46g以上～52g未満
SS	茶色	40g以上～46g未満

注］サイズ規格は箱詰鶏卵とパック詰鶏卵に適用される。

卵白は外水様卵白，濃厚卵白，内水様卵白，カラザから構成されている。新鮮卵では濃厚卵白が多く，貯蔵に伴い，濃厚卵白は水様化する。卵白は水分が約90％で，たんぱく質が約10％で，脂質をほとんど含んでいない。

卵黄は卵黄膜，胚盤，白色卵黄，黄色卵黄からなる。卵黄膜が卵黄を包み，卵黄は水分が約48％，たんぱく質が約17％，脂質が34％である。脂質はトリアシルグリセロール，リン脂質（卵黄コリン）が主で，他にコレステロールなどが含まれる。脂肪酸組成ではオレイン酸，リノール酸などが多い。

（2）卵の鮮度判定

卵の鮮度低下は，産卵直後から始まる。この鮮度低下は，初めから卵内での微生物繁殖による内部の腐敗の前に化学的な変化が起こる。これは温度が高ければ早く進行する。この変化としては，二酸化炭素（CO_2）が卵殻にある気孔から放散し，卵白のpHが上昇，水分の蒸散による気室容積の増大，濃厚卵白の水様化，卵黄膜の脆弱化，カラザの脆弱化がある。鶏卵の鮮度判定法は表3-2-5に示すものがある。

（3）鶏卵の調理

(1) 流動性，粘性，希釈性

生の卵は粘性，流動性があり，つなぎや卵とじに利用できる。また，だし汁や牛乳などで希釈して調味後，加熱してゲル化することができる。

● 日本の鶏卵消費量の推移

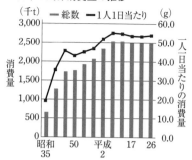

注］消費量は食料需給表の粗食料（歩留りは考慮していない）
出典：厚生労働省平成26年度食料需給表から作成

● 貯蔵日数の影響

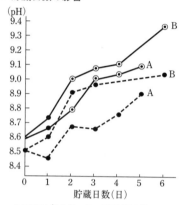

A：1966年5月，B：1971年3月
生卵------，ゆで卵━━━
●むけにくい，◉むけやすい
出典：吉松藤子他：家政学雑誌, 28, p.472 (1977)

表3-2-5　鶏卵の鮮度判定方法

検査方法		鮮度判定の方法
殻付卵の検査	透光検査	卵の鈍端部に光を当てて，反対側から透過する光の影をみて卵の内部状態を検査する。新鮮卵では光を透過し，卵黄はほぼ中央部に位置し，気室は小さく一定している。
	比重法	新鮮卵の比重は1.08～1.09であるが，鮮度低下とともに水分が蒸発して軽くなる。10～11％の食塩水に鶏卵を入れ，その浮沈状態により卵の比重を知り鮮度を判定する。ただし卵の比重は卵殻の厚さにも影響されるので正確な判定はむずかしい。
割卵検査	HU：ハウ・ユニット	最もよく用いられる方法で，国際的にも広く利用されている。卵の重量と濃厚卵白の高さを求め，次式により算出する。 $HU = 100 \cdot \log(H - 1.7W^{0.37} + 7.6)$，$H$：濃厚卵白の高さ(mm)　W：卵の重量(g) 新鮮卵では80～90であるが，鮮度低下とともに値が小さくなる。生食可能かどうかの判断基準は60以上である。
	卵黄係数	卵黄の直径で卵黄の高さを割った値である。新鮮卵では0.44～0.36である。
	卵白係数	濃厚卵白の高さを濃厚卵白の広がりの最長径と最短径の平均値で割った値である。 新鮮卵では0.14～0.17である。
	濃厚卵白率	卵白全量に対する濃厚卵白の重量百分率である。新鮮卵では約60％であるが，鮮度低下とともに水様卵白の比率が増すため値は小さくなる。
	卵白のpH	新鮮卵のpHは7.5～7.6，一般には8.2～8.4であるが，鮮度低下とともに気孔からCO_2が放散してpHが上昇し9.5になる。

(2) 熱凝固性

卵白は約58～60℃で凝固しはじめ，約80℃で凝固する。卵黄は，65℃前後で凝固しはじめ，70℃で流動性を失い，75～80℃で黄白色の粉状に凝固する。この卵白と卵黄の凝固温度の違いを利用して，70℃位で約20分加熱すると温泉卵をつくることができる。ゆで卵をつくるときに加熱しすぎると(ゆで水が80℃に達してから15分ぐらい加熱)，卵黄のまわりが黒ずむ(暗緑色)ことがある。これは，加熱により卵白中のシスチンやシスティンなどの含硫アミノ酸から発生する硫化水素(H_2S)と卵黄中の鉄が結合して硫化第一鉄(FeS)が形成されるためである。

卵にだし汁や牛乳などを加えて希釈した卵液の熱凝固性は，希釈割合，添加調味料などが影響する(表3-2-6)。食塩や牛乳中のNa，Caはゲルを硬くする。この傾向は塩類の原子価が大きいほど大きくなる(Na<Ca)。塩類がたんぱく質の疎水性相互作用による分子間の会合を促進するためと考えられる。砂糖はたんぱく質の熱凝固を遅らせる。これは，砂糖の構造中に存在する－OH基がたんぱく質と水素結合し，たんぱく質分子間の会合を抑制するためである。

(3) 起泡性

卵白，卵黄，全卵は撹拌により空気を含み，泡を形成する性質(起泡性)がある。中でも卵白は表面張力が小さく泡立ちやすい。卵白を泡立てると，たんぱく質が表面変性し，気泡の周囲をたんぱく分子が薄い膜となってとり囲む。起泡性には泡立ちやすさと泡の安定性が考えられる。

卵白の起泡性は，水様卵白より，濃厚卵白のほうが泡立ちにくく，そして新鮮な卵は泡立ちにくい。濃厚卵白はオボムチンが単独あるいはリゾチームと複合体を形成して卵白の粘性を高めているため，泡の安定性が高い。また，温度も影響し，低温では，卵の粘性が高いため泡立ちにくく，表面張力が低下した高温(30～40℃)では泡立ちやすい。しかし，粘性が高い低温で泡立てたほうが安定性は高い。さらに，表3-2-7に示すように添加調味料による影響も大きい。

卵黄の起泡性は，低密度リポたんぱく質(LDL)が主に起泡剤として作用し，これが脂質を結合したままの状態で表面変性を起こし，泡を形成すると考えられている。卵黄を泡立てるときは，卵黄重量の約半量の60～80℃の湯を加えると泡立ちやすくなる。

● すだちは(す)ともいう

卵液は高温になると，溶存していた空気などが膨張したり，水が気化して穴があく。好ましくない現象なので，以下の工夫をする。
① 混ぜる時，泡を立てない。
② 加熱温度を90℃以上にしない。
③ 卵液を60℃で予備加熱して脱気する。
などの工夫をする。

表3-2-6　希釈卵液の調理

料理名	卵液濃度(％)	卵希釈液の割合	希釈液の種類
茶碗蒸し	20～25	1:3～4	だし汁
カスタードプディング	20～33	1:2～4	牛乳
卵豆腐	30～50	1:1～1.5	だし汁
オムレツ	65～75	1:0.3～0.5	牛乳
厚焼き卵	65～75	1:0.3～0.5	だし汁
炒り卵	66～77	1:0.3～0.5	だし汁(牛乳)

● 砂糖添加による卵のゲル強度

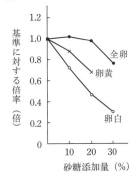

出典：栗津原宏子：調理科学, 15, p.114(1982)

● 食塩添加よる卵のゲル強度

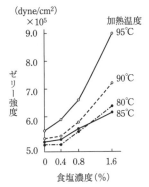

出典：重白典子他：日調料誌, 9, p.215(1976)

表3-2-7 卵白の起泡性に影響する要因

要因		起泡性		備考
		泡立ち性	安定性	
鮮度	濃厚卵白	△	○	濃厚卵白は粘度が高く，泡立ちにくいが安定性は高い。
	水様卵白	○	△	水様卵白は濃厚卵白より泡立ちやすいが，安定性に劣る。
温度	高い	○	△	40℃以上になると粘度が低下し泡立ちやすくなるが，安定性およびつやが悪くなる。
	低い	△	○	10～20℃では泡立ちにくいが，安定性がよい。
砂糖		△	○	砂糖の添加により，粘度が高くなり泡立ちにくくなる。しかし，きめが細かく，つやもあり，安定性も高くなる。
レモン汁（酒石酸カリウム，クエン酸）		○	○	酸の添加により泡立ちやすく，安定性も高くなる。加熱しても白さを保つ。
油脂		×	×	卵白に油脂や卵黄が0.5％程度混入しても，泡立ちにくく，安定性も低下する。
卵黄		×	×	

ただし ○：高い，△：やや低い，×：低い

全卵の起泡性は，卵白の起泡性によるところが大きい。卵黄には30％の脂質が含まれるが，たんぱく質に覆われ，リポたんぱく質として存在しているためである。全卵は卵白より泡立ちにくいので，35～40℃の湯煎で表面張力を低下させると泡立ちやすい。

(4) 乳化性

卵黄中に含まれるレシチンやリポたんぱく質によるものである。これらは分子中に親水基と疎水基をもち，水中油滴型（O/W型）エマルションとして存在する。この乳化性を利用した代表的なものがマヨネーズである。

(5) 鶏卵のアレルギーへの対応

卵アレルギーはオボムコイドが主な原因物質である。

表3-2-8に示すように，揚げ卵やドーナツのように，高温で加熱する（揚げる）とアレルゲンの活性が低下することが報告されている。

● 起泡性に関与する成分

卵白に含まれるたんぱく質は，13種類以上から構成されている。このうち起泡性に関与しているのがオボグロブリンであり，すべてのpHにおいて，起泡性が大きい。オボトランスフェリンも同様である。

● メレンゲ［meringue（仏）］

卵白に砂糖を加え，白く光沢のある滑らかな状態になるまで泡立てたもの。砂糖の添加によって，卵白の泡は立ちにくくなるが，添加量が多いほど安定性は高くなる。しかし砂糖の添加量が，卵白重量の100％以上になると形成された泡沫がべたつき，扱いにくくなる。

レモン汁の添加により卵白のpHを低下させると，卵白たんぱく質の等電点に近づき，表面張力や粘度が低下して泡立ちやすく，安定性も高くなる。

表3-2-8 卵料理のアレルゲン強弱表

最強	生卵・半熟卵・半熟揚げ卵 茶碗蒸し・カスタードプディング オムレツ・厚焼き卵・炒り卵 クレープ・かまぼこ・淡雪かん
強い	固ゆで卵・半熟ポーチドエッグ 固ポーチドエッグ 卵ボーロ
やや強い	固揚げ卵 ホットケーキ・クッキー・カステラ
弱い	ドーナツ

注］可溶性オボムコイド残存量から求めた1回の摂食量中に含まれる可溶性オボムコイド量
　　最強：生卵と同等
　　強い：生卵の1/5～1/10
　　やや強い：生卵の1/100～1/500
　　弱い：生卵の1/5000

出典：小澤慶子他：日食工誌，49(3)，p.145-154（2002）

4　だいず

豆類は成熟度や成分組成の違いにより調理性や用途が異なる。だいずの成分は高たんぱく質，高脂質が特徴で，通常は完熟豆を乾燥したものをさす。未成熟だいずは，えだまめとして野菜に分類される。また，豆腐や納豆加工食品としての利用のほか，油脂原料やたんぱく質素材にも利用される。

●だいずの構造

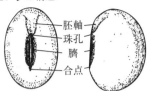

出典：転作全書第2巻　ダイズ・アズキ(2001)農文協編，p.46

（1）だいずの構造と成分

乾燥だいずは水分12％前後，主な食用部分である子葉は硬い種皮に覆われている。たんぱく質（約35％），脂質（約20％）などを含む子葉組織は硬いため消化率は低い。また，生だいずは消化酵素を阻害するトリプシンインヒビターを含むが，加熱により失活し，組織も軟化することで消化率は向上する。機能性成分として，コレステロール低下作用や骨粗しょう症予防に効果のあるイソフラボンが含まれる。また，サポニンやレシチンも機能性成分として注目されている。

（2）だいずの調理

だいずは乾物のまま加熱しても軟化が困難であるため，あらかじめ豆重量の4〜5倍の水に5〜8時間浸漬をする必要がある。まめの吸水量や吸水速度は品種，貯蔵条件，水温などにより異なる。だいずは表皮全体から吸水し，浸漬初期は吸水が速やかである。浸漬8時間で飽和量の90％となり，最終的には元の約2倍の重量となる。吸水にともない，子葉組織が膨潤することで，その後の加熱軟化が促進される。浸漬する際，1％食塩水や0.2〜0.3％重そう水に浸して加熱すると軟化が促進される。これは大豆たんぱく質のグリシニンが塩

●まめの成分

イソフラボン：大豆イソフラボンには数種類の成分が存在する。大豆イソフラボンは女性ホルモンと構造が類似しており，エストロゲンレセプターに対する親和性を有している。エストロゲン作用，抗酸化作用，発がん抑制作用などがある。

サポニン：複合糖質で起泡性がある。苦味や収斂味にも関与する。毒性はなく，抗脂血，抗酸化，抗コレステロール作用をもつ。

レシチン：たいず中に含まれるリン脂質。同一分子内に親水性と疎水性の部分をもつために乳化能がある。食用乳化剤として広く利用されている。また，生体膜構造の基本物質であり，脂質代謝改善作用もある。

●黒豆の色

黒豆（黒大豆）を煮る際に鉄鍋（または釘）を用いることがある。美しい黒色の煮豆にするため，皮のアントシアニン系色素のクリサンテミンがFe^{2+}と結合して錯塩をつくることを利用した例である。

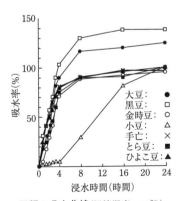

豆類の吸水曲線（浸漬温度：20℃）
出典：山崎他：「NEW調理と理論」p.205，同文書院(2021)

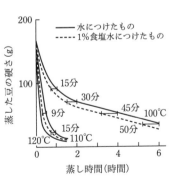

蒸し時間と蒸しただいずの硬さ
（約10℃に16時間浸水）
出典：鎌田栄基他：農産加工技術研究会誌，8, p.231(1961)

溶性のため，溶解して子葉が膨潤しやすくなる性質を利用している。また，重そうの添加は水のpHをアルカリ性にすることで組織が軟化し，加熱時にもペクチンのβ-脱離を促進して軟化に寄与する。しかし，アルカリによるビタミンB_1の損失がある。

　だいずは十分軟らかくなるまで加熱するが，含有するサポニンの起泡性のため，吹きこぼれに注意する。豆が軟化した後に調味料を加えるが，添加する砂糖の量が多い場合は豆と煮汁の浸透圧の差を大きくしないよう数回に分けて加える。

●pHの違いによる加熱大豆の硬さ

添加物	pH	浸水8時間後の吸水率(%)	1時間加熱だいずの硬さ(kg)
重そう 0.2%	8.5	94.0	0.51
重そう 0.02%	7.6	88.3	0.59
なし	5.8	87.0	0.63
酢酸 0.1%	3.8	86.0	0.65

出典：寺崎敬子他：市邨学園短大自然科学会会誌，7，p.1(1972)

（3）大豆加工品

　大豆加工品は，栄養価は高いが消化率の劣るだいずの欠点を補い，植物性たんぱく質源として重要な食品である。大豆たんぱく質の80％以上が水や熱水に溶けることを利用して豆乳や豆腐，およびその加工品（油揚げ，生揚げ，湯葉，凍り豆腐），きなこ，おから，納豆などの各種加工品がある。

① 豆　腐　豆腐は豆乳に凝固剤（硫酸カルシウム，塩化マグネシウム，グルコノデルタラクトンなど）を加えてゲル化させたものである。だいずに比べ消化性はよいが，細菌に汚染されやすい。豆腐は90℃以上で長時間の加熱をすると硬くなり，"すだち"が生じ，滑らかな食感が失われる。これは豆腐中に遊離して存在する凝固剤由来のCa^{2+}が，加熱によってたんぱく質と過剰に結合して収縮，硬化するためである。すだちを防ぐためには，1％程度の食塩を添加する方法や1％でんぷん糊液で加熱する方法もあるが，まずは高温・長時間加熱を避けることが肝要である。

② 凍り豆腐（こおりどうふ）　水分85％程度の硬めに調製した豆腐を凍結乾燥させたキセロゲル（乾燥ゲル）で，たんぱく質は凍結変性している。現在の製品は調理の際に軟らかく大きく膨らませるような膨軟加工（重そうや炭酸ナトリウムなどの処理）が行われているため，60℃前後～80℃程度の湯で5～10分ほど浸して戻し，調味液中で煮含める。水煮すると，ゆで汁がアルカリ性になり，煮溶けることがある。

③ 湯　葉　豆乳を80℃以上に加熱したときに表面にできる皮膜（たんぱく質と脂質を含む）をすくいあげたもので生湯葉とそれを乾燥した干し湯葉がある。干し湯葉は，ぬるま湯で戻し，加熱は弱火で行う。淡白なもち味で精進料理に多く用いられる。

●豆　乳

　水に浸漬した丸大豆を磨砕，加熱して成分を抽出した後，ろ過して残渣（おから）を除いたもの。

●納　豆

　納豆には血栓溶解作用を有するナットウキナーゼが含まれ，脳血栓や脳梗塞などの血管系の病気予防に有効と言われている。更に，血液凝固作用のあるビタミンK（特にメナキノンK_2）が納豆菌によりつくられる。まめの硬い組織が蒸煮と納豆菌の作用により消化性は高い。

●高野豆腐（こうやどうふ）

　凍り豆腐の別称。関西では高野山を中心に普及したため，この名がある。湯で適度に戻したら，しっかり絞らないと，テクスチャーが著しく軟化することがある。

●凍み豆腐（しみどうふ）

　凍り豆腐のうち，昔ながらの製法で製造し，膨軟加工を行わないものをいう。

5 牛乳，乳製品

(1) 牛乳成分と性質

牛乳の成分は88％前後が水分，たんぱく質が約3％，脂質が約3～5％，灰分0.7％，糖質約5％である。たんぱく質は，そのうちの約80％がカゼイン，約20％が乳清(whey：ホエー)たんぱく質である。

(1) カゼイン

カゼインは20℃，pH 4.6で凝固するたんぱく質で，牛乳中にはコロイド粒子(カゼインミセル)として分散している。カゼインミセルは，基本単位のサブミセル(会合体)がリン酸カルシウムを介して結合し，直径150 nmの巨大な集合体となったものである。牛乳(pH 6.6)中ではミセルが負に荷電し，コロイドの安定性を保っている(図3-2-8)。

(2) 乳清たんぱく質

牛乳のカゼイン凝固物を除いた部分が乳清たんぱく質である。酸による凝固は起こらないが，加熱により凝固する。乳清たんぱく質は，β-ラクトグロブリンが約50％とα-ラクトアルブミンが約20％を占める。ほかにラクトフェリン，免疫グロブリンなど機能性に富むたんぱく質が含まれる。

(3) 脂質

脂質は直径0.1～約20 μm(平均直径が3 μm)の球状で，表面はリポたんぱく質で覆われているため，脂肪球は凝集せずに水中油滴型エマルションとして分散している。生乳のままでは脂肪球の浮上がみられるので，市販牛乳は均質化(ホモジナイズ：高圧をかけながら細孔を通過させる)により1 μm以下の微細な脂肪球となっている。牛乳に含まれる脂質の97～98％はトリグリセリドで，主要な脂肪酸はオレイン酸，パルミチン酸である。

(4) 糖質

牛乳中の糖質の大部分が乳糖で，含量は平均4.5％である。乳糖の甘味はショ糖の1/5程度で，かすかな甘味がある。乳糖は吸収される際に，グルコースとガラクトースに分解されるが，分解酵素の活性が低い乳糖不耐症の人は下痢を起こしやすい。ラクターゼにより部分的に分解した牛乳も市販されている。発酵乳は乳酸菌により乳糖の30～40％が分解されており，症状の発現頻度が低下する。

(2) 牛乳の調理

(1) 加熱による変化

牛乳を静置加熱すると表面に膜が形成される現象がある。皮膜はたんぱく質の熱凝集性によって生じ，成分の大部分が

● カゼインの凝固
　カゼインは加熱凝固しない。しかし，牛乳に酸を添加しpH 4.6になると，カゼインミセルはカルシウムを放して凝集する。

● カゼインミセルのモデル
　黒丸，長方形および毛状の線は，それぞれサブミセル，コロイド性リン酸カルシウム，およびκ-カゼインのC末端側の領域を示している。

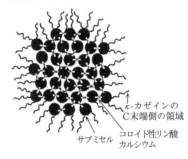

図3-2-8　カゼインミセルのWalstraのヘアリー(hairy)モデル

出典：Creamer, L. K. & MacGibbon, K.H. *Int. Dairy J.*, 6, p. 548(1996)

● 牛乳の芳香成分
　乳脂肪の脂肪酸組成は飼料や季節により変動するが，ほかの食品に比べ酪酸などC_4～C_{10}の短鎖脂肪酸が10～20％を占めるため，芳香がある。

● 乳糖不耐症(低ラクターゼ症)
　乳糖は二糖類のため消化管から吸収されるためには，グルコースとガラクトースに分解される必要がある。この分解には小腸上皮に存在するβ-ガラクトシダーゼ(ラクターゼ)が関与する。この酵素の活性は大人になると低下し，牛乳を飲用すると腹痛や下痢を起こす乳糖不耐症が日本人に比較的多い。

脂質とたんぱく質である。牛乳を加熱し，60℃を超えると乳清たんぱく質が変性して溶解性が低下し，65℃程度から薄い膜ができ始め，70℃になるとしっかりした膜となる。皮膜の形成を抑制するには，60℃以上の加熱を避けたり，加熱中に撹拌するなどがある。カゼインは乳清たんぱく質よりは加熱変性を受け難いが，140℃以上になると変性が顕しい。しかし，通常の温め程度ではカゼインの凝固はない。

牛乳成分のうちたんぱく質，脂質などが表面張力に関与し，加熱をするとさらに表面張力が小さくなり，たんぱく質は液と空気の界面に集まりやすくなり，吹きこぼれの原因となる。

加熱時の風味の変化（加熱臭）は70℃以上になると発生する。これは熱変性したβ-ラクトグロブリンなどから－SH基が遊離することで生じる。90℃以上になるとメイラード反応によるフレーバーが出現する。

(2) 酸凝固

カゼインは普通の加熱では凝固しないが，酸が共存した場合，等電点（pH 4.6）付近になると凝固する。牛乳に酸を添加したり，乳酸発酵で乳酸が生じた場合（ヨーグルトなど）に凝固する（図3-2-9）。非加熱でも酸味の強い果物（いちごなど）や果汁（レモン汁：クエン酸）と混合すれば，カゼインの等電点付近に近づくと酸凝固する。また，有機酸の多い野菜や貝類を牛乳とともに煮ると，長く加熱しなくても凝固することがある。長時間の加熱を避けたり，ルウで濃度をつけて牛乳を加えると凝固しにくい。その他，タンニンや金属イオン（Ca，Mg，Fe）も牛乳を凝固させる作用がある。

(3) ゲル化への影響

牛乳中のCa^{2+}がたんぱく質系のゲル状食品のゲル強度を高める。カスタードプディングでは，牛乳中のCa^{2+}が希釈卵液のゲル化を促進する。また，牛乳入りのゼラチンゼリーもゲル強度を増す。さらに植物性ゲル化剤についても，カラギーナン（κ-，ι-型）はCa^{2+}，およびカゼインがゲル化を促進する。また，低メトキシルペクチンのゲル化は，糖や酸が共存しなくてもCa^{2+}の存在で起こることから，牛乳とともにデザート類に利用される。

(4) その他

牛乳中の微細な脂肪球やカゼイン粒子は臭みを吸着する性質があり，魚やレバーの臭み抜きに利用される。さらにホットケーキなどに好ましい焼き色をつける役割ももつ。これは加熱により，牛乳中のアミノ酸と還元糖のアミノカルボニル

● メイラード反応（アミノカルボニル反応）

1912年フランス人生化学者 L. C. Maillard により報告された酵素によらない褐変，すなわち非酵素的褐変の代表的なものである。

アミノ酸，たんぱく質，アミンなどアミノ基をもつ化合物と還元糖やアルデヒドなどのカルボニル基をもつ化合物の間で起こった食品成分間反応の代表的なもので，アミノカルボニル反応ともよばれる。この反応は褐色色素（メラノイジン）を生成するだけではなく，調理や加工時のフレーバーの生成にも関与する。

● 凝固するしくみ

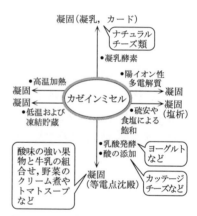

図3-2-9　種々の要因による牛乳カゼインの凝固（ゲル化）

出典：大谷元：「タンパク質の科学」p. 63，朝倉書店(1998)に一部加筆

表3-2-9 クリームの分類と用途

分類		主要原料	用途（脂肪含量）
クリーム[1]		乳脂肪	ホイップ用（25〜50％） 40％前後のものが多い。
加工クリーム[2]	乳脂肪だけのもの	乳脂肪	
	混合脂肪	乳脂肪＋植物性脂肪	コーヒー用（18〜30％） 20％前後が多く，ホイップには不適
	植物性脂肪だけのもの	植物性脂肪	

注] 1) クリーム：乳等省令，「牛乳のみを原料とし，乳化剤，安定剤，植物性脂肪を全く使用しないもの」
    2) 加工クリーム：乳化剤，安定剤，植物性脂肪を加えてあるもの（乳または乳製品を主要原料とする食品）

出典：野田正幸：調理科学, 21, p.142-153（1988）より作成

反応と乳糖のカラメル化が関与する。じゃがいもの牛乳煮では，Ca^{2+}がいもを軟化しにくくすることがある。これはCa^{2+}がペクチン質に結合することで不溶化するためである。

（3）クリームの調理

(1) 種類

クリームは，全乳より乳脂肪と脱脂乳の比重差を利用し，遠心分離して得られたO/W型エマルションである。市販品は乳脂肪のみのクリームの他，植物性脂肪や乳化剤，安定剤を加えた加工クリームに大別される（表3-2-9）。コーヒー用とホイップ用があり，後者は脂肪含量が比較的高い。

クリームは用途が幅広いが，コーヒー用はホイップには適さない。

(2) 起泡性

脂肪含量30％以上のクリームは撹拌すると，気泡を抱き込む性質がある。液状クリームは撹拌するにつれて，気泡の周囲に脂肪球が凝集して，三次元網目構造を形成することにより流動性がなくなり保形性が出現する。脂肪含量が多く，脂肪球サイズが大きいほど，凝集は起こりやすくなる。しかし，脂肪球が大きいほど，泡の安定性は劣る。起泡性はオーバーラン（overrun）により判断できる。

オーバーランはホイップクリームに抱き込まれる空気の割合を示し，値が大きいほど含気量が高く，軽いテクスチャーとなる。

オーバーラン（％）
$$= \frac{一定容積の起泡前重量 - 同容積の起泡後重量}{同容積の起泡後重量} \times 100$$

（オーバーラン100は体積が2倍に増加したことを示す）

植物性クリームの脂肪は乳脂肪に比べて脂肪球が小さく，

● クリームの定義

乳等省令では「生乳，牛乳または特別牛乳から脂肪以外の成分を除去したもの」と定義され，乳などの成分規格並びに製造，調理，および保存の方法の基準では乳脂肪18％以上をクリームとしている。FAO/WHOでは18％以上をクリーム，ホイップドクリームは28％以上としている。

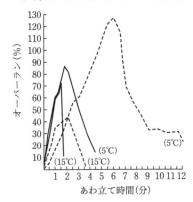

● 5℃, 15℃におけるクリームの起泡性

―― 生クリーム（乳脂肪48％）
---- 混合クリーム（乳脂肪18％，植物性脂肪27％）

出典：松本睦子他：調理科学, 11, p.188（1978）

乳脂肪と同程度の保形性を示すまでのクリームの撹拌時間は長いが，オーバーランは高く，ホイップ後の安定性も高い。乳脂肪のみのクリームより，植物油脂を加えた混合クリームはオーバーランが高く，安定剤の影響もあり分離しにくい。通常，5℃程度の低温で泡立てると空気を抱き込んだ安定性の高い泡となる。

　乳化剤や安定剤を含まないクリームは，室温のような比較的高い温度で泡立てると脂肪球皮膜が壊れ，分離しやすい。最大オーバーランを超えて過度に泡立てすぎると安定性を失い，脂肪球が凝集してバター状の脂肪層と液状の乳清層に分離する。クリームに添加する砂糖は起泡性を若干抑えるが，たんぱく質の変性を抑制して水分の分離を減少させ安定性を増す効果がある。

（4）バターの調理

　バターは，牛乳または牛乳から分離したクリームを激しく撹拌した際に生じる乳脂肪の凝集体を練り上げたもので，加塩，無塩，発酵バターなどがある。乳脂肪80％以上の油中水滴（W/O）型エマルションである。脂質は酪酸など短鎖脂肪酸が多いため，口溶けも香りもよい。バターは15℃で油脂全体に占める固体脂の割合が約20％となり可塑性を示すが，これ以下の温度では硬く，20℃以上になると軟らかくなる。融点（28～35℃）を超えてさらに加熱すると液状に変化する。テーブル用としてパンにぬるスプレッド性，可塑性，ショートニング性，クリーミング性がある。穏やかに加熱して60℃を超えると特有の芳香が生じるため，ソースにも利用される。高温で長時間加熱すると焦げやすいので注意が必要である。

（5）その他の乳製品

　ヨーグルトやチーズがある。ヨーグルトは乳酸発酵を利用した食品であるが，そのまま食したり，飲み物や果物などとの組合せなど料理への用途もある。チーズは大別するとナチュラルチーズとプロセスチーズがある（表3-2-10参照）。ナチュラルチーズには熟成するものと非熟成のものがある。

　熟成タイプには，細菌を利用するパルメザンやエメンタールチーズ（スイスチーズ）など，かびを利用するブルーチーズやカマンベールチーズなどがある。

　非熟成タイプには，モッツァレラチーズ，カッテージチー

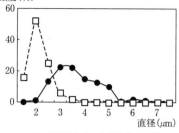

●脂肪球径の分布（最大オーバーラン時）

撹拌条件：5℃，電動ミキサー泡立て，最大オーバーラン，乳脂肪クリーム（85％，泡立て時間1分30秒）
植物性クリーム（200％，泡立て時間4分30秒）
出典：菊地和美他：日調科誌，37，p.35-40(2004)

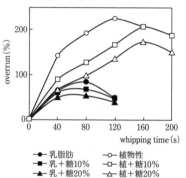

●泡立て時間と空気含量

乳脂肪クリーム（脂肪分47.0％），植物性クリーム（脂肪分40.0％）5℃電動ミキサー泡立て，グラニュー糖0％，10％，20％添加

　　出典：山口和美他：「New Foodidustry」，44，p.27-32(2002)

●植物性クリームの油脂
　植物油（大豆油・コーン油など）に硬化ヤシ油を20～30％加えて乳化させたものが多い。

ズなどがある。

プロセスチーズはナチュラルチーズを粉砕後，加熱溶融し，乳化したものである。

表3-2-10 チーズの種類と特徴

型		硬さ	水分，塩分量	代表的なもの	熟成方法	調理例他
ナチュラルチーズ	ハードタイプ	超硬質	水分約15％ 食塩3～5％	パルミジャーノ・レッジャーノ（伊），コンテ（仏）	細菌長期熟成 2～3年間	スパゲッティなど調味料
		硬質	水分40％以下 食塩1.3～2％	エメンタール（スイス） グリュイェール（スイス）	細菌熟成，ガス孔あり 細菌熟成，ガス孔あり	フォンデュー用 フォンデュー用
				エダム（オランダ） ゴーダ（オランダ，仏） チェダー（英）	細菌熟成 細菌熟成 細菌熟成	スナック，サンドイッチ，調理用，プロセスチーズの原料
	ソフトタイプ	半硬質	水分約50％以下 食塩1.3～3.8％	サムソー（デンマーク） ブリック（米） ブルー（仏，米，カナダ） ロックフォール（仏） スチルトン（英） ゴルゴンゾーラ（伊）	細菌熟成 細菌熟成 青かび熟成 青かび熟成 青かび熟成 かび熟成	ドレッシング用 オードブル用，塩辛い
		軟質	水分40～60％ 食塩1～2％	ブリー（仏） カマンベール（仏）	白かび 白かび	デザート（ワインと共に） デザート（ワインと共に）
	フレッシュ	軟質	水分50～80％ 食塩0.8～1.2％	カッテージ（英，米） クリーム（デンマーク，米） クワルク（独） モッツァレラ（伊） マスカルポーネ（伊）	熟成せず 熟成せず 熟成せず 熟成せず 熟成せず	脂肪が少なく低エネルギー用 レアクリームケーキ用 ピザ用 ティラミス用（超軟質）
プロセスチーズ	ハード	硬質	水分45％ 食塩2.8％	プロセスチーズ スパイスチーズ スモークチーズ		
	ソフト	軟質	水分54％ 食塩2.5％	チーズスプレッド ソフトプロセスチーズ		

出典：渕上倫子他：「調理学」p.138，朝倉書店（2009）

3. 副菜材料の調理

1 野菜類，果物類

（1）野菜の種類

野菜の種類は120〜130種とされる。食用部位により分類されている。

食品標準成分表では，さやいんげん，さやえんどう，そらまめなどのさや入り豆の未熟豆を野菜類として分類している。

（2）野菜成分と調理

野菜の成分は，水分が80〜95％，ビタミンCや緑黄色野菜ではカロテン（プロビタミンA）を多く含み，カリウム，カルシウム，リン，鉄などのミネラル分も多く，これらの微量栄養素の供給源としての野菜の役割は大きい。ビタミン・ミネラル類は，加熱ゆでこぼしなどの調理による損失がみられるが，生食よりも加熱調理のほうがかさの減少による大量摂取が可能である。また，水分量が多いためエネルギーが低いことや，食物繊維やポリフェノールなどの生体内機能調節成分のはたらきが，生活習慣病予防や発がん予防に期待されている。

野菜に含まれる色素は多彩で料理の外観を引き立てる。細胞内の水分やセルロース，ペクチンなどは歯ざわりや噛みごたえといったテクスチャーに影響を与えている。呈味成分では，糖，有機酸，アミノ酸，核酸関連物質のほかに「あく」といわれるえぐ味，苦味，渋味のもとになる成分や香りの成分も含まれる。

これらの特性をふまえ，有効な成分を引き出したりその流出を防いだり，また一方で不要成分の除去を行うなど，調理上の工夫をすることにより，栄養性や嗜好性を高めることができる。

(1) 調理による栄養性の変化

① **ビタミン**　野菜中の水溶性ビタミンは，浸漬水やゆで汁，煮汁への流出が起こりやすい。また，ビタミンCは温度の影響を受けやすい。表3-3-1，2に，調理法やゆで時間によるビタミンCの損失・変化を示した。ビタミンCの損失は貯蔵・保存中でも起こるので新鮮なものを用いて調理することが大切である。なお，アスコルビン酸オキシダーゼを含む食品（にんじん，きゅうりなど）との組合せによってビタミンC損

● **食用の部位による分類**

茎菜類：アスパラガス，うど，たまねぎなど。
根菜類：だいこん，にんじん，ごぼうなど。
花菜類：カリフラワー，ブロッコリー，みょうがなど。
果菜類：なす，きゅうり，トマトなど。
葉菜類：ほうれんそう，レタス，キャベツ，こまつななど。

● **食物繊維**

わが国では，「ヒトの消化酵素で分解されない食物中の総体」と定義されている。可溶性と不溶性に大別される。可溶性成分はヘミセルロースとペクチンの一部，粘質多糖類など，不溶性成分はセルロース，ヘミセルロースの一部，リグニン，ペクチンの一部，キチンなどである。

専門家の間でも食物繊維の定義や定量法は完全に一致していない。

● **あくの成分と食品例**

	あく成分	食品例
えぐ味	ホモゲンチジン酸，シュウ酸，無機塩類	たけのこ，わらび，ふき，ほうれんそう
苦味	アルカロイド，タンニン，サポニン，無機塩類，有機塩類，テルペン	ふきのとう，くわい，グレープフルーツ
渋味	タンニン，アルデヒド，没食子酸，カテキン，無機塩類	かき，くり，未熟果実，茶
その他	ポリフェノール類	うど，ごぼう，なす

● **注目のビタミン：葉酸**

ビタミンB群の一つで，赤血球・神経細胞の生成に関する他，生活習慣病予防や長寿に必要なビタミンといわれる。ほうれんそう，春菊，ブロッコリーなどに多く含まれる。

失が起こるが，野菜調理によく用いられる食塩の添加は，この酵素のはたらきを阻害する作用がある。

野菜中の脂溶性ビタミンであるカロテンやビタミンEは緑色の濃い野菜やにんじん，かぼちゃに多く含まれる。油脂で調理することにより吸収がよくなる。

なお，ビタミンKが多く含まれる野菜は，ワーファレン服

● ビタミンKを含む食品

植物性食品ではブロッコリー，ほうれんそう，つるむらさきなどに多く含まれる。納豆や肉類にも多い。ビタミンKは抗凝固剤であるワーファレンの効用（血栓・塞栓予防）の阻害作用がある。

表3-3-1 各種調理によるビタミンCの損失（%）

野菜名	ゆでる	煮る	蒸す	炒める	揚げる	漬ける
ほうれんそう	44	52		18		
キャベツ	37	42		25		
カリフラワー	35					23
はくさい	43	53		26		
きょうな	35		12	27		60
もやし	42	36		47		87
ねぎ	48	37		21		
たまねぎ	34	33		23		
なす	47			23	4	
かぼちゃ	29	37		17	30	
じゃがいも	15	45		30		
さつまいも	17	30		20		
れんこん	35	29	12	28	10	
だいこん	33	32	26	38	4	
かぶ	17	39		25		
にんじん	18	10		19		
さやえんどう	43	25		16		
さやいんげん	48			32		

出典：吉田企世子著，日本施設園芸協会編：「野菜と健康の科学」p.61，養賢堂（1994）一部改変

表3-3-2 ゆで時間によるビタミンCの変化

試料	測定項目	生	100℃，5秒	100℃，1分	60℃，1分
かいわれ	水分（%）	94.0±0.0	93.5±0.1	94.9±0.3	93.9±0.1
	ビタミンC（mg/100g）	43.8±0.7	42.7±0.8（97.5%）	26.1±0.9（59.6%）	43.0±2.2（98.2%）
	固形分換算（mg/100g）	7.3	6.6（90.4%）	5.1（69.9%）	7.0（95.9%）
きゅうり	水分（%）	95.7±0.7	95.3±0.1	95.3±0.1	95.7±0.1
	ビタミンC（mg/100g）	14.5±0.1	14.4±1.1（99.3%）	12.5±1.0（86.2%）	12.7±1.2（87.6%）
	固形分換算（mg/100g）	3.4	3.1（91.2%）	2.7（79.4%）	3.0（88.2%）
レタス	水分（%）	96.7±0.1	96.5±0.1	96.7±0.1	96.7±0.1
	ビタミンC（mg/100g）	4.0±0.2	3.8±0.1（95.0%）	3.0±0.1（75.0%）	3.8±0.1（95.0%）
	固形分換算（mg/100g）	1.2	1.1（91.7%）	0.9（75.0%）	1.1（91.7%）
キャベツ	水分（%）	93.7±0.1	93.8±0.0	93.9±0.1	94.1±0.1
	ビタミンC（mg/100g）	25.2±0.0	23.2±0.1（92.1%）	21.3±0.1（84.5%）	23.6±0.1（93.7%）
	固形分換算（mg/100g）	4.0	3.7（92.5%）	3.5（87.5%）	4.0（100%）

（　）は残存率

出典：吉田企世子：「五訂増補食品成分表」，女子栄養大学出版部　一部改変

用者の摂取には注意が必要である。ビタミンKは熱やアルカリに安定なため，加熱による損失も比較的少ない。

② **ミネラル** 野菜に含まれるミネラル分も調理によって損失し，加える水分が多く，加熱時間が長いほど損失しやすい。食事にカリウム制限がある場合はこのことを利用し，野菜は多めの水でゆでてから摂取するとよい。炒めたり揚げたりする短時間の乾熱加熱調理はミネラルの損失を少なくすることができる。

③ **機能性成分** 植物の色素であるカロテノイドやポリフェノールは抗酸化性をもち，生体内での活性酸素による酸化作用を抑制する有益物質とされる。カロテノイドのうち赤い色素のリコペン（含トマト，すいか）は強い抗酸化性を示す。ポリフェノールは赤ワインや緑茶といった濃い色で渋味の強いものに多く含まれる。ポリフェノールは調理上好ましくない変色やあくの原因物質であるため，不要成分として取り除かれることも多い。変色やあくを取り除くことは機能的な有効成分も失うことになるため，適度に取り入れることも考慮したい。

(2) 調理による色の変化

野菜に含まれている色は緑色を呈するクロロフィル，赤－橙－黄色を呈するカロテノイド，白－黄－赤紫色を呈するポリフェノールに大別される。これらはpHの条件や熱の影響で化学的物質変化による色の変化を起こす。また，野菜や果物は切り口が酸素に触れることにより，褐変を起こすことがある。

① **クロロフィル** 植物の葉緑体に含まれる脂溶性の色素で，加熱やpH条件の影響を受ける。長時間加熱をしたり酸性下におくと黄褐色のフェオフィチン，さらに脱フィトールにより褐色のフェオフォルバイドに変化し，アルカリ性下におくとクロロフィリンに変化し鮮やかな緑色を呈する。みそ汁の具の青菜が黄変したり，山菜をあく抜きのため灰汁や重そ

● **カロテン**
植物性食品中に含まれる。カロテンは生体内でビタミンAに変わるためプロビタミンAともよばれる。

● **無機質（電解質，ミネラル，微量元素）を多く含む野菜**
カリウム：ほうれんそう，パセリ，おかひじき
カルシウム：かぶ（葉），だいこん（葉），こまつな，モロヘイヤ
マグネシウム：ほうれんそう
鉄　分：だいこんやかぶの葉，こまつな，ほうれんそう
マンガン：干ずいき，アマランサス

● **デザイナーフーズプログラム**
1990年米国立がん研究所が，がん予防の可能性がある食品をリスト化したもの。野菜，果物，ハーブ類約40種が挙げられている。重要度の高いものとして，にんにく，キャベツ，しょうが，にんじん，セロリなどがある。

● **クロロフィル（葉緑素）の色の変化に関する要因**
①加熱温度（低温，高温，冷凍）
②加熱時間（長，短時間）
③pH（酸性・アルカリ性）
④酵素（クロロフィラーゼ）
⑤添加物（銅イオン，鉄イオン）
⑥光の照射

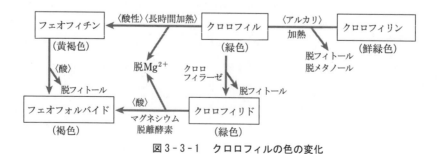

図3-3-1　クロロフィルの色の変化

でゆでると鮮緑色になるのはこの理由による。また，クロロフィラーゼ(酵素)がはたらくとフィトールが脱離してクロロフィリドに変化し，これが酸性条件下ではMg^{2+}が脱離してフェオフォルバイドに変化する。なお，葉菜類をゆでる際に沸騰水に入れたとき，鮮やかな緑色になるのは，葉緑体中のたんぱく質の熱変性の影響であるとの説がある。クロロフィルの色の変化を図3-3-1に示す。

② **カロテノイド** 緑黄色野菜に含まれる脂溶性色素である。クロロフィルとともに葉緑体に含まれ，光を吸収しクロロフィルを光による破壊から保護するはたらきをもつ。加熱やpHの変化には安定である。ペルオキシダーゼやリポキシゲナーゼにより分解されるため，低温保存や冷凍前のブランチングにより損失を防ぐようにするとよい。

③ **ポリフェノール** さまざまな植物に含まれ，種類も多い。フラボノイドやアントシアニンはモノマー・ポリフェノール，タンニンはオリゴマー・ポリマーポリフェノールに分類される。

フラボノイドは酸性で白を呈するため酢を使うとれんこんやうどが白く仕上がる。紅茶に含まれるテアフラビンはレモン汁によって無色化し，そのため紅茶の色が薄くなる。赤紫の野菜に含まれるアントシアニンは酸性で赤を呈するため，赤かぶや紫キャベツは酢やレモン汁に漬けると赤く発色する。

④ **褐変** ごぼうやれんこんを切ると，切り口が褐色や黒色になる変化には，植物内に含まれるポリフェノールが関与している。ポリフェノールが，酸素に触れると，酵素であるポリフェノールオキシダーゼのはたらきでキノン体ができ，メラニンに変化する。また，ポリフェノールが金属に触れると，金属イオンと結合し黒色の錯化合物ができる。植物食品の褐変の要因について，図3-3-2に示す。

● **ブランチング**
　葉菜の加工にはブランチング(熱湯中又は蒸気による)を施し，酵素を失活させて，退色防止とする。

● **フラボノイドの成分と含有食品**

成分名称	含有食品
アピイン	セロリ，パセリ
カテキン	茶
ケルセチン	たまねぎの外皮
ダイゼイン	だいず
トリシン	こむぎ
ルチン	そば

● **アントシアニンの成分と含有食品**

成分名称	含有食品
クリサンテミン	黒豆，あずき
シアニン	赤かぶ
シソニン	しそ
デルフィニン	ぶどう
ナスニン	なす

● **褐変防止法**
① 空気中の酸素との接触を遮断
　　⇒水，または食塩水に浸漬
② 酵素の失活⇒加熱
③ 酵素活性の抑制
　　⇒酸や食塩の利用
④ 酸化防止
　　⇒還元剤(アスコルビン酸)の利用

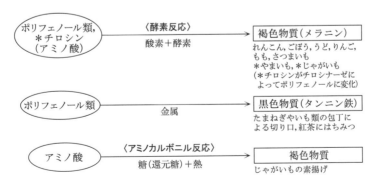

図3-3-2　植物性食品の褐変の要因

(3) 調理によるテクスチャーの変化　野菜の歯触りや噛みごたえといったテクスチャーは生食か加熱するか，また加熱の時間によっても異なる。硬さや軟らかさといった食感は細胞内の水分量や細胞壁を構成するセルロースやペクチンの状態によるものである。

① 細胞膜と浸透圧　植物の細胞内は0.85％程度の食塩水に等しい浸透圧をもち，これを取り囲む細胞膜は半透性で水分の移動が可能な状態にある。よって，野菜を水に浸けておくと細胞内に水が入り込み「パリッ」とし，野菜に塩を振ると浸透圧の高い外側へ細胞内の水分が移動し，脱水されてしんなりする（図3-3-3）。

② ペクチン　野菜を加熱すると軟らかくなるのは，細胞壁にあるペクチンが分解して細胞間の接着力が失われるためである。野菜を中性，またはアルカリ液中で加熱するとβ-脱離（トランスエリミネーション）によってペクチンが分解するが，弱酸性下（pH4程度）ではこの離脱が起こりにくくなる。れんこんなどを酢水で煮ると歯ごたえのある煮上がりになるのはこのためである。一方，pHが3より低くなるほど，ペクチンの加水分解は促進され，軟化がすすむ。また，ペクチンの分解は無機質イオンの影響を受ける。牛乳に含まれるCa^{2+}やミョウバンに含まれるAl^{3+}はペクチンの分解を抑制するため，水煮よりも硬く仕上がり，Na^+やK^+などはペクチンの分解を促進するため，食塩を加えた水で煮ると軟化しやすい。最終的に90℃以上の沸騰水中で煮ることで野菜は軟化するが，60℃程度の温度では長時間煮ても軟化しない。これを野菜の硬化現象とよぶ。これは細胞膜の半透性が失活する

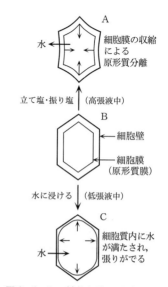

図3-3-3　植物細胞の吸水と脱水

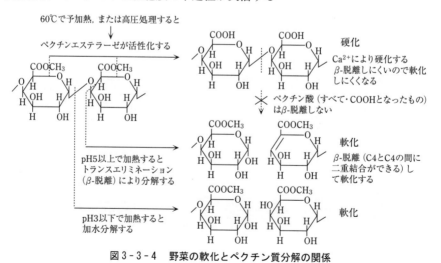

図3-3-4　野菜の軟化とペクチン質分解の関係

出典：下村道子他：「新訂　調理学」p.93，光生館（2008）

と，K+などが細胞膜の外へ出て，ペクチンエステラーゼ(ペクチンメチルエステラーゼ)が活性化されるためである(図3-3-4)。

(3) 野菜の調理
(1) 生食調理
　野菜本来のもつ色や味，食感を味わうとともに，栄養損失を最小限に摂取するには生食が適している。新鮮なものを選んでよく洗浄し，キャベツのせん切りや白髪だいこんなどは，必要により水に浸けてテクスチャーをよくする。きゅうりの酢の物は塩もみをして脱水して歯触りをよくし，和え酢などの調味液が水っぽくならないようにする。緑色の野菜は酸性で褐色に変色するので，ほうれんそうやきゅうりに使用するしょうゆや酢の調味料は食べる直前にかけたり和えたりする。だいこんとにんじんのもみじおろしは，にんじんに含まれる酵素がビタミンCを分解するため，合わせたら時間をおかずに食べるのがよい。紅白なますは，塩もみの段階で使用する食塩がビタミンCの分解酵素のはたらきを阻害する。

(2) 加熱調理
　一般に野菜類は組織が硬く，あくを含むものもあり，ゆでる，煮る，蒸す，炒める，揚げるなどの加熱調理が行われる。加熱によりあくが抜けて軟化し，食べやすく，消化吸収もよくなる。短時間高温加熱の炒め物や揚げ物では，適度な歯触りを残し，油や香ばしさを添加して風味を増すことができ，脂溶性ビタミンの吸収もたすける。長時間加熱すると色が悪くなるさやえんどうやブロッコリーなどは，椀種やシチューの場合，別に調理しておき，後から加えるようにする。ほかの野菜や動物性食材とともに煮たり炒めたりすることでほかの材料の味を引き立てたり，独特の香り成分で風味をよくしたり，また異なるテクスチャーを味わえる。さらに，調味料や肉などから出るうま味成分を吸ったり，からめたりすると野菜の味が変化し，多彩な味を楽しむことができる。

(4) 果物の種類
　果物は，花の一部が成長してできたものであり，どの部分が成長したかにより分類される。一般成分としては，ほとんどの果実が水分80～90％含み，炭水化物は糖質と食物繊維で10～12％含まれる。たんぱく質は少ないが，熟成・貯蔵に関係する酵素やビタミンCやカロテンなどを多く含んでいる。

●だいこんおろしの辛味
　だいこんの主な辛味成分は，イソチオシアネートで，だいこんの種類や部位により含有量が異なる。部位別では，上(葉側)よりも下のほうが辛味が強い。だいこんおろしなどは，料理や好みに合わせて適度な辛味の部分を利用するとよい。また，辛味成分は揮発性があるため，すりおろして時間を置くと弱まる。

●ゆでるとき，鍋の蓋はどうするか
　緑色野菜をゆでるとき，ゆで水のpHの低下を防ぐため，野菜に含まれる揮発性の有機酸を逃がすよう蓋をしないでゆでる。

●色止め
　葉菜類の緑色野菜はゆで上がりを水にとり，急冷して色止めをする。
　なすは100℃以下の加熱は色を悪くするが，油で高温の調理をするとアントシアンの色の退色を防ぐことができる。

●果物の分類
仁果類：りんご，びわなど。
花托，準仁果類：柑橘類，かきなど。
核果類：もも，うめ，さくらんぼなど。
漿果類：ふどう，いちじく，バナナなど。

3．副菜材料の調理

（5）果物の成分と調理

果実類は水分が80〜90％，糖質が10〜15％程度含まれるため，野菜よりもエネルギーをもつ（可食部100当たり40〜50 kcal）。野菜とともにビタミン，ミネラル，食物繊維の供給源であり，特にビタミンCとカリウムの含有量が多い。成熟とともに色，味や香り，ペクチン質の成分変化が起こる。

(1) 色の成分

野菜と同様，クロロフィル，カロテノイド，およびアントシアニンなどのポリフェノールを含む。果物では成熟するにつれて緑色から黄色や赤に変化していくものが多いが，これはクロロフィルが次第に減り，隠されていたカロテノイドやアントシアニンが表出してくるためである。

(2) 味の成分

果物の味は糖分と酸の割合で特徴づけられる。糖質は主にショ糖，グルコース，果糖で成熟とともにショ糖が分解してグルコースと果糖になり，甘味が増す。酸味の成分である有機酸はクエン酸，リンゴ酸が特に多く，果物に特有の爽快な酸味となっている。

(3) 香りの成分

果物の香りは脂肪酸エステル系，テルペン類，アルデヒド類，芳香族のアルコールなどで種類も多い。

(4) ペクチン質

果物は熟度により硬さやテクスチャーが変化するが，それには酵素とペクチン質の変化も関与している。ゲル化作用のあるペクチニン酸は，適度に熟成した果実にのみ含まれる。

（6）果物の調理

(1) 生 食

生食は果実の食感，酸味や甘味，香りなど本来のもち味を生かす食べ方として最も適している。そのまま食べるほか，サラダ，ジュースとしても摂取される。ジュースの場合，撹拌や組織破壊によりビタミンCの酸化や，ポリフェノールオキシダーゼの作用が起こり色が悪くなる。食塩やレモン汁を加えることで，酸化を抑制することができる。

柑橘類は，リモネンの独特の芳香をもち，魚や肉の臭い消しや香りづけにその果汁や果皮が利用される。汁椀の吸い口には，ゆずの皮が用いられる。

(2) 加熱調理

加熱料理には，コンポート（砂糖煮），焼き物，揚げ物，フ

●果物中のペクチンの状態

プロトペクチン（未熟果実中）
- ゲル化しない
- 酵素によりペクチニン酸に変化

↓

ペクチニン酸（成熟果実中）
- ゲル化する（糖と有機酸）
- 加熱によりペクチン酸に変化

↓

ペクチン酸（過熟果実中）
- ゲル化しない
- ペクチニン酸が酵素により加水分解したもの，分子量は小さい。

●果物のアレルギー

厚労省が指定する，アレルギーを引き起こす「特定原材料に準ずるもの」18品目の中には，オレンジ，キウイフルーツ，バナナ，りんごといった果物が含まれている。

●たんぱく質分解酵素（プロテアーゼ）

生のパイナップルやパパイヤ，キウィフルーツなどには，たんぱく質分解酵素が含まれ，肉の軟化を目的として漬け込んだり添えられたりする。（p.86参照）

これらの生の果物をゼラチン使用の寄せ物に使用すると固まらないので注意する（p.135参照）。

ルーツソースなどがある。果実に含まれるペクチンを利用してジャム，マーマレード，ゼリーをつくる。りんごやマンゴーを砂糖，酢，香辛料を加えて煮込みチャツネにしたものは，カレー料理や煮込み料理，ドレッシングなどに利用される。

2　いも類

（1）いもの種類

いも類には，じゃがいも，さつまいも，さといも，やまのいも，こんにゃくいもなどがある。じゃがいものように茎が肥大したもの（塊茎）とさつまいものように根が肥大したもの（塊根）があり，いずれも収量が安定し，穀物に代わる食糧源としても栽培されてきた。水分が多いため，穀物ほど長く貯蔵できないが，じゃがいもは低温（0〜8℃）で貯蔵することにより一定の品質が保たれ，年間をとおして供給が可能である。

（2）いも成分と調理

いも類は，水分が70〜80％程度，でんぷんを主成分とした炭水化物を13〜30％含む。いもに含まれるビタミンCは，加熱による損失が比較的少なく（じゃがいもで40〜95％残存），1回の摂取量が多いためよい供給源になる。さつまいもにはカロテンも多く含まれる。無機質はカリウム，カルシウムを多く含み，リンは少ない。水溶性，不溶性ともに食物繊維を多く含む。

いも類では，加熱調理によりペクチン質の分解による軟化およびでんぷんの糊化が起こる。水分が多いため，持っている水分による膨潤糊化が可能で，ゆでる，煮るなどの加熱のほか，蒸す，揚げるなどの調理にも向く。

いもの加熱に電子レンジを利用すると，加熱時間を短くできるが，急な温度上昇によりβ-アミラーゼの失活がはやく，でんぷんの糖化が起こりにくいため甘味が少ない。甘味を引き出したい場合はオーブン，石焼き，蒸し器などで温度上昇を遅く時間をかけて加熱するとよい。さつまいもの加熱方法と麦芽糖（マルトース）量を図3-3-5に示す。一方，加熱時間が長いとアスコルビン酸オキシダーゼのはたらきにより還元型ビタミンC，および総ビタミンCの残存率が低くなる。

やまのいも類は，細胞壁がほかのいもより薄くセルロース含量が少ないため，でんぷん分解酵素のアミラーゼ（消化酵素）の作用を受けやすいので，生食される。

いも類のでんぷん成分を利用し，かたくり粉，アルコール，

●いも類の加熱調理

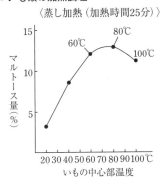

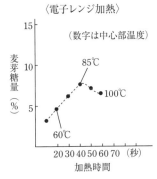

図3-3-5　さつまいもの加熱方法とマルトース量

出典：松元文子他：家政誌，16(5)．p.286(1965)より作成

3．副菜材料の調理　111

水あめ，でんぷんめんなどの加工品が作られる。水あめは料理の煮物や漬物に使用するとつやと適度な粘性を与える。でんぷんめんは小麦アレルギー向けの代替食となる。

(3) いもの調理
(1) じゃがいも
　淡泊な味でほかの食品や調味料との調和がよく，和洋各種の料理に用途が広い。でんぷんの含量により，粉質いもと粘質いもに分けられるので用途により使い分けるとよい。
　じゃがいもは切って放置すると，空気中の酸素にふれてチロシンが酵素（チロシナーゼ）によりポリフェノールに変化し，さらにそれらが酸素にふれることによって切り口が褐変する（野菜の項参照）。切断後はすぐに水に浸けるようにして防ぐ。また，じゃがいもの芽，および緑皮部には有毒物質ソラニンが含まれているため十分に取り除く。

① **粉ふきいも**　じゃがいもをゆで，ゆで水を捨て，再び加熱しながら鍋をゆすり水分を蒸発させ，いもの表面に粉をふかせる。細胞間質のペクチンが分解溶出した熱いうちに，表層の細胞を分離させるよう手早く行うとよい。粉質のじゃがいもが向く。

② **マッシュポテト，いももち**　じゃがいもをゆで，水をよく切って，熱いうちにつぶしてマッシュポテトにする。じゃがいもが冷えてから行うとペクチンが流動性を失い，そこに大きな力が加わると細胞膜が崩壊して中のでんぷんが流失し粘りが出る。いももちはゆでたじゃがいもをつぶし，かたくり粉を加えてよく練り込みもち状にしたものがであるが，じゃがいもを冷ましてからすり鉢で擦るように混ぜると粘りがでる。

③ **煮物**　煮くずれを防ぐには粘質いもや新いもを用いる。塩味をつける際のナトリウムイオンは，いもを軟化させるはたらきがある。一方，牛乳やみそで煮ると，カルシウムイオンの影響を受けて水煮よりも硬くなり，煮くずれしにくくなる。また，じゃがいもは加熱温度が60℃程度に保たれるようなことがあると，その後で加熱しても軟化が起こりにくくなる。

④ **フライドポテト**　じゃがいもを切って，水にさらした後，よく水気をふきとり素揚げにする。揚げたときに褐変する場合があるが，これはじゃがいもの表面の糖とアミノ酸によるアミノカルボニル反応である。水さらしをせず表面にでんぷ

●じゃがいもの種類と特徴

種類	品種	特徴
〈粉質〉でんぷん（多）	男爵，キタアカリ，アンデス	加熱でほくほく感がでるが，煮くずれしやすい。
〈粘質〉でんぷん（少）	メークイン，インカのめざめ，紅丸	ペクチンの可溶化がすすみにくく，煮くずれしにくい

●じゃがいもの褐変
チロシン→ドーパ→キノン体→メラニン

●ソラニン
　ステロイドアルカロイドの一種の有毒物質。中毒では中枢神経系の機能低下をきたし，頻脈，頭痛，嘔吐，胃炎，下痢の症状や溶血作用を示す。大量摂取の場合は死亡のおそれもある。
　熱による分解が起こりにくく，通常の調理温度では無毒化しにくいため，発芽部や緑皮部は確実に取り除くことが必要である。

●いももち
　北海道の郷土料理。じゃがいもを冷ましてからつぶす場合と，特に冷まずことなく熱いうちにつぶしてつくる場合とがある。いずれもかたくり粉を加えて丸め，焼いたり煮たりして加熱，甘からのたれをつけたりして食べる。
　なお，九州地方ではさつまいもを使ったいももちやだんごがある。

●ごりいも
　いもが水（温水）に長時間漬かると，細胞間のペクチン質が酵素のはたらきで分解しにくい構造に変性する。外観は普通のいもと区別がつかないが，加熱をしても軟化が生じにくくなり，食用に向くテクスチャーになりにくい(p.108)参照。

んが多くが残っていたり，高温で揚げると褐変が起こりやすい。

⑤ **梨もどき** じゃがいもを千切りにして水洗いし，熱湯に数秒間ほどくぐらせたあと，熱いうちに合わせ酢などに漬けたものは，果物のなしのようにしゃりしゃりとしているので梨もどきといわれる。じゃがいもの加熱時間が短いため温度が50～60℃に保たれ硬化現象が生じ，かつ加熱により細胞膜が変化して調味液が入りこみやすくなるので，生のようなみずみずしい食感となる。

(2) さつまいも

じゃがいもに比べて水分が少なく糖分が多いので，副菜としてのほか，スイートポテトなど菓子類にも多く用いられる。

① **きんとん** さつまいもをゆでて裏ごしし，40％程度の砂糖を加えてつくる。色を美しく仕上げるために，ヤラピンを多く含む外皮部を厚めにむく。切ったいもは水につけてポリフェノール（クロロゲン酸）が関与する酵素的褐変を防ぐようにする。また，0.5％程度のミョウバンを加えると，アルミニウムイオンがさつまいものフラボノイド色素に作用して錯塩をつくり，黄色を呈して色が鮮やかになるが，アルミニウムイオンはペクチンに作用して組織の軟化を抑制する。

加える砂糖の量が多いと，部分的に脱水された状態が起こりざらつきになることがあるため，数回に分けて加えたり，シロップにして加える。

② **煮　物** 皮が薄いため，よく洗い皮ごと切って加熱してもよい。甘辛く味付けしたりレモンや果物などとともに煮ると酸味が合うほか，バターなどの油脂を加えると，しっとりしたテクスチャーになる。

ミョウバンを加えると前述の理由により，色が鮮やかになり，煮くずれを防ぐ。

③ **あめがらめ** 素揚げをした揚げたての芋に，砂糖と水を軽く色づくまで加熱したあめ状シロップをからめる。冷めると固まりやすいため，水あめを加えるとよい。

(3) さといも

さといもは独特のぬめりをもつ。粘質物質は食物繊維のガラクタンや糖たんぱく質のムチンである。ぬめりは煮汁の吹きこぼれをおこしやすく，調味料の浸透を妨げるため，加熱前に塩水で洗ったり，ゆでこぼすなどして取り除くこともある。ゆでこぼした場合の煮汁の粘度について，図3-3-6に示す。また，はじめから調味料を入れて煮ると，ぬめりが出

● **冠水いも**

いも畑が大雨で洪水になり，数時間あるいはそれ以上浸水したときのいもを冠水いもという。ごりいもと同様に煮ても軟らかくならず，食味もわるいうえにアルコール臭がある。

● **さつまいもの品種**

農林登録品種の農林1号，コガネセンガン，ベニアズマ，農林番号以前の高系14号，在来品種の紅赤（金時）などがある。

● **ヤラピン**

さつまいもの皮の周辺にはヤラピンという樹脂配糖体を多く含む。不溶性で乳白色の粘液状。これが空気中では黒変するので，色を重視する料理の場合は皮を厚くむいて水に取る。

● **くちなしの実**

さつまいもを煮るときに，くちなしの実を入れるときれいな黄色に仕上がる。実はガーゼに包むとよい。

アカネ科の常緑低木，花は白く，実は赤い。この赤い実を割って水に浸すと黄色くなる。黄色の成分はカロテノイド系のクロシンやクロセチンで，比較的熱に安定である。

● **さといもの種類**

食用部	種　類
親いも	八頭（やつがしら），たけのこいも（京いも）
親子兼用	えびいも，赤芽（あかめ）
子いも	石川早生，土垂（どだれ）

● **ずいき（いもがら）**

さといもの茎の部分（葉柄）を乾燥させたものはずいきとよばれ，水戻しをして煮物や炒め物，みそ汁の実などにする。

3．副菜材料の調理

にくい。なお，ゆでこぼすと，無機質もいっしょに捨てられるため，粘質物質は，そのまま残し，料理のとろみとして利用してもよい。

① **煮　物**　日常食の煮物や正月料理として利用される。もてなし料理には，塩洗いやゆでこぼしをしてぬめりをとって調理すると，きれいな仕上がりになる。また，はじめから調味料を入れて煮るとぬめりが出にくく，冷めると粘性が弱まる。

② **きぬかつぎ**　皮がはがれやすい石川早生種を皮ごと蒸して，塩やしょうゆで食べる。

(4) やまのいも類

やまのいもを切ったりむいたりすると，チロシナーゼのはたらきで褐変する。これは加熱や酢で防ぐことができる。手のかゆみを生じるシュウ酸カルシウムの針状結晶への対策も合わせて，皮をむいたやまのいもは酢水に浸けるのがよい。

やまのいもの粘質物質はグロブリン様のたんぱく質とマンナンの糖たんぱく質やムチンで，粘弾性が強い。

① **生　食**　やまのいもは，でんぷん分解酵素のアミラーゼを含むうえに，細胞壁のセルロースが少ないので，消化酵素の影響を受けやすいため生食ができる。皮をむいてすりおろし，魚介と合わせたり，だし汁やしょうゆ，たまごなどを加えて飯やそばにかけたり，とろろ汁とする。

② **つなぎ，菓子類**　粘弾性とともに起泡性もあるため，はんぺんなど練り製品やめんのつなぎ，かるかんやじょうよまんじゅうなど，膨化菓子に利用される。

③ **むかごの料理**　やまのいもの葉のつけ根にできる1cmほどの小いもは，食用として，ゆでたり，飯に炊き込んだり，煮物にしたりする。

(5) こんにゃくいも，こんにゃく

こんにゃくいもの加工品としてこんにゃくがある。こんにゃくの成分は水分が約97％，不溶性の食物繊維を2〜3％を含み難消化性食品である。日本の伝統食として親しまれているほか，近年は低カロリー食として注目されている。精進料理に欠かせない食材である。

こんにゃくの種類は形態として板状，糸状，塊状，球形などがあり，色は白と黒がある。

調理法として，ゆでて田楽にしたり，煮物，おでんなどにする。油との相性も良く，炒り煮や素揚げにしてもよい。薄く切り素揚げしたものは，肉の食感に似ているため精進料理には肉もどきとして利用される。

●煮汁の粘度

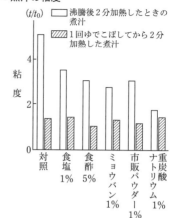

図3-3-6　ゆでこぼした場合の煮汁の粘度

出典：河村フジ子他：家政誌，18，p.147(1967)

●やまのいもの種類

種類	特徴
自然薯	山野に自生。平たくよじれた形状。粘性が強い
長いも	太い棒状。水分が多く粘りが少ない
つくねいも	塊状。肉質がしまり粘りが強く，味がよい
いちょういも	ひらたくいちょうの葉形。粘りは中庸。別名やまといも（関東地方）

●むかご（零余子）

自然薯などやまのいもの葉の腋や花序に形成される栄養繁殖器官。ほ ぼ全国の山野に自生し，都市部の公園でもみられる。茎が肥大化して肉芽になり小さないもの形となったものを秋に収穫して食用とする。

●こんにゃくいも

（2〜3年物）　（4年物）

こんにゃくは味がしみ込みにくいと考えられがちであるが，調味液の浸透はよいほうである。もとの水分が多いため，煮物などでは食べたとき味が薄く感じられる。味の濃い煮汁を外側にからめるようにしたり，手でちぎり断面の表面積を多くして調味液がからむようにするとしっかりした味になる。表面にかのこ切りをほどこすと，切り目の間に調味液を含み味がつき，高齢者には噛みきりやすく食べやすくなる。

3　きのこ類

(1) きのこの種類

きのこは，食用として市場に出るものが20～30種ぐらいあり，そのうちしいたけ，しめじ，えのきたけ，なめこ，まいたけ，エリンギ，マッシュルームなどが季節を問わず栽培され流通している。栽培がむずかしく天然ものにたよるものとして，まつたけがある。まつたけはその香りが特に好まれ，味はしめじがよいとされる。流通している灰褐色のしめじは栽培種のぶなしめじで，本来のしめじは黄色で表面に粘性があり栽培がむずかしい。松露は貴重品である。

しいたけは生のものを利用するほか，乾燥して干しいたけとして利用する。肉厚でかさの開きが浅い「冬菇（どんこ）」と，かさが開きなめらかな「香信（こうしん）」がある。

(2) きのこの成分

きのこは，水分約90％，たんぱく質2％程度，炭水化物2～5％程度のほか，ビタミンB_1，B_2，ナイアシンを多く含む。プロビタミンD_2も含み，特に乾燥きのこには多い。炭水化物のうち，2/3以上は食物繊維で，生体への効用が注目される。

うま味成分として，核酸の5'-グアニル酸，遊離アミノ酸のアラニンやグルタミン酸，その他のアミノ酸を含み，糖や有機酸も関与して，きのこ特有のうま味を呈する。

香りの主成分は，脂肪族アルコールのレチオニン（干しいたけ）や桂皮酸メチル（まつたけ）である。

(3) きのこの調理

汁の実にしたり，茶わん蒸し，鍋物の材料とするほか，煮びたし，三杯酢，煮物，天ぷら，きのこ飯，バターソテーなどさまざまな調理が展開できる。なめこは，だいこんおろしとの相性がよい。まつたけは焼いて手でさいて和え物にした

数年かけて大きくしたこんにゃくいもを用いて，こんにゃくに加工する。

● 松露（しょうろ）

まつたけと同様松の根に共生するきのこの一種。近年はなかなか見つからず貴重品となっている。トリュフが西洋しょうろとよばれるように，珍重される点と外観は似ているが，味覚などは別物である。収穫できる場所はある程度限られるが，全国の海岸，または高原の松林に点在している。収穫期は夏の6月から7月ころで，採れる場所の条件により乳白色－茶褐色－黒褐色を呈し，径2～4cmの子いも状をなす。

香りや味よりも独特の歯ごたえや弾力といったテクスチャーが珍重される。塩焼き，煮物，吸い物，炊込み飯，卵とじなどにする。

● プロビタミンD_2

エルゴステロールともよばれる。日光や紫外線によりビタミンD_2（エルゴカルシフェロール）に変化する。

● 干しいたけ水戻し

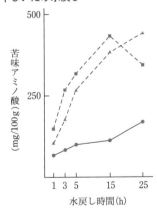

● 5℃で水戻し後，加熱調理
▲ 25℃で水戻し後，加熱調理
■ 40℃で水戻し後，加熱調理

苦味アミノ酸
Arg＋Pro＋Val＋Ile＋Lon＋Tyr＋Phe＋Trp

図3-3-7　干しいたけの水戻しが苦味アミノ酸量に及ぼす影響

出典：佐々木弘子他：日食工誌，36，p.293-301（1989）

り，専用の器で土瓶蒸しとし，そのだし汁もともに味わうなど日本人に愛される秋の味覚である。まいたけは，たんぱく質分解酵素が含まれるため，茶わん蒸しに使用するときは湯通しなど加熱をしてから入れる。

干しいたけは，水で戻し，煮物や炒め物にしたり，戻し汁は，だしとして利用する。水で戻す際に，湯を使うと常温や冷水に比べ膨潤しにくく，苦味をもつ遊離アミノ酸が増える。5℃の水では苦味成分が少なく，膨潤もしやすいため，冷蔵庫で5～8時間程度，浸水して戻すのがよい（図3-3-7）。

4 藻類

（1）海藻の種類

海中に生息している色合いから，緑藻類（あおのりなど），褐藻類（こんぶ，わかめ，ひじき，もずくなど），紅藻類（あまのり，おごのり，てんぐさ，ふのりなど），藍藻類（すいぜんじのりなど）に大別できる。加熱処理や天日干し後に乾燥品にすることが多く，日もちがよく遠方への流通が可能である。

（2）海藻の成分と調理

藻類の成分は水分が生では90％，乾燥品は3～15％で，糖質，たんぱく質，ミネラル（カルシウム，カリウム，鉄，ヨウ素など），ビタミン（C，B群，カロテンなど）を含む。海藻類は吸収率に個人差があるため，きのこ同様にエネルギー換算率（アトウォーター係数）は通常の1/2とするため，低エネルギー食品である。糖質は乾燥品では40～65％となり，その40％以上が食物繊維である。その一種のアルギン酸はコレステロール，および血圧低下作用があり，その他海藻の含有成分には，抗菌・抗ウイルス性，有害物質排泄除去作用などが認められている。

海藻の種類によって，クロロフィル，カロテン，フコキサンチン，フィコエリスリンなどを含み，調理過程で，酸により退色したり，加熱すると熱変性を起こして色が変化する。

うま味成分のグルタミン酸ナトリウム（特にこんぶ），アスパラギン酸，グアニル酸が多く含まれる。

（3）海藻の調理

① わかめ　塩蔵わかめは塩出し，乾燥わかめは水戻して使用する。サラダや酢の物，みそ汁の具にする。酢酸により歯ごたえが増すのはアルギン酸の関与があると考えられる。

●エリタデニン
しいたけに含まれる核酸誘導体。コレステロール低下作用がある。

●こんぶの流通
江戸時代には，北前船での上り荷として，産地（北海道）から離れたところ（京都，大阪）で消費が盛んになり，現代もその地域の食文化を支えている。

●フコキサンチン
カロテンの一種。それ自体は橙黄色であるが，生体内ではたんぱく質と結合したキサントゾームとして存在し，吸収する光が短波長側に移り（赤色を吸収しにくくなるため），赤色を呈する（吸収されなかった赤が人の目に見える）。

●わかめの色の変化
わかめは，海中では褐色を呈しているが，湯通しをすると鮮やかな緑色になる。これははじめ，わかめのクロロフィルとたんぱく質と結合したフコキサンチン（キサントゾーム）が共存して褐色に見える。それを湯通しすると，たんぱく質が変性し，フコキサンチンがもとの橙黄色に変化し，クロロフィルの緑色が現れることになるためである。

●焼きのり
全型とよばれる1枚の大きさは縦21cm，横19cmである。重量は2～3g。10枚を1帖（じょう）という単位でよぶ。
味付けのりは全型を8つに切ったサイズを一枚とすることが多い。

② こんぶ　乾物はだし用，煮物用，加工用がある。だしのほか，煮物や佃煮にする。おぼろ昆布の加工品もある。生こんぶは収穫期に産地周辺に出回り，柔らかく風味がよく煮物や酢の物にする。

③ ひじき　生ひじきは茶色〜褐色であるが，乾燥品の加工過程で黒色に変わる。砂糖としょうゆの調味やだいず，油と相性がよい。乾燥ひじきを水戻しし，サラダにも利用する。

④ あまのり　乾燥させ，焼きのり，味付けのりなどに利用される。湿気を防ぐように保存する。

⑤ てんぐさ類　てんぐさはところてんや寒天，えごのりはおきゅうと，すぎのりはカラギーナンの原料。

5　まめ類（だいずを除く）

（1）まめの種類

だいず以外のまめとして，あずき，いんげんまめなどがあり，これらは炭水化物の含量が多いのが特徴である。最近は輸入品のレンズまめやひよこまめが市場に出回っている。さやえんどう，そらまめなど未熟なうちに収穫し，乾燥させないものは野菜の扱いで，野菜まめとよばれる。近年，だいず以外のまめの摂取は一人1日2g前後である。1950年代の約1/3，1960年代の約1/2量に減少している。

（2）まめ成分と調理

乾燥豆類の水分は12〜15％で，あらかじめ浸水，膨潤させてから加熱を行う。まめの種類により，吸水の状態は異なり（p.97豆類の吸水曲線参照），あずきは吸水が緩慢で時間がかかる。あずきは表皮が硬く，表皮からの吸水がほとんどなく，側面の種瘤より吸水し，内部が先に膨張して表皮を破り胴切れしやすい。長時間の浸水はまめを発酵，腐敗させるため，あずきは浸水せずに加熱することが多い。あずきやいんげんまめには炭水化物が約55％で，そのほとんどがでんぷんである。これらの豆類は加熱によりでんぷん粒が膨潤し，細胞内を満たすが，細胞膜が強固なため，でんぷんが流出せず，個々の細胞が分離してばらばらになり，あんにするとさらりとしたあんになる。たんぱく質を約20％含み，脂質はだいずに比べて少なく2％程度である。鉄などのミネラルやビタミンB_1，B_2を多く含む。また，食物繊維が豊富でその大部分が不溶性である。

● おきゅうと

福岡を中心に九州地方で食されている一般のおかず料理。乾燥したえごのりを煮溶かして，うらごしし，冷やし固める。うすくのばして冷やしたものを短冊状に切り，しょうゆやぽん酢などをかけるほか，かつお節，きざみねぎ，しょうがなどをのせて食べる。

● レンズまめ

ヒラマメ属の1年草の種子。西アジア原産。丸くて扁平な形で直径4〜9mm。とつレンズ様の形からこの名がついた。栽培の歴史は古い。

インドやイタリア，フランスなどヨーロッパではカレーやスープ，煮こみ料理によく使われる。緑や茶色を呈するが，皮をむくと中は黄，橙などの色がある。華やかで，ゆでてサラダなどにも利用される。成分的にはあずきやいんげんに近いが，鉄はだいずと同等で多く含まれる。

● ひよこまめ

英名はチックピー(Chich pea)，スペイン語でガルバンソ，エジプトまめともよばれる。ヒヨコマメ属。トルコ南東部が起源とされる。球状であるが，くちばし状の小さな突起をもち，全体にひよこの頭に似るため，この名がある。乳白色が一般的で，茶色や黒色もある。インド，ミャンマー，中東諸国，中南米，ヨーロッパでよく食べられている。煮込み料理に使われるほか，でんぷん質が多いため，ゆでてペースト状にしたり，粉にして利用される。

● あずきの構造

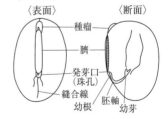

出典：転作全書第2巻　ダイズ・アズキ(2001)農文協編, p.762

(3) まめの調理

(1) あずき, ささげ

煮豆のほか, あんに利用されることが多い。煮るときは, あく成分をとり除くため一度ゆでこぼし(渋きり), 再び水を加えて煮る。長時間煮るため途中で水分を補給するが, 冷水よりも熱水を入れたほうが胴割れしにくい。一般に豆類は古くなると吸水しにくく, 加熱豆も軟らかくなりにくいため, 特にあずきやささげは製造後1年以内のものを使用するようにする。かぼちゃとともに煮たものは, いとこ煮とよばれる。また, 赤飯やあずき粥に利用される。

あんは, 煮豆をそのまま「粒あん」にしたり, つぶして「つぶしあん」に, あるいはつぶして種皮を取り除いて「こしあん」にする。この段階のあんを生あん, 一般にあんとよぶ。それぞれのあんに砂糖を加えて練り上げると各種「ねりあん」となる。また, 生こしあんは乾燥させると「さらしあん」となる。さらしあんに約2倍の水を加えると生あんに戻る。あずきのまめがあん粒子になる過程とあずきの変化を図3-3-8に示した。

(2) いんげんまめ

いんげんまめは種類が多く, 白いんげん, 金時(赤色), うずらまめ, とらまめなどがある。大型で冷涼な地方で栽培される花豆(はなまめ)もいんげんまめの一種である。

煮物や, 甘煮にするほか, ゆでてそのまま食べたり野菜とともにサラダにしたりする。最近は市販品で素材として利用しやすい缶詰やサラダ用のパックが多く見られる。また, 白いんげんはあずきと同様あんに利用され, 練りきりの材料として和菓子製造には欠かせない素材である。

● あずきとささげ

「あずき」と「ささげ」はともにササゲ科で色も形もよく似ているが同じものではない。ささげは, 大粒種と小粒種があり, 通常, 小粒種をささげとよぶ。赤飯にはあずきに代わってささげを入れる(特に関東地方)が, あずきは煮ると皮がやぶれやすく切腹に通じ縁起が悪いとされたためである。皮が破れるとみた目もよくないため煮くずれしにくいささげが今も使われることが多い。

● あずきポリフェノール

あずきにはポリフェノールのうちタンニンの成分を含み, 高血圧症, 糖尿病, 腎障害などの改善への効用が報告されている。含有部は種皮に集中しているため, これらの作用を維持する場合, 皮ごと食べたり皮ごとゆでた汁を摂取することが効果的である。

● いんげんまめ(隠元豆)

中央アフリカが原産で, 日本には江戸時代に中国の僧隠元が伝えたといわれる。

● いんげんまめの構造

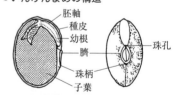

A:正中断面　　B:腹側外形

出典:星野忠彦, 松本エミ子, 高野敬子, 食品組織学(1998)光生館, p.230

図3-3-8　あずきのまめがあん粒子になる過程とあずきの変化

4. 菓子・嗜好品材料の調理

1 でんぷん

(1) でんぷんの種類と特性

でんぷんは，植物の根，茎，種実などの細胞内に粒状で存在する水に不溶な貯蔵多糖類である。その種類は（表3-4-1），種実でんぷん（こめ，こむぎ，とうもろこし），根茎でんぷん（じゃがいも，さつまいも，くず，キャッサバ，わらび）に分類される。原料により粒径，粒の形態，糊化開始温度，糊化後の粘度，ゲルの透明度などの性質が異なる。でんぷんの糊化特性を示すアミログラムによると（図3-4-1），じゃがいもでんぷん（かたくり粉：現在の市販品）は糊化開始温度が低く，粘度が急上昇して高い最高粘度を示すが，ブレークダウンが著しい。一方，とうもろこし（コーンスターチ）などの種実でんぷんは粘度が上昇する温度が高く，最高粘度は低いが，ブレークダウンが小さいことから，粘度における熱安定性が高い。ゲルの透明度は種実でんぷんが不透明で，根茎でんぷんは透明である。

● アミログラフ
ブラベンター社（独）開発の一種の回転粘度計（別称：ビスコグラフ）。穀類粉，でんぷんなどの懸濁液を用い，一定速度（1.5℃/min）で回転撹拌させ，試料の連続的な粘度特性を検出するもの。試料の糊化時や冷却後の粘度特性が得られる。

● ブレークダウン（break down）
でんぷん粒が膨潤して粘度が最大に達した後も加熱と撹拌を継続すると，でんぷん粒は崩壊して粘度は低下する。このことをブレークダウンという。最高粘度の高いものは通常，ブレークダウンが大きく，安定性の低い糊といえる。

表3-4-1 でんぷんの種類と特性

でんぷんの種類		平均粒径(μ)	粒の形態	アミロース含量(%)	でんぷん6%		ゲル	
					糊化開始	最高粘度	状態	透明度
種実でんぷん	こめ	5	多面形	17	67.0(℃)	112(B.U)	もろく，硬い	やや不透明
	こむぎ	21	比較的球形	25	76.7	104	もろく，軟らかい	やや不透明
	とうもろこし	15	多面形	28	73.5	260	もろく，硬い	不透明
根茎でんぷん	じゃがいも	33	卵形	22	63.5	2,200	ややもろい，硬い	透明
	さつまいも	15	球形，楕円形	19	68.0	510	ややもろい，硬い	透明
	くず	10	卵形	23	66.2	450	弾力性	透明
	タピオカ	20	球形	18	62.8	750	強い粘着性	透明

出典：川端昌子他：Nブックス「調理学」，p.115，建帛社，2002

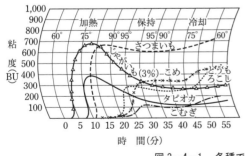
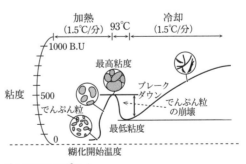

図3-4-1 各種でんぷんのアミログラム

出典：二国二郎監修「澱粉科学ハンドブック」p.37，朝倉書店（1977）
高野克己他編著：「パソコンで学ぶ食品化学」p.36，三共出版（2005）に一部加筆

でんぷんの老化に伴う離漿はでんぷんの種類によって異なり，じゃがいもでんぷんはわずかであるが，種実でんぷんのりょくとうやとうもろこしでは高い離漿率を示し，老化しやすい。

（2）でんぷんの調理特性

でんぷんを粉末のまま食品の衣付けなどに利用すると，食品成分の流出の防止，軟らかさの保持，表面に滑らかさやカリッとしたテクスチャーを付与する。低濃度では，加熱糊化による粘性で食べものに滑らかな食感やとろみを付与する。高濃度では，特有のテクスチャーを有するゲルを形成する。

汁物，あんかけ，ゲル形成の調理では，でんぷん濃度として通常1～20％程度の範囲である。粉末のでんぷんは水に不溶だが，水を加えて加熱するとでんぷん粒が崩壊して水中にでんぷん分子が分散し，粘性が出現する（でんぷんの種類や濃度によって粘度の程度が異なる）。調理では，この粘度，透明度（でんぷんの種類による），付着性を利用したものが多い。ほとんどの場合，調味料が共存するが，調味料の添加条件とでんぷんの種類によって，その物性は影響される。

でんぷんに多量の砂糖を加えて加熱すると，砂糖の親水性により，でんぷんの糊化が不十分になり，老化しやすい状態となる。一方，糊化でんぷんに砂糖を添加する場合は，老化を抑制する。食酢はでんぷんを加水分解するので，添加により粘度は低下し，特にpH3.5以下では，粘度の低下が著しい。じゃがいもでんぷんの場合，食塩は膨潤糊化を抑制し，少量の添加でも粘度が低下する。

（3）低濃度でんぷんの調理

① 薄くず汁，あんかけ（溜菜） これらの調理では透明度が高く，粘度が高いじゃがいもでんぷん（かたくり粉）を使用する。使用濃度は薄くず汁，かき玉汁が1～2％，あんかけ3～6％，くず湯5～8％程度である。汁ものやあんには水溶きしたものを撹拌しながら加え，火を通す。いずれの調理例においても，汁にとろみがついているために対流が妨げられ，冷めにくい。汁ものの具を沈みにくくし，なめらかな口当たりを付与する。あんとして用いる場合，その透明度と粘度によって材料の色彩を活かしながら光沢を与え，味もからみやすくなる。

● でんぷんの調理特性

調理性	調理例	濃度（％）	用いられるでんぷん
吸湿性皮膜	から揚げ，竜田揚げ		じゃがいも，とうもろこし
	肉団子，かまぼこ		
つなぎ歯ざわり	打ち粉		じゃがいも
	くずたたき		くず，じゃがいも
粘性	薄くず汁，かき玉汁	1～2	じゃがいも
	あんかけ（溜菜）	3～6	じゃがいも，くず
	くず湯	5～8	くず，じゃがいも
	カスタードソース	7～9	とうもろこし
ゲル化性・伸展性	ブラマンジェ	8～10	とうもろこし
	くず桜の皮	15～20	くず，じゃがいも
	ごま豆腐	15～20	くず
	くずきり		くず，じゃがいも
	わらびもち	20	さつまいも
その他	はるさめ料理		さつまいも，りょくとう，じゃがいも
	タピオカパール		キャッサバ，サゴ

* じゃがいもでんぷん（かたくり粉）
  とうもろこしでんぷん（コーンスターチ）

● でんぷんの種類による食塩の影響

小麦でんぷんは，じゃがいもでんぷんのような顕著な粘度低下の影響はみられない。でんぷんの種類により，食塩の影響が異なる。

● 汁物の温度降下

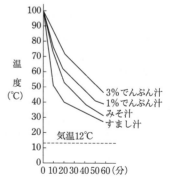

出典：松元文子：「三訂調理実験」p.52，柴田書店（1970）

② **カスタードクリーム** 卵黄，牛乳，砂糖，コーンスターチ（または小麦粉）を混合して加熱し，糊化させてとろみをつけたもので，いろいろな製法があるが，十分火を通すことが必要である。

（4）高濃度でんぷんの調理

① **ブラマンジェ（blanc-manger（仏），blancmange（英））**
ブラマンジェは"白い食べもの"の意味で，英国では牛乳，砂糖，コーンスターチ（フランスではゼラチンを使用）でつくる。8～10％と比較的高濃度のでんぷん懸濁液（けんだく）を加熱して糊化させた後，冷却してゲル化したものである。コーンスターチは冷却時のゲル形成能が高く，歯切れのよい食感が得られる。

② **くず桜** 15～20％程度の濃度のでんぷん（くずでんぷん単独，またはじゃがいもでんぷん併用）を加熱し，糊化が開始して粘度が出てきた半糊化状態のでんぷんを用いてあずきあんを包み，再び蒸して糊化させた和菓子である。低温保存の時間が長くなると，老化（透明度と弾力性の低下，離漿量の増加）により嗜好性が低下するので保存には注意が必要である。

③ **ごま豆腐** 精進料理に欠かせない一品で，主に15％程度のくずでんぷんとすりごまを用い，火にかけながら練り，ペースト状になったものを冷却してゲル化させたものである。加熱中の撹拌はなめらかさに与える影響が大きく，撹拌による油脂の分散が舌触りを滑らかにし，老化しにくい製品が得られる。

● **ブラマンジェの加熱要点**
種実でんぷん系は糊化温度が高く，糊化しても透明にならないので，加熱は充分煮立つようにする。

● **ごま豆腐のごま**
すりごまでも市販のあたりごまでもよい。

● **タピオカ**
南米原産のトウダイグサ科のキャッサバ根茎（いも）からとれるでんぷんを撹拌しながら5～6mmの球状にした製品。半糊化状態にローストされた製品で，半透明の真珠状をしている。

● **サゴパール**
サゴでんぷんを原料とした粒形約2mmのものをいう。ポット法で25～30分の加熱で軟らかな弾力の食感が得られる。

● **ポット法（魔法びんを用いる方法）**
直接加熱をしない方法もあり，この場合は熱湯にタピオカを振り入れて撹拌し，3～4時間放置する。蒸発による加水の必要がない簡便な方法である。

（5）その他

① **タピオカパール** タピオカパールは加熱により，透明感

表3-4-2　タピオカパールの浸水後の煮え具合

浸水時間 (min)	原形保持の 割合(%)	煮え具合
0	97	◉3/4程度白い芯が残る，弾力あり
10	87	◉3/4程度白い芯が残る，弾力あり
15	78	◉2/3程度白い芯，弾力あり
30	76	◉1/2～2/3が白い芯，弾力あり
60	69	◉1/2程度白い芯，弾力あり
120	54	◉1/2程度やや不透明の芯，芯との境目がなくなる。弾力あり
180	43	◉1/3～1/2が不透明の芯，弾力が少し落ち，べたつく
300	37	◉1/3が芯，境目がほとんどないが，やや不透明の芯，弾力ない
480	36	◉中までほぼ煮えているが中心は少し芯があるようにみえる。べたべたする

注] 加熱方法：水湯煎法，加熱時間：沸騰後40分(600W)

出典：平尾和子他：家政誌40，p.363(1989)

のある美しい形状と歯切れのよい独特の食感が得られ，スープの浮き身，プディングなどのデザートに利用されている。予備浸水を行うと煮くずれしやすいため（表3-4-2），加熱前の浸水の必要はなく，水に振り込んで1.5〜2時間湯せん加熱すると透明で歯ごたえのあるものになる。冷蔵庫での保存時間が2時間以上になると硬さが増して付着性が低下するなど，物性変化が大きくなるため冷蔵保存は短時間にとどめる。

② はるさめ　でんぷんの老化による特有のテクスチャーを利用した加工食品で，主に日本産と中国産が用いられている。はるさめは透明度の高い美しい光沢をもち，べたつかず歯切れのよいものが要求され，膨潤倍率が高く煮くずれの少ないものがよいとされる。

③ 化工でんぷん　でんぷんに化学的・物理的処理をすることで，でんぷんの機能を拡大したものが化（加）工でんぷんである。いろいろなものがあるが，主なものはでんぷん分解物，湿熱処理でんぷん，α-でんぷん（糊化済み）などである。

でんぷん分解物は分解度により数種類に分けられるが，加水分解の程度はDEにより示される。DEが小さいほど少糖類や多糖類の含量が多い。DE10以下をデキストリン，DE10〜20をマルトデキストリン，DE20〜40が粉あめに分類される。デキストリンは，でんぷんに水を加えず120〜200℃位で加熱すると，でんぷんの分子鎖が切断されてできる。ソースやスープのとろみ付けが目的の利用が多い。

2　砂糖，甘味料

（1）砂糖の種類

砂糖は主にさとうきび（甘蔗）やさとうだいこん（甜菜，ビート）を原材料として製造され，主成分はショ糖である。ショ糖の含量は製造法などによって異なるが，不純物（灰分など）が含まれているものは色が濃く独特の風味があり，純度の高いものはくせのない甘さである。「食品成分表2020」には砂糖および甘味類として砂糖，液糖，氷糖みつ，でんぷん糖類，その他が収載されており，そのうち砂糖に分類される食品は表3-4-3のとおりである。これらは製造法により含蜜糖と分蜜糖に大別される。含蜜糖の代表的なものは黒砂糖である。分蜜糖には車糖，ざらめ糖，加工糖などがある。車糖とざらめ糖は結晶粒径が異なり，車糖のほうが粒は細かく，しっとりさを保つために転化糖液（ビスコ）が添加されて

●日本産と中国産はるさめの違い
　日本産の原料はさつまいもでんぷんやじゃがいもでんぷんで，りょくとうに比べてアミロース含量が低いので老化しにくく，煮くずれやすい。一方，中国産のはるさめの原料はりょくとうやそらまめのでんぷんで，アミロース含量が高いため老化しやすい。

●α-でんぷん
　でんぷんと水を加熱糊化し，急速に脱水，乾燥したもの。冷水にも容易に溶け，液体に添加して粘稠性をもたせる。増粘剤として利用されている。

●湿熱処理でんぷん
　限られた水分の中で，でんぷんを加熱処理したもの。このでんぷんは消化性が低いことからレジスタントスターチともいわれる。難消化性なので，糖尿病食などに利用される。

●DE（dextrose equivalent の略称）
［直接還元糖（グルコースとして）／固形分］×100により，でんぷんの加水分解程度を示すもの。純粋のグルコースはDE値が100である。また，DE40の粉あめの甘味は砂糖の0.3〜0.4倍と弱いがエネルギー補給には好都合であり，腎臓病食に利用される。

●分蜜糖
　原料からしぼった汁を濃縮し，分蜜せずに固化したものを含蜜糖とよぶ。しぼり汁を濃縮した糖液を結晶化させ，遠心分離によって糖蜜を除去したものを分蜜糖といい，多くの砂糖類は，この分蜜糖をさらに精製・加工して製造される。

●転化糖
　ショ糖がグルコースと果糖に分解したもの。ショ糖は酸や酵素，熱（約130〜140℃以上）によって加水分解してグルコースと果糖の等量混合物である転化糖になる。

表3-4-3 砂糖の種類

分類			食品名	ショ糖濃度(%)
砂糖	含蜜糖		黒砂糖	(80.0)
	分蜜糖	分蜜粗糖	和三盆糖	(97.4)
		精製糖 車糖	上白糖	(97.8)
			三温糖	(96.4)
		ざらめ糖	グラニュー糖	(99.9)
			白ざら糖(上ざら糖)	(99.9)
			中ざら糖(黄ざら糖)	(99.7)
		加工糖	角砂糖	(99.9)
			氷砂糖	(99.9)
			コーヒーシュガー	(99.5)
			粉糖(顆粒糖を含む)	(98.3)

● 和三盆

和三盆は日本古来の方法によりつくられる国産の砂糖で,「研ぎ」,「押し」とよばれる手作業を繰り返すことにより糖蜜を抜く。分蜜糖と含蜜糖の中間に分類され,薄いクリーム色で結晶が細かく,舌上でさっと溶け風味がよい。

● 顆粒糖(フロストシュガー)

微細な砂糖結晶と糖蜜の混合物をスクリーンから押し出して乾燥した,多孔質で顆粒状の砂糖であり,溶解性が高い。保存中にも固結しにくい。

いる。そのため上白糖などの車糖は転化糖の性質によってグラニュー糖などのざらめ糖よりも甘味を強く感じやすく,後述の加熱による調理特性も異なる。加工糖の粉糖はグラニュー糖を粉砕したもので,固結防止のために1~4%のでんぷんが加えられているものが多い。氷砂糖は結晶が非常に大きく,ほかの砂糖よりも液体に溶けにくく糖濃度が徐々に高くなるため,果実酒に用いても果実の成分の溶出を妨げない。

(2) 砂糖の性質
(1) 甘味を呈する

甘味料の甘味度は温度によって変化するものもあるが,ショ糖の甘味は安定しており,冷菓から高温焼成する菓子まで幅広く用いられる。使用濃度の範囲は広く,隠し味として少量加える場合は,味に深みを出し,酸味や苦味などほかの味を和らげる。菓子類などでは多量に使用するため,砂糖の調理特性による影響も大きい。

(2) 親水性

砂糖は親水性が高い物質であり,水に溶けやすく,その水分を保持する性質がある。水に対する溶解度を表3-4-4に示したが,0℃の冷水にも水重量の1.8倍量,20℃で約2倍量のショ糖が溶解し,水温の上昇とともに溶解度は高くなる。このため,さまざまな調理に利用される。

① でんぷんの老化抑制効果　親水性により糊化でんぷんの水分子と結びついて保持し,老化を抑制するため保存時にも硬くなりにくく,乾燥も防止する。

② たんぱく質への作用　凝固温度を高め,熱変性を抑制する。たとえば,卵焼きを軟らかく仕上げ,カスタードプディ

表3-4-4 ショ糖の溶解度

温度(℃)	100gの水に溶解するg数	ショ糖濃度(%)
0	179.2	64.2
10	190.5	65.6
20	203.9	67.1
30	219.5	68.7
40	238.1	70.4
50	260.4	72.3
60	287.3	74.2
70	320.4	76.2
80	362.1	78.4
90	415.7	80.6
100	485.2	82.9

出典:山崎清子他:「新版調理と理論」,同文書院(2003)に一部加筆

ングのすだちを抑えてなめらかなゲルを形成する。小麦粉生地中の水分と結びつき，グルテン形成を抑制する。さらに，形成されたグルテンの質も軟らかくさせる。卵白の起泡の際に添加すると，卵白の水分に砂糖が溶けて保水性がよくなり卵白泡の乾燥を妨げるため，消泡が抑制されてメレンゲが安定する。冷凍変性を抑制する作用もあり，冷凍すり身などに添加される。

③ **防腐・保存効果** ジャムは果実を高濃度の砂糖とともに煮詰めることで水分活性を低下させ，細菌などの増殖や腐敗，風味の低下を防ぎ，保存性も高める（表3-4-5，6）。

④ **寒天などのゲル強度を高める** 寒天やゼラチンの離漿を抑制し，ゲル強度を高める。

⑤ **油脂・色素・ビタミンなどの酸化防止** 自由水が減少することで溶存酸素量は減少し，色，香りが保持され，アスコルビン酸や油脂の酸化は抑制される。

(3) ペクチンのゲル化

HMペクチンのゲル化には有機酸とともに糖が必要である。砂糖の保水性によってゲルが安定する。

(4) イーストの発酵助成効果

パン酵母を発酵させるときに栄養源として必要とされ，炭酸ガス発生に寄与する。

(5) ケーキなどの焼き色付与

焼き菓子などではアミノカルボニル反応，およびカラメル化による着色，加熱香気が生じる。ショ糖は130〜140℃ぐらいから加水分解をはじめ，転化糖を生成する。転化糖はアミノ酸とアミノカルボニル反応を起こして褐色物質を生成する。さらに加熱すると着色し始め，糖の脱水縮合物の複合体である褐変物質のカラメルになる。

(3) 砂糖の調理

砂糖は，加熱の程度によって表3-4-8のように変化する。温度計の精度や火加減によって，煮詰め温度とそのときの状態が必ずしも表と一致しない場合もある。その際は，糖液の温度と状態を同時に確認して，目的とする菓子などに適した状態を把握するとよい。また，上白糖を使用する場合は転化糖の影響によって，色付きやすい。

(1) シロップ

102〜103℃まで加熱するとショ糖濃度50〜60％となる。この濃度では0℃で保存しても結晶が析出することはない。

● **氷点降下**

凍結温度が0℃以下に下がることを氷点降下とよぶ。砂糖はこの性質をもつため，冷菓の氷の結晶の成長を防ぎ，結晶を細かいクリーム状に保つ。

● **保存性を高める**

表3-4-5 各種糖質の水分活性

(70％，20℃)

糖質	水分活性(Aw)
グルコース	0.77*
ショ糖	0.81
ソルビトール	0.75
粉あめ	0.88〜0.95
水あめ	0.85〜0.92
還元麦芽糖水あめ	0.80
分岐オリゴ糖	0.75*

* 75％濃度

表3-4-6 微生物が生育するのに必要な水分活性

微生物	水分活性(Aw)
普通細菌	0.90
普通酵母	0.88
普通かび	0.80
好塩細菌	0.75
耐乾性かび	0.65
耐浸透圧性酵母	0.61

出典：北畑寿美雄他編：食品成分シリーズ，「糖質の科学」p.86, 朝倉書店(2003)

● **調理操作による変化**

砂糖溶液は加熱していくと，煮詰められて，温度が上昇する。それに伴って沸騰点も上昇する。

表3-4-7 ショ糖の沸騰点

ショ糖濃度(％)	温度(℃)
10	100.4
20	100.6
30	101.1
40	101.5
50	102.0
60	103.0
70	106.5
80	112.5
90.8	130.0

出典：渕上倫子編：「調理学」p.144, 朝倉書店(2006)

表3-4-8 砂糖液の煮詰め温度による状態の変化

煮詰め温度 (℃)	冷却時の状態	菓子などへの利用
100	シロップ	シロップ
105	濃厚シロップ	ゼリー
110	糸状に粘る	ボンボン,マシュマロ
107～110	軟らかい球状	フォンダン
115～118	やや軟らかい球状	ファッジ,砂糖衣
120～130	やや硬い球状	キャラメル
130～132	硬い球状	タッフィー
135～138	ややもろく破砕	ヌガー
140～145		抜糸(銀糸)
150～155	もろく破砕	ドロップ,あめ
160～165		抜糸(金糸)
170～190	カラメル	カラメルソース

出典:渕上倫子編:「調理学」p.144, 朝倉書店(2006)より一部修正

(2) 結晶化(ボンボン,フォンダン,砂糖衣)

　結晶化させる菓子としてはフォンダン,糖衣などがあるが,それぞれ煮詰め温度が異なる。ショ糖濃度と沸騰点の関係を表3-4-7に示したとおり,煮詰め温度が高くなるとショ糖濃度が高くなる。煮詰めた砂糖液を冷却するとショ糖の溶解度は下がり,過飽和になった部分は結晶になって析出する。煮詰め温度を低めにして結晶をつくると細かくなめらかな状態になる。煮詰め温度が高いと析出する結晶の量が多く,カリカリとした硬い食感の結晶が得られる。

① ボンボン　110℃程度に煮詰めた砂糖液にアルコール濃度の高い洋酒を加え,乾燥させたコーンスターチに流して水分を吸収させ,表面を結晶化させたものである。

② フォンダン　107～110℃程度に加熱するとショ糖濃度は75％前後となり,40℃程度で過飽和状態になり結晶が析出し始める。これを撹拌すると刺激によって再結晶するが,撹拌を手早くすると,微小な結晶となって糖液に分散し,クリーム状に仕上がる。転化糖は結晶化しにくく,結晶の成長を抑制する性質があるため転化糖の入った上白糖を用いたほうが滑らかな状態になる。

③ 砂糖衣　115～120℃に加熱し(ショ糖濃度83～85％),熱いうちにピーナッツなどを加えて手早く撹拌して再結晶させ,表面に付着させる。結晶は粗く乾いた状態である。

(3) 抜糸,あめ

　140～165℃程度に加熱したものは,80～100℃に冷める過程で粘性を増して糸を引き,硬く固まる。140～150℃程度の

● アイシング

　クッキーやケーキなどの表面に砂糖衣で滑らかにコーティング仕上げすること。フォンダンで仕上げる方法のほかに,粉糖を水や卵白,レモン汁などで練ったものを塗る方法がある。

● カラメルソース

　カスタードプディングに用いるカラメルソースは,使用した砂糖重量の約1.2～1.3倍に仕上げると,適度な濃度のソースになる。カスタードプディングの卵液が比重1.092,カラメルソースの比重約1.4,比重差があるため静かに卵液を注げばソースとの混入はない。比重が大きすぎるものはあめ状になって型に付着する。

● カラメル

　カラメルソースとしてカスタードプディングなどの菓子に用いられるほかに,ウスターソース,しょうゆ,食酢,ウィスキー,黒ビール,ブランデーなどの着色料に用いられている。

● 砂糖以外の甘味料
でんぷん糖類
① 水あめ…とうもろこしなどのでんぷんを酵素または酸で加水分解して製品としたもので,甘味度はショ糖の半分以下であるが,吸湿性が高く製品の保水性を高める。
② 果糖…ショ糖または異性化液糖から製造され,甘味度は低温ではショ糖より高いが,温度により大きく変化する。熱により分解されやすく製品を褐変させるが,吸湿性の高さにより製品の保水性を高める。

その他
① はちみつ…花蜜のショ糖が酵素によって転化され,果糖を多く含むために保水性は高いが,加熱による着色が著しい。
② メープルシロップ…3～5％の糖を含むサトウカエデの樹液を採取し,精製,濃縮する。甘味成分は主にショ糖である。

着色しないものを銀糸，160℃くらいで淡黄色になったものを金糸とよぶ。これらを煮詰めるときに撹拌したり，材料を加えてから長く撹拌すると結晶化して不透明になり，もろい食感となる。結晶化を防止するために水あめや，砂糖の一部を転化糖にするはたらきのある酸を加えたりする。また，揚げ材料が冷めないうちに糖液をからめることも必要である。

● はちみつの結晶化

はちみつに多く含まれているグルコースは，結晶化しやすい性質をもっているため低温では白く析出することがある。グルコースを多く含むナタネ，レンゲなどは結晶化しやすい。また，結晶を多く含み不透明なクリーム状の結晶はちみつもある。はちみつは花の種類によって成分や味，香りが異なる。

表3-4-9　甘味料の種類と特性

種類	主な特徴	名称	原料	甘味度	エネルギー kcal/g
糖類	甘味料全消費量の95％以上を占める。そのほとんどが砂糖で食品の甘味付けだけでなく多くの目的で使用されている	砂糖	さとうきび	砂糖の甘味度1として比較する	4
			てんさい		4
		異性化糖	でんぷん	1〜1.1	4
		グルコース	でんぷん	0.6〜0.7	4
		果糖	砂糖	1.3〜1.7	4
		乳糖	ホエー	0.2〜0.3	4
		キシロース	木材	0.5〜0.6	4
糖アルコール	吸収されにくいため低カロリー甘味料として使用されるが，多量に摂取した場合，緩下作用がある	マルチトール（還元麦芽糖）1)	マルトース	0.8	0
		ソルビトール2)	グルコース	0.6〜0.7	3
		エリスリトール	グルコース	0.8	0
		キシリトール	キシロース	0.7	3
砂糖の誘導体	虫歯予防の面から開発された低い蝕性の甘味料。甘味度が低いため，ほかの甘味料と併用して使われることが多い	グリコシルスクロース（カップリングシュガー）	砂糖	0.5〜0.6	4
		フラクトオリゴ糖（ネオシュガー）3)	砂糖	0.6	4
		パラチノース	砂糖	0.4	4
		トレハロース	でんぷん	0.45	4
非糖質天然甘味料	天然の植物から抽出される高甘味度甘味料。低カロリー甘味料として使用されているが独特の残存性がある	ステビオシド	ステビア葉	200〜270	—
		グリチルリチン	甘草	250	—
		ソーマチン（タウマチン）	西アフリカ産の果実（ソーマトコッカス・ダニエリ）	3000〜5000	—
		モネリン	西アフリカ産の果実（セレンディピティベリー）	2500〜3000	—
合成甘味料	体内で消化吸収されないため，低カロリー甘味料として使用される	サッカリン	トルエン	300〜500	—
アミノ酸系甘味料	アミノ酸を原料とする高甘味度甘味料，非う蝕性で，体内でたんぱく質と同様に消化，吸収，代謝される	アスパルテーム	アミノ酸	200（溶液の濃度により異なる）	

注] 1) 市販されている還元麦芽糖は，ソルビトールなどの不純物が含まれるので粉末品は約0.2 kcal/g，液状品は0.4 kcal/gである。
    2)，3) 吸収されにくいので，実際には低カロリーである。

出典：管理栄養士試験対策委員会編：「管理栄養士国家試験合格のための基礎知識」上，（改訂），中央法規出版(2000)に加筆

(4) カラメル

160℃程度になると色付き始め，風味も強くなってくるが，色付き始めてからの変化ははやい。過度な色付きを防ぐためには目的とする色付きのやや手前で加熱を止める。

(5) 新甘味料

甘味料としては砂糖が最も多く利用されているが，エネルギーの過剰摂取やう蝕（虫歯）など健康面での問題を考慮し，砂糖以外にもさまざまな甘味料が製造されている。表3-4-9に示したように甘味度やエネルギー，甘味の質などが砂糖とは異なり，非・低う蝕性，ビフィズス菌増殖作用（整腸作用），血糖上昇抑制作用などの生体調節機能をもつものも多い。

これらは熱や酸に対する安定性が異なり，糖アルコールなどは熱に安定だが，アスパルテームは高温で加熱（揚げ物，オーブン焼き，圧力鍋など）すると分解される。また，アスパルテームはフェニルアラニンとアスパラギン酸が結合したジペプチドでありフェニルケトン尿症の場合には使用できない。その他，高い保湿性をもつトレハロースなどは保湿剤として多くの加工食品に添加されている。

● 乳児ボツリヌス症

離乳の基本では，乳児ボツリヌス症予防のために満1歳までは，はちみつを与えないように示されている。

● 異性化液糖

でんぷんをα-アミラーゼ等で加水分解して得たグルコース溶液に，異性化酵素（グルコースイソメラーゼ）またはアルカリを作用させて，グルコース（ぶどう糖）の一部を果糖に異性化したもの。両者の混合比率により，ぶどう糖果糖液糖と果糖ぶどう糖液糖，高果糖液糖がある。低温で甘味度が高い。また，焼き菓子などの焼き色の改良などに利用される。耐熱性に欠ける。

● フェニルケトン尿症

フェニルアラニン水酸化酵素の先天的欠損に基づく常染色体劣性遺伝性疾患。
そのままでは知能低下になるので，わが国では，生後早期のスクリーニング検査が実施されている。

3 塩，しょうゆ，みそ など

(1) 食塩の種類と調理特性

食塩は海水や岩塩を原料として製造される。国内産として

表3-4-10 生活用塩の種類

種類	NaCl	食品添加物	粒度	製造法
食卓塩	99%以上	炭酸マグネシウム(0.4%)	500〜300μm 85%以上	輸入天日塩を溶かし不純物を除いて煮詰める
ニュークッキングソルト				
キッチンソルト				
クッキングソルト				
精製塩	99.5%以上	炭酸マグネシウム(0.3%，25kgの商品にはなし)	500〜180μm 85%以上	
特級精製塩	99.8%以上	なし		
漬け物塩	95%以上	リンゴ酸(0.05%)，クエン酸(0.05%)，塩化マグネシウム(0.1%)，塩化カルシウム(0.1%)		輸入天日塩を粉砕洗浄し添加物を加える
原塩		なし		輸入天日塩
粉砕塩		なし		輸入天日塩を粉砕
並塩		なし	600〜150μm 80%以上	国内の海水イオン交換膜法で濃縮，煮詰める
食塩	99%以上	なし		
新家庭塩	90%以上	なし		

出典：畑江敬子他編：「調理学」p.20，東京化学同人(2003)

は海水を原料としてイオン交換膜法により製造されたものが主流であるが，その他ににがり成分(塩化カルシウム，塩化マグネシウム)を含む天日塩もあり各地の伝統的な製法によってつくられた製品がある。表3-4-10に生活用塩の種類を示した。食塩の主成分はNaClであるが，精製塩，食卓塩などには固結を防ぎサラサラとした状態にするために炭酸マグネシウムが添加されている。また，漬物用塩には食味をまろやかにするためにリンゴ酸，クエン酸，にがり成分(塩化カルシウム，塩化マグネシウム)が添加されている。

(1) 塩味を呈する

食塩は分子量が小さく(ショ糖の1/5)，食品への浸透がはやい調味料である。適度な塩味は体液と同程度の0.8〜0.9%であるが，料理のテクスチャーによって感じ方が異なり，さらに使用するほかの材料(汁物のだしなど)の塩分も考慮して食塩を加える必要がある(p.53参照)。

(2) 脱水作用と防腐作用

野菜や肉，魚に振ると浸透圧の差によって脱水し，青臭さや生臭さが抜けやすくなり，テクスチャーも変化する。また，高濃度の食塩に漬けると食品中の自由水に食塩が溶けて水分活性が下がるので微生物の繁殖が抑えられる。この特性を生かした食品として漬物，佃煮，塩蔵品などがある。

(3) たんぱく質への作用

① 熱凝固を促進させる。茶碗蒸しや落とし卵の湯に加える食塩，焼き魚の振り塩などがその例である。
② 魚・肉たんぱく質(ミオシン)を溶出させ，粘着性を与える。
③ 小麦たんぱく質のグリアジンの粘性を高め，グルテンの形成を促進する。
④ 魚肉の保水性を高める。
⑤ だいずの浸漬のときに加えると，塩溶性のたんぱく質グリシニンが溶けて吸水が速やかになる。

(4) 酵素活性の抑制

酸化酵素の作用を抑制するため，切ったりんごを食塩水に浸けるとポリフェノールオキシダーゼやアスコルビン酸オキシダーゼの活性を阻害し，褐変やビタミンCの酸化を防ぐ。

(5) その他

野菜などの下処理で利用されることも多い。表面のぬめり取りでは粘質物を凝固させて除去し，きゅうり，ふきなどの板ずり，たまねぎ，かんぴょう，えだまめの塩もみなどでは

● 基本的調味料

食塩は味をつけるための基本的な調味料であり，生理的にもなくてはならないものである。塩化ナトリウムを主成分として用いられている。

● 食塩を使った調理用語

振り塩：魚肉や野菜に直接食塩を振りかける方法。

立て塩：2〜5%程度の食塩水に魚肉を浸す方法。身がしまって生臭みがとれ，均一に塩味がつく。

紙塩：魚の上にぬらした和紙をのせてから食塩をふり，ほのかに均一な塩味をつける。

化粧塩：焼き魚のヒレや表面に付着させ，焼き上がりに白く結晶が残った状態にする。

塩締め：魚肉を酢じめする前などに食塩をふって時間をおく操作のこと。

呼び塩(迎え塩)：塩蔵食品を薄い食塩水での塩抜きすること。水っぽくならず，中心部からも均一に塩出しできる。

板ずり：きゅうり，ふきなどをまな板の上に置き，食塩をふって手で押さえながら転がす。

● 食塩による発酵調整作用

しょうゆみその糸状菌，酵母菌，パンの酵母菌，漬物の乳酸菌などは塩分濃度を変えることにより増殖が適度に調節される。(有用微生物の繁殖に適した塩分濃度は，みそ12%，しょうゆ15%，チーズ2〜3%である)

● 食塩の計量

精製塩などはサラサラとした状態であるため，同容量で計量した場合の重量は，粒が大きく湿った状態の天日塩とは異なる。適度な調味の再現性や食塩摂取量の管理のために計量スプーンを使用する際には確認が必要である。

計量スプーン小さじ1杯分の重量は，天然塩(特殊製法)5g，食塩6g，精製塩6gである。

食塩を結晶として物理的に利用して，表面に傷をつけてしなやかにし，うぶ毛を取るなどと同時に色よくする効果が期待される。

（2）しょうゆ

しょうゆはだいずとこむぎを原料とし，食塩とこうじを加えて製造する発酵食品である。表3-4-11にしょうゆの種類を示した。濃口，薄口（淡口），たまりしょうゆなどがあり，それぞれに材料の配合比や熟成期間，火入れの有無などにより色や味に特徴がある。製造過程でのアミノカルボニル反応により褐色を呈している。発酵中に生成されるグルタミン酸などのアミノ酸，糖分，有機酸などのさまざまな呈味成分を含み，また多数の揮発性香気成分をもつため食塩よりも複雑な味，香りの調味料である。しょうゆは，次のような調理特性，機能性をもつ。

① **アミノカルボニル反応** 砂糖やみりんとともに加熱するとアミノカルボニル反応により香ばしい香りと色づきが生じる。

② **マスキング効果・消臭効果** 特有の香気成分や加熱によって生成されたメラノイジンにより，魚や肉の生臭みを抑制する。

③ **その他** こめの吸水を妨げ，だいこん，じゃがいも，だ

●しょうゆ
　塩を除いて，しょうゆ，みそ，酢，酒，みりんなどは発酵調味料であり，日本料理の味の基本となっている。

●しょうゆの変遷
　しょうゆは，室町時代から日本の食生活に登場し，現在にも最も多く利用されている調味料である。初め，関西で生産されていたが，江戸時代になって千葉県で生産されるようになった。

●魚しょう
　JASの規定ではしょうゆに属さないが，魚介類を原料とした発酵調味料で，しょっつる，いしる，ナンプラーなどがある。

表3-4-11　しょうゆの種類と特徴

種類	原料	特徴	主産地	塩分(%)
濃口しょうゆ	だいずとこむぎがほぼ等量	明るい赤褐色で香りが強い 和食全般に使用	全国	14.5
薄口しょうゆ	だいずとこむぎはほぼ等量で，もろみに蒸しこめを使用してもよい	製造工程(塩分を高めに，熟成期間・火入れを短くなど)で色の濃化を抑制する 色をきれいに仕上げたい料理	ほぼ全国(主に関西)	16.0
たまりしょうゆ	だいずを主原料としてこうじをつくり，熟成後の火入れをしない	とろみとこくのある味 照り焼き，佃煮，せんべい，さしみなど	愛知，三重，岐阜	13.0
再仕込みしょうゆ	生のしょうゆ(生揚げ：発酵，熟成させたもろみを圧搾して得られた液体)に再度こうじを加えてつくる	甘露しょうゆともよばれ，色，味が濃厚 たれ，つけしょうゆ	中国(特に山口)・九州	12.4
白しょうゆ	精白したこむぎと少量の脱皮大豆をこうじの原料とし，色の濃化を強く抑制する	色が黄金色で薄く，甘味があり，香りがよい うどん，汁物，茶碗蒸しなど	愛知・千葉	14.2
減塩しょうゆ	通常のしょうゆをイオン交換膜法などで脱塩したり，低塩で仕込んだりしてつくる	特別用途食品(食塩9%以下)		8.3

いずの加熱に用いると食塩よりも食材の加熱軟化を妨げる。また，pH4.6～4.8ぐらいの弱酸性であり緑色野菜を退色させる。長時間加熱では香気成分が揮発するため，加熱の最後に加える。

④　**機能性**　血圧上昇に関与するACEの活性を阻害するニコチアナミンを含むため，血圧降下の作用が確認されている。

（3）み　そ

みそは蒸しただいずにこうじと食塩を加えて発酵熟成させた食品であり，表3-4-12にその種類を示した。食品成分表2015年版では米みその甘味噌・淡色辛みそ・赤色辛みそ，麦みそ，豆みそとして収載されているが，こうじの原料により米みそ，豆みそ，麦みそに分類される。また，味や色によって淡色・赤色，甘・辛に分類されており，これらは原材料の配合割合，食塩の量，だいずの蒸煮方法，熟成期間などによって異なる。各地域に適応した材料，食習慣などにより地方色豊かなみそが多数製造されている。みそ汁に用いられることが多いが，長時間加熱や再加熱によって，コロイド粒子がうま味成分を吸着しながら結合して大きくなるため，味や口ざわりが悪くなり，香気成分は揮発して香りも損なわれる。みそには，次のような調理性，機能性がある。

① **緩衝能**　酸やアルカリの添加によってpHが変動しない緩衝能があり，みそ汁の実としていろいろな材料を用いることができる。

② **矯臭作用**　みそのコロイド粒子が生臭み成分を吸着するとともに香気成分が魚臭をマスキングする。

③ **その他**　しょうゆと同様に弱酸性であり，緑色野菜を退

● 合わせみそ，袱紗みそ
　2種類以上のみそを合わせて用いる方法。塩分量やこうじの種類が異なるみそを合わせることで，季節や嗜好に応じて口当たりや風味を調節することができる。

● みその変遷
　みそは朝鮮半島から伝来し，当初は未醬と記された。室町時代になって庶民の調味料として，広く食されるようになった。その後すり鉢が出現したことによって，みそ汁，みそ和えなどに発展した。

表3-4-12　みその分類および主な銘柄，産地

分類	原料	味・色による区分		塩分(%)	主な銘柄もしくは産地
米みそ	だいず，米こうじ，塩	甘	白	5～7	白みそ，西京みそ，府中みそ，讃岐みそ
			赤	5～7	江戸甘みそ
		甘口	淡色	7～10	相白みそ(静岡)，中甘みそ
			赤	10～12	中みそ(瀬戸内海沿岸)，御膳みそ(徳島)
		辛	淡色	11～13	信州みそ，白辛みそ
			赤	12～13	仙台みそ，佐渡みそ，越後みそ，津軽みそ 秋田みそ，加賀みそ
麦みそ	だいず，麦こうじ，塩	淡色系 赤系		9～11 11～12	田舎みそ(九州，中国，四国) 九州，埼玉，栃木
豆みそ	大豆こうじ，塩	辛	赤	10～12	八丁みそ，名古屋みそ，三州みそ

出典：丸山悦子他編著：「調理科学概論」，朝倉書店(2005)に一部加筆

色させる。みそ漬けでは，みそに含まれる微生物や酵素（プロテアーゼによってミオシンが分解される）によって魚，肉などのテクスチャーがやわらかく変化する。

④　機能性　抗酸化物質による活性酸素消去作用をもつ。熟成し，着色したみそはこの作用が高い。

● みそ漬け
① 野菜やこんぶなどを漬けてそのまま食べるもの。
② 魚，肉などを漬け，さらに焼いて食べるもの。
に分けられる。

（4）ソース

　ソースとは，マヨネーズ，ケチャップ，ベシャメル，ドミグラスなど調理や調理済み料理に用いる複合調味料であるが，日本では一般的にウスターソース類のことをソースと呼ぶことが多い。ウスターソースとは野菜や果実などの煮出し汁，あるいはしぼり汁に，食塩，糖類，有機酸，調味料，香辛料，カラメルなどを加えて調味した液体調味料のことをいう。一般に原料野菜は，たまねぎ，トマト，にんじん，セロリーなど，果実としてりんご，ぶどう，かんきつ類などが用いられる。日本農林規格（JAS）では粘度によりウスターソース，中濃ソース，濃厚ソースに分けている。濃厚ソースはウスターソースに比べて，コーンスターチなどのでんぷん類で粘度を高くしているので，炭水化物がウスターソースより多い。

● ウスターソース
　イギリスのウスターシャー州で19世紀中頃につくられ，半世紀ほど後には日本でも製造が開始された。イギリスのウスターソースにはアンチョビなどが使用され，日本のものとは風味が異なり，スープなどの調理に用いられることが多い。

■4　油　脂
（1）油脂の種類と性質

　油脂含量の多い植物性，および動物性食品から油脂を抽出して精製したものが食用油脂で，天然油脂のほとんどがトリグリセリド（TG：3分子の脂肪酸と1分子のグリセロールがエステル結合したもの）を主成分とする。2種類以上の植物油を混合した調合油は，酸化安定性の向上やコスト低減の利点がある。一般にてんぷら油，サラダ油として常用され，使用量の多い原料より表示される。加熱に強く風味もよいので揚げ物として使用できる。ほかに天然油脂を化学的，物理的に加工した加工油脂がある。油脂の性質は脂肪酸の種類や組成により異なる。油脂の種類と融点，発煙点を表3-4-13に示した。不飽和度が高くなる程，融点が低く液状となる。

　融点は食味に影響するだけでなく，撹拌や成形などの調理操作に影響する。発煙点は油脂の精製度の指標となり，よく精製した油は240℃前後であるのに比べ，あまり精製しない油は160〜170℃と低い温度を示す。油脂が熱媒体となる高温短時間調理の揚げ物や炒め物においては，発煙点が低くすぎると使いにくい。

● 油と脂
　油脂は融点によって分けられ，常温（25℃）付近で液体のものを油（oil），固体のものを脂（fat）としている。これら油脂の性状は構成脂肪酸の違いに起因し，油は不飽和脂肪酸が多く，脂は飽和脂肪酸が多い。

● 発煙点
　規定の方法により油脂を加熱した時，表面から青みがかった煙が連続的に出始める温度を発煙点という。炎を当てたときに引火する温度を引火点といい，炎を当てたときに5秒以上燃焼を継続したときの温度を燃焼点という。それぞれの温度は，発煙点＜引火点＜燃焼点である。いずれも精製度が高いと各温度が高くなる。

表3-4-13 油脂の種類と性質

名称		飽和脂肪酸	一価不飽和脂肪酸	多価不飽和脂肪酸	オレイン酸:リノール酸:リノレン酸	融点(℃)	発煙点(℃)	特徴
天然油	大豆油	14	23	57	24:53:8	−8〜−7	195〜236	生産量最大
	なたね油	6	57	31	59:22:11	−12〜0	186〜227	天ぷら油
	とうもろこし油	13	33	49	35:51:2	−15〜−10	222〜232	でんぷん製造後の胚芽使用
	オリーブ油	12	71	11	75:10:1	0〜6	150〜175	特有の香りと色(黄緑色)
	ごま油	14	37	43	39:45:1	−6〜−3	172〜184	未精製で香りが強い
	サフラワー油	9	13	73	13:76:0	−5		酸化されやすい
	綿実油	22	18	54	18:57:1	−6〜−4	216〜229	風味がよく酸化されにくい
	ひまわり油	10	18	67	19:70:1	−18〜−16		マーガリン,ショートニング用
	落花生油	22	42	34	42:35:0	0〜3	150〜160	味・香りがよい,品質安定
調合油	天ぷら油	12	33	49	35:43:9			大豆油7:なたね油3
	サラダ油	8	47	39	49:31:10			大豆油3:なたね油7
天然油脂	パーム油(油ヤシ)	48	38	9	39:10:0	27〜50	189〜235	マーガリン,ショートニング原料
	カカオ脂	57	41	2	34:3:0	32〜39		菓子製造(チョコレート,ココア)
	やし油(ココヤシ)	85	6	2	7:2:0	20〜28	190	コーヒー用クリーム,ラクトアイス
	バター	51	21	2	25:3:1	28〜38	208	発酵,非発酵,無塩バター
	豚脂(ラード)	40	46	10	43:10:1	28〜48	190	炒め物によい,風味とコクがある
	牛脂(ヘット)	46	46	3	43:3:0	40〜50	190	融点が高く温かいうちに食べる
加工油脂	マーガリン(ソフトタイプ)	18	32	27	41:32:3			バターの代用,硬化油に乳化剤,香料,着色料など添加,水分を含むクッキーなどにショートニング性を与えるので,この名がついた綿実油使用,油脂量100%
	ショートニング	34	49	6	32:6:1			

出典:渕上倫子 編著:「調理学」p.147,朝倉書店(2007)を一部修正

(2) 油脂の調理

(1) 熱媒体

　油脂は水の比熱の約1/2で,ほかの食品に比べて熱容量が小さく加熱速度がはやい。水のような沸点がなく,水よりも高温(130〜200℃)の加熱が可能となる。また,加熱により媒体自身が分解して独特の風味が付与される。しかし,油脂は高温で加熱しすぎると酸化が進み,特に200℃以上で劣化が顕著となる。また,加熱酸化重合が進行すると,アクロレインなどの有害物質を生成するので,必要以上の加熱は避ける。加熱油は空気に触れると自動酸化が進むため,酸化されやすい不飽和脂肪酸より飽和脂肪酸の多いパーム油やラードのほうが熱重合を避けるためには有効である。

(2) 油脂味

　油脂は不純物を含まないトリグリセリドのみであれば,味

● アクロレイン
　TGのグリセロールから生じたもので不快臭がある。「油酔い」など不快感に関係する成分と考えられている。

● サラダ油
　日本農林規格(JAS)で分類される調合サラダ油は,0℃で5.5時間おいても清澄状態であることとされている。

● オリーブ油
　油脂の成分組成から,天然油のなかでも融点が0〜6℃と高いため,0〜10℃の冷蔵庫内では一部凝固するため白濁する。

覚や嗅覚でとらえられるような味やにおいはないが、基本味と共存したときに、その味を抑制、または増強する呈味補助物質のはたらきをもつ。油脂はテクスチャーとして滑らかさ、口当たりのやわらかさなどを付与する。非加熱調理に利用されるサラダ油は低温で析出する脂質結晶を除去しており、くせがない。オリーブ油やごま油は精製していないため独特の香りがあり、ドレッシングなどに活かされている。

(3) 疎水性

水と混ざらない性質をもつため、めん類にまぶすなど食品同士の付着を防いだり、天板やケーキ型に塗るなど器具類と食品（たんぱく質やでんぷんなどの水溶性の高分子を含む）との付着を防止できる。また、サンドウィッチのように、野菜などの具材の水分がパンに浸みるのを防ぐため、バターなどを塗ることにより吸水防止に利用している。

(4) 固体脂の融点

融点は脂肪酸の分子量の増加とともに高くなり、二重結合が増えると低くなる。室温で凝固するような融点をもつ油脂を調理に用いる場合や、それを含む食肉類の調理では、冷めると脂が凝固して舌触りが悪くなるので、供食温度に注意する必要がある。体温で溶解する油脂は口溶けがよい。

(5) 可塑性

外から加えられた力により自由に成型できる性質のことをいうが、これには固体脂指数（SFI）と温度の影響がある。一般にSFIは温度が上がると低値となり、下がると高値となる。クッキー生地や折りパイの調製時はSFIが15～25％程度のものが操作性がよい。40％を超えると硬くなりすぎて扱いにくく、10％以下だと軟らか過ぎて保形性がない。

(6) クリーミング性

固体脂を撹拌したときに油脂の中に空気が細かい気泡として抱き込まれる性質をいう。バタークリームはふんわりとした軽い口あたりである。バターケーキ類では細かく分散した気泡が熱膨張して、きめが均一で膨化のよい製品となる。

(7) ショートニング性

小麦粉に油脂を添加して焼き上げた菓子で得られるようなサクサクとした、もろく砕けやすいテクスチャーのことをショートネスといい、これを与える性質をショートニング性という。油脂が主材料の小麦でんぷんの膨潤糊化やグルテン形成を抑制するためである。パイやクッキーに加える油脂量が多いほどショートネスの高いサクサクとした製品となる。

● 油脂の調理特性と調理例

調理特性	調理例
熱媒体	揚げ物 炒め物
油脂味	炒め物、揚げ物 ドレッシング
固形脂の融点	すきやき （高温調理向き） ハム、冷製調理向き
疎水性	スパゲッティ サンドウィッチ 鉄板焼き
可塑性	パイ・クッキーの調製
クリーミング性	バタークリーム バターケーキ
ショートニング性	パイ・クッキー
乳化性	生クリーム、マヨネーズ バター、マーガリン フレンチドレッシング

● 口溶けの悪い油脂：牛脂（ヘット）
　飽和脂肪酸が多く、融点が体温より高温側にあるため、口溶けが悪い。食卓上で冷めたすきやきは油脂が凝固してざらついた食味となる。

● 固体脂指数（SFI：solid fat Index）
　油脂全体に占める固体脂の割合を百分率で示したもの。

● 固体脂指数（SFI）に及ぼす温度の影響

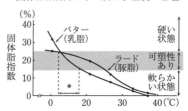

① 良好な可塑性を示す温度範囲
　　牛脂：30～40℃、豚脂：10～25℃、
　　バター：13～18℃(*)

② 固体脂指数(％) = $\dfrac{\text{固体脂量}}{\text{総油脂量}} \times 100$

40％以上：油脂は硬い固体状を示す。
15～25％：可塑性を示す。
　　　　　粘土のように手で整形できる。
10％以下：非常に軟らかい。

出典：河田昌子：「お菓子の「こつ」の科学」
　　　p. 155, 柴田書店(1987)を一部修正

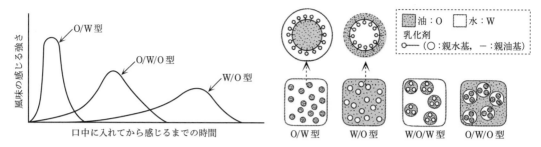

注）O/W型(Oil in Water type), W/O型(Water in Oil type)

図3-4-2　各種乳化型クリーム類の風味の感じ方

出典：鹿山光：「総合脂質化学」p.678, 恒星社厚生閣(1989)

(8) 乳化性

　油脂は水には溶解しないが，乳化剤を添加することで，相互に溶け合わない2種の液体の一方を他方に微粒子として分散させることができる。この分離せずに混ざり合った状態を乳化(エマルション)という。水の中に油が粒子として分散している状態を水中油滴型(O/W型)エマルションといい，このタイプにはマヨネーズ，牛乳などがある。一方，油のなかに水が粒子として分散している状態を油中水滴型(W/O型)エマルションといい，このタイプにはバター，マーガリンなどがある。最近ではW/O/W型やO/W/O型の複合型エマルションも合成されている。エマルションの型により，食味は影響される。O/W型は，水になじみやすく，口に入れるとすぐに味を強く感じる（図3-4-2）。一方，W/O型は油っこい食味で，口に入れてから味を感じるまで長時間かかり，同時に味の感じ方も弱い。

●乳化剤

　同一分子内に親水性の部分と親油性の部分を合わせもつ。レシチンはその代表例である。

●複合型エマルション

　W/O/W型（油滴中に水滴が抱合された型）には，ホイップ用やコーヒー用のクリームがある。O/W/O型（水滴中に油滴が抱合された型）には，高品質のバタークリームがある。

5　ゲル化素材

　ゲル化素材は動植物食品を物理化学的処理や加水加熱などを行い，成分を抽出して得られる。動物性ではゼラチン，植物性では寒天，カラギーナン，ペクチンなどがある。これらゲル化剤の特性（添加物の影響を含む）を表3-4-14（p.138参照）に示した。これらは水を加えて加熱すると流動性のあるゾルになり，冷却するとゲル化する。ゲル化の目的以外にも物性改良剤や安定剤として利用される。また，これらのゲル化剤と混合して使用される植物由来のローカストビーンガム，微生物由来によるジュランガムやカードランなどの新素材があり，食品工業的に活用されている。

●物性改良剤

　めん，パン，水産練製品，ハムソーセージ，クリームなどの種々の食品に増粘，起泡，乳化，結着，硬さ・弾性の調整などの目的で添加され，風味を良好に改良する。多糖類が利用されることが多い。食品多糖類にはでんぷんやセルロースがあるが，最近では非でんぷん由来のさまざまなゲル化食品素材の研究開発が進み，物性改良剤への利用が期待されている。

（1）ゼラチン

(1) ゼラチンの成分と有用性

　ゼラチンは動物の皮や腱，骨などの結合組織に含まれるコラーゲン成分を抽出し精製したものである。たんぱく質を主成分とし，リシンやグリシンなどのアミノ酸を多く含むが，必須アミノ酸のトリプトファン，シスチンが少ないため栄養的評価は低い。口溶けがよく，消化吸収もよいため，幼児や高齢者でも摂取しやすく，嚥下困難者用食品や治療食にも利用される（p.31参照）。

(2) ゼラチンの調理性

　ゲル化形成には2～4％の濃度で用いられる。あらかじめ水で膨潤したあと，約60℃の湯煎にて溶解させる。10℃以下でゲル化し，ゼラチン濃度が低い程ゲル化に要する時間は長くなる。また，冷却時間が長くなるとゼリー強度は大きくなり，弾力や硬さを増す。

　出来上がったゲルは透明度が高く，口あたりはなめらかで軟らかい弾力がある。また，融解温度が25℃と低いため，口中で溶けていく感触がある。常温での放置時間が長いと，融解する。融解しゾル化したゼリーを冷却すると再びゲル化し，温度によりゾルとゲルの状態を繰り返す可逆性をもつ。

　生のパイナップルやキウイフルーツなどプロテアーゼを含む果物は一度加熱し，酵素を失活させてから加えるようにする。

●ゼラチンの溶解
　ゼラチンは約40℃から溶解するため，直火加熱よりも湯煎が向く。

●ゼラチンゼリーとトロピカルフルーツ
　ゼリーとトロピカルフルーツの組合せは夏の冷菓として季節感がある。しかし，南方系の果物にはたんぱく質分解酵素をもつものが多い（p.86参照）ので，これらの生の果実や果汁を使用するとゼラチンのたんぱく質に作用して冷却しても凝固しないので留意する。市販の濃縮還元果汁のジュースや缶詰め類はそのまま使用できる。また，キウイフルーツは種類により，たんぱく質分解酵素の含有量が異なる。

（2）寒　天

(1) 寒天の成分と有用性

　寒天の成分は，てんぐさなどの紅藻類を加水加熱により抽出した多糖類のアガロース，アガロペクチンである。難消化性の食物繊維であり，ほとんどエネルギーをもたない。栄養源としてのはたらきよりも整腸作用，糖質やコレステロールの吸収阻害性，低エネルギー性といった健康面への役割が注目される。

(2) 寒天の調理性

　寒天の使用濃度は0.5～1.5％で，水に浸して膨潤させて使用する。溶解温度は90℃以上で，通常，溶液を沸騰させて十分煮溶かす必要がある。そのため，蒸発により加水量が変化することを考慮する。ゲル化が35℃ぐらいから始まるため，冷蔵しなくても凝固する。容器への分注は液温が下がり過ぎないうちに手早く行い，冷却するとよい。多層ゼリーに

●寒天の種類
　角寒天（棒寒天），糸寒天，粉末寒天などがあり，その他フレーク状，粒状，固形寒天がある。

●離漿
　一度凝固したゲルから水分が分離して表面にしみ出してくる現象である。離水とほとんど同義である。寒天のゲルの場合，時間の経過とともにゲルを形成する網目構造が密になり，内部に保持されなくなった自由水が押し出されることになるため離漿が起こる（p.28参照）。

する場合は，先に流した寒天液の表面を楊枝で軽くさして凹凸をつけておくと上から流すゼリーがなじみやすい。

できあがったゲルはゼラチンより透明度は低く，硬くさっくりしていて粘りがなく歯切れがよい。融解温度が高いため，常温では融解しないが，時間が経つと離漿がおこり，もろさも増す。

酸性の強い果汁を混合する場合は，寒天液を50〜60℃に冷ましてから加えるとゲル化時の影響は少なく，果汁の風味も残る。また，寒天液に別のものを混合する場合，混合する材料の比重をできるだけ近いものにすると分離が起こりにくい。水ようかんの場合，寒天液を煮つめて濃度や粘性を高め，あんの比重に近づけてから混合するとよい。

（3）カラギーナン

(1) カラギーナンの成分と有用性

カラギーナンの成分は，すぎのり，つのまたなどの紅藻類から抽出した多糖類で，主成分はガラクトースである。寒天と同様，難消化性の食物繊維でエネルギーをほとんどもたない。κ（カッパー），ι（イオタ），λ（ラムダ）型の3種類があり，ゲル形成の強いのがκ型で，λ型はほとんどゲル化はせず粘性をもつ。各種の性質を生かして食品物性改良剤として広く利用されている。

(2) カラギーナンの調理性

カラギーナンの使用濃度は寒天に準じ，0.5〜1.5％である。分散性が悪いため，水に浸して膨潤させる際にはあらかじめ砂糖をまぜておくとだまになりにくい。溶解温度は70℃以上で，寒天よりも低温である。凝固温度（ゲル化）は寒天とほぼ同様40℃前後であり，室温でも固まる。

できあがったゲルは寒天よりも透明度は高く，破断には弱いが，しなやかなゲルである。ゲルの食感，溶解温度や融解温度など寒天とゼラチンの中間的性質をもつ。ゼラチン，寒天にはない，耐凍性をもち冷凍保存が可能である。

（4）ペクチン

(1) ペクチンの成分と種類

ペクチンは，ガラクツロン酸を主成分とする複合高分子であり，その構成成分であるガラクツロン酸のカルボキシ基の一部がメチルエステル化された，ポリガラクツロン酸である。その程度をエステル化度（degree of esterification：DE）として表すのが一般的であり，メチルエステル化されたカルボキシ

●淡雪（あわゆき）かん
　寒天液に泡立てた卵白を加え，冷やし固める。比重差のある材料を混ぜ合わせるため分離しやすい。その際，泡立てた卵白に砂糖を入れて加えるようにすると分離が起こりにくい。

●市販混合カラギーナン（各種アガー）
　カラギーナンは各種アガーの名称で，他のゲル化剤と混合されたものが市販されている。業務用では，製品がシリーズ化され，ゲル化剤，および食品物質改良剤として各種用途別に対応するよう多種におよんでいる。
　混合物は各社ともおおむね共通して，ローカストビーンガム，リン酸カリウム，グルコースなどである。
〔例〕イナアガー（伊那食品工業）
　　エースアガー（ゼライス）
　　クールアガー（新田ゼラチン）
　　パールアガー（富士商事）

●κ-，ι-，λ-カラギーナンの構造

基の総カルボキシ基に対する比率で表示される。このDEによりペクチンは大きく2種類に分類される。DEが50％を越えた場合，そのペクチンは，高エステル化ペクチン，あるいは高メトキシペクチン（high methoxy pectin：HMペクチン）とよばれ，また，DEが50％未満の場合，そのペクチンは，低エステル化ペクチンあるいは低メトキシペクチン（low methoxy pectin：LMペクチン）とよばれる。

（2）ペクチンの性質と用途

HMペクチンは，糖と酸の適性条件下でゲル化し，ジャムの調製に利用される。その際のペクチン濃度は0.5～1.5％，砂糖濃度は55～70％，pHは3.0～3.5程度である。

LMペクチンは，カルシウムなどの無機質のイオンによってゲル化する。牛乳を添加するだけで凝固する，デザートやおやつ向けのインスタントゼリーなどに活用されている。また，ゲル化に砂糖添加を必要としないため低エネルギーゲルとしての利用がある。

● ペクチニン酸＝狭義のペクチン
　成熟した果物から水溶性のペクチン（ペクチニン酸）が抽出できる。ペクチニン酸のメトキシ基含量により，7％以上のものを高メトキシペクチン（HMP），7％以下のものを低メトキシペクチン（LMP）とよぶ場合もある。

（5）その他のゲル化剤

（1）ローカストビーンガム

カロブ樹の種子の胚乳部を精製してつくられる多糖類で，製品は粉末状である。主成分は難消化性のガラクトマンナンで，水に溶かすと低濃度で高い粘性を示す。増粘剤としての用途が中心であるが，ほかの多糖類との混合によりゲル化する性質をもつため，カラギーナンなどに混合して市販デザートの製造に利用されている。

● カロブ樹
　Ceratonia siliquae（マメ科）の常緑樹。地中海沿岸に生息する。乾燥と高温を好む。この植物の種子の粒がよくそろっていることからダイアモンド重量単位の「カラット」の語源になったともいわれる。

（2）ジュランガム

ジュランガムは微生物が菌体外に産出する多糖類であり，グルコース，グルクロン酸，ラムノースの3糖を含む。アシル基の有無により，脱アシル型ジュランガムとネイティブ型ジュランガムの2種がある。脱アシル型ジュランガムは透明性が高く，脆い食感のゲルで，耐熱・耐酸性を示す。ネイティブ型ジュランガムは，ゲル化温度が高く（約75℃），弾力のあるもちのようなゲルを形成し，離しょうが少なく，凍結解凍耐性がある。増粘剤や安定剤，ゲル化剤として各種食品に利用されている。

● グァーガム
　マメ科の種子から抽出される多糖類。冷凍保存が可能である。増粘剤，嚥下補助食品への利用がなされている。低濃度でも高い粘性が得られる。

● キサンタンガム
　微生物が生産する多糖類。調味料添加による粘性の変化が小さく，のどごしがよい。嚥下補助食品への利用がなされることが多い。

（3）カードラン

カードランは微生物が発酵により生産する多糖類で，成分はβ1,3-グルカンである。アルカリにも溶解する。加熱すると80℃以上で熱硬化性のゲルになり，できたゲルは保水

表3-4-14 ゲル化剤の特性

項　目		寒天（agar：アガー）	カラギーナン	ゼラチン	ペクチン
特性（主原料・成分・種類など）		主原料 　テングサ，オゴノリ 主成分 　多糖類 種類 　棒，糸，粉末，フレーク 使用濃度 　0.5～1.5％ 効用 　血糖値低下，血圧上昇抑制，便秘防止，血中コレステロール上昇抑制	主原料 　すぎのり，つのまた 主成分 　多糖類 種類 　粉末等／カッパー型・ラムダ型・イオタ型の3種 使用濃度 　0.5～1.5％ 効用 　寒天に準ずる 　以下κ-カラギーナンについての特注	主原料 　動物由来のコラーゲン 主成分 　たんぱく質＊必須アミノ酸含量が少ないため栄養価（たんぱく価）は低い。リジンは多く含有 種類 　板状，粒状，粉状 使用濃度 　2～4％ 効用 　消化吸収がよく幼児食，病人食にも向く	主原料 　果実，野菜 主成分 　多糖類 種類 　粉末／HMペクチンとLMペクチンの2種 使用濃度 　0.5～1.5％ 効用 　LMペクチンは低エネルギーゲルとして利用
膨潤 溶解温度 凝固温度 融解温度		膨潤：10～20倍量の吸水 溶解：90～100℃ 凝固：45～33℃ （40℃前後でゲル化） 融解：80℃	膨潤：寒天に準ずる 溶解：60～80℃ 凝固：45～37℃ （40℃前後でゲル化） 融解：50～55℃ ＊水分を加える前に砂糖とよく混合しておく	膨潤：6～10倍 溶解：40～50℃ 凝固：3～10℃ 融解：20～25℃	凝固： HMペクチン＝砂糖と酸の適性量 LMペクチン＝カルシウムなど金属イオン ＊砂糖とよく混合しておく
添加物の影響	砂糖	弾力性↑ 透明度↑ 離漿↓	粘弾性↑ 離漿↓	ゲル強度，弾力↑	ゲル強度↑（HMペクチン：55～70％の高濃度）
	果汁・酸	酸によりゲル強度↓ （pH3.0以下ではゲル化しない）	酸によりゲル強度↓ （pH3.5以下ではゲル化しない）	ゲル強度↓ （pH3.5以下の酸によりゲル化しにくくなる） ゲル化形成↓ （＊たんぱく質分解酵素を含む生の果物）	ゲル化↑ （適性pHは3～3.5）
	牛乳	ゲル強度↓ （牛乳中の脂肪やたんぱく質の影響）	ゲル化↑ （ミルクカゼインに反応して凝固しやすい）	ゲル強度↑ （牛乳中の塩類が影響）	LMペクチン ゲル化↑（牛乳中のカルシウムで凝固）
離漿・分離・接着		砂糖濃度が低く，保温温度が高いほど離漿量は多い。砂糖濃度60％以上ではほとんど離漿は起らない［例，ようかん］	寒天ゼリーよりも保水性が高く，離漿が少ない	ゲルの付着性があり，接着しやすいので2層および多層ゼリーをつくりやすい	離漿・分離は起こりにくい
その他の特徴		寒天液比重差の大きいものを混合するには比重をできるだけ近づけてから混ぜ，分離を防ぐ	寒天に比べ，ゲル（ゼリー）の透明度が高く，融解温度が低いため，ゼラチンゼリーに類似したものができる ＊ゲルは冷凍保存が可能である（凍結解凍耐性）	ゼラチン液を激しく撹拌すると起泡する ＝マシュマロ 材料は砂糖，卵白，ゼラチン，水，表面用のでんぷん（コーンスターチ）	果物のペクチン質は果物の種類によって量も質も異なる ＊ゲルは冷凍保存が可能である
用途・調理例		各種ゼリー，果汁かん，ようかん，金玉かん，淡雪かん，ところてん	各種ゼリー，乳化剤，増粘剤など，用途が多岐にわたる	各種ゼリー，冷菓， ＊高齢者向け嚥下困難対応食への利用：口中（体温付近）で融解するため飲み込みやすい	HMペクチンはジャム，LMペクチンはゼリー，ムースなどに使用

性に優れる。ゼリーなどのゲル化剤のほか，安定化剤，増粘剤として，中華めん，食肉加工品，練り製品，たれなどに添加されている。

6 嗜好飲料

エネルギーや栄養的要素を満たす食べもののほかに，主に人間の嗜好を満たすものとして嗜好飲料がある。非アルコール飲料の茶類，コーヒー，ココア（チョコレート）などとアルコール飲料がある。

(1) 茶

茶は嗜好飲料の最も代表的なもので，世界各国で愛飲され，その国独自の茶の飲み方が生活に根づいている。

(1) 茶の種類

茶はツバキ科の樹木の葉を原料とし，製茶工程での発酵の違いや加熱法の違いにより分類される。図3-4-3に茶の種類を示した。

(2) 茶の成分

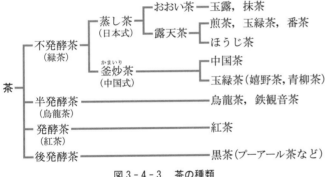

図3-4-3 茶の種類

緑茶の茶葉中には，ビタミンC, A, K, Eなどが含まれ，特にビタミンCは，製造工程で蒸し加熱をするためアスコルビナーゼが失活して分解が抑えられ，多く残存する。緑茶には，うま味成分のアミノ酸（テアニン）や，苦味・渋味を呈するポリフェノール化合物（カテキン，タンニン）が含まれる。紅茶では，このカテキンが酸化され，テアフラビン，テアルビジンに変化して紅茶の赤色となる。

茶のもつ香りは，緑茶で100～200種，紅茶ではリナロールなどアルコール類を含め200～300種以上の香気物質が関与している。茶葉の産地や摘みとり時期，製法，抽出法などにより変化する。これらの香りは嗜好を満たし，心を落ち着か

● 緑茶
　茶葉を収穫後，時間を置かずに蒸熱などの加熱を行うため，ポリフェノールオキシダーゼ，クロロフィラーゼなどの酵素活性が失われる。そのため，酸化が防止され，緑色が保たれる。

● 玉緑茶（ぐり茶）
　製造の最終工程で，煎茶のように葉を細長くまっすぐに調える精揉の工程がなく，仕上がりが丸く，ぐりっとした形になる。中部地区から九州地区で多くつくられ，佐賀県の嬉野は代表的産地である。蒸し製と炒り製がある。

● ほうじ茶
　緑茶の一種であるが，煎茶や番茶，茎茶を炒った（焙じた）もので，茶色をおびている。独特の香ばしさを有する。苦みや渋みはほとんどなく，食後の煎茶に対し，食前や食中に使用されることが多い。

● 紅茶の産地と種類

産　地	種　類
インド	ダージリン，アッサム，ニルギリ，
セイロン島（現スリランカ）	ウバ，ディンブラ，ヌワラエリヤ
中　国	キーマン

① ブレンドティー
　イングリッシュブレックファスト，オレンジペコなどはブレンド紅茶の代表である。また，オレンジペコはOPと表示されると茶葉の等級名になるので混同しやすい。

② フレバリーティー
　紅茶の葉に各種の香りをつけたものにアールグレイ（ベルガモット），ラプサンスーチョン（松の香）などがある。

せるはたらきがある。

また，茶の成分は味や色の要因にとどまらず，人にとってさまざまな生理作用を及ぼすことが解明され注目されている。一例として，ビタミン類の抗酸化性，がん予防性やカテキンの抗酸化性，抗がん性，抗菌・抗ウィルス性，血中コレステロール低下，血圧・血糖上昇抑制，およびカフェインの強心作用，覚醒作用，代謝亢進作用などがある。

(3) 茶の入れ方

茶のもつうま味や甘味など好ましい成分をより多く浸出させ，苦味や渋味などの成分の浸出を押さえるよう，茶葉に合った温度と時間で抽出する。また，使用する茶器や湯飲み・カップは温めておく。

日本茶の玉露は50〜60℃で2分間，煎茶は80℃で1分間，番茶・ほうじ茶は95〜100℃で30秒間がおおよその目安である。中国茶は高めの95〜100℃，緑茶は80℃程度で抽出するのが望ましい。

紅茶は100℃の湯で，茶葉がポットの中でよく対流（ジャンピング）するよう，約3分抽出する。紅茶の抽出液は冷えると白濁する（クリームダウン）場合があるが，温めると消失する。白濁は徐々に温度が低下すると生じやすいため，アイスティーの場合は氷を入れたグラスに注ぎ，急冷するとよい。また，紅茶にレモンを入れると色が薄くなるのは，赤色を呈するテアルビジンが酸性により退色するためである。

（2）コーヒー

アカネソウ科に属する常緑潅木の果実の種子を乾燥させたものがコーヒー豆である。このまめを200〜250℃で15分ほど焙煎し，抽出法に合わせて挽き，粉状にして使用する。近年では世界各国で茶類をしのぐほどの割合で飲まれている。

(1) コーヒーの種類と成分

原木樹は主にアラビア種（エチオピア，中南米），リベリカ種（西アフリカ），ロブスタ種（インドネシア，中央アフリカ）である。コーヒーの産地や焙煎の条件により色や味，香りが異なる。

苦味成分のカフェインを含み，これらは茶と同様の覚醒作用，利尿作用などをもつ。苦味・渋味の成分カテキンやクロロゲン酸（ポリフェノールの一種）を含み，これらはたんぱく質を凝固させる作用をもち，抗菌作用に関与している。

(2) コーヒーの入れ方

● **緑茶のうま味成分**

日本茶のうま味の主成分は，アミノ酸類のテアニンで，そのほか，アルギニン，アスパラギン酸，グルタミン酸などが含まれる。

● **煎茶ビタミンの溶出割合**

ビタミン	第一煎	第二煎	第三煎
B_1	(%) 65〜75	(%) 21〜22	(%) 11〜13
B_2	70〜80	20〜29	4〜8
C	81〜85	10〜12	3〜5

出典：鳥井秀一：「調理科学講座」，4，p.113，朝倉書店(1964)

● **クリームダウン**

紅茶に含まれるテアフラビンとカフェインの混合物は，冷えると溶解度が減少して析出し，それが紅茶液を濁らせる現象をいう。テアフラビンの多いアッサム，セイロンウバ，一部のダージリンなどに起こりやすい。

● **コーヒーの風味による分類**

酸味の強いもの：モカ，キリマンジェロ，ハワイ・コナなど
苦味の強いもの：ブラジル，マンデリン
酸味の少ないもの：コロンビアなど

これらのまめをブレンドすることで味や香りの調和をとることが多い。

また，味と香りの調和がとれた上級品種としてブルーマウンテンがある。

コーヒーは，80〜90℃の熱湯で2〜5分の抽出するドリップ式（まめは細びき），サイフォン式（細〜中引き），パーコレーター式（粗引き），深炒りの極細びきのコーヒー豆を蒸気抽出するエスプレッソ式などがある。

（3）ココア，チョコレート

　アオギリ科の常緑灌木であるカカオの種子（カカオ豆）を焙煎し，外皮を取り除き，さらに胚芽を取り除いてつぶしたカカオマスを加熱圧搾し，約50％のカカオ（ココア）バターを取り除いたあとのカカオ（ココア）パウダーがココアである。

　カカオマス（またはカカオパウダーをチップ状などにしたもの）と，カカオバター，砂糖，乳を一定の割合で混ぜて精練して固形化したものが日本では純チョコレートとよばれる。ほかに，製菓用に扱いやすいカカオバター代用油脂を使用した「準チョコレート」やカカオバター以外の食用油脂と糖類に制限のない一般の「チョコレート」がある。

　ココアの成分は脂質20％，たんぱく質19％，炭水化物を42％程度含み，カリウム，マグネシウム，リン，鉄分などの無機質を含む。カカオタンニンやテオブロミンといった特有の苦味成分をもつ。

　ココアと砂糖をよく混ぜ，少量の牛乳で練ってから，牛乳を加えて加熱するとなめらかによく溶ける。

（4）アルコール飲料

　酒類は製法により，醸造酒，蒸留酒，混成酒に大別される。本みりんは混成酒類に分類される。ワイン（ぶどう酒）は飲用のほか料理や菓子に，ブランデーやラム酒，オレンジ柑橘系のリキュール（コアントロー，グランマニエ），さくらんぼが原料のキルシュは主に菓子の香りづけに利用される。

　アルコールは，食欲増進のために飲む食前酒，料理をおいしく味わうための食中酒，食事のあとにじっくり味わう食後酒があり，一般にはこの順にアルコール度が上がっていく。食後酒にはアルコール度数の高いもの（ブランデー）や甘味のあるもの（デザートワインやポートワイン）が向く。

　赤ワインに含まれるポリフェノールには，活性酸素消去作用があることが報告されたり，LDLコレステロールの酸化を防止し血小板凝集を抑制することが報告され，注目されている。

● パーコレーター
　パーコレーターとは，容器に水を入れて，専用のカゴにコーヒーを入れてセットし，火にかけると沸騰した湯がチューブを通って内部を循環してコーヒーを抽出する仕組み。できたコーヒーはそのままカップに注いで使えるようなコーヒーサーバー（ポット）型のデザインが多い。

● ヨーロッパのチョコレート規格
　ヨーロッパ諸国では，チョコレートとは日本の純チョコレートに相当するもののみをいう。輸入品の油脂がカカオバターのみの製菓用チョコレートは，風味がよいが温度管理が難しく，つやを失うブルーム（脂質の分離）を起こしやすいので，扱いには熟練を要する。

● 日本食品標準成分表のアルコール飲料の分類

分類	種類
醸造酒	清酒，紹興酒，ビール，発泡酒，ぶどう酒など
蒸留酒	ウイスキー，ブランデー，ラム，ジン，ウオッカ，焼酎など
混成酒	梅酒，みりん，ベルモット，スイートワインなど

● フレンチパラドックス
　1992年，フランスの学術論文がきっかけでワインブームが起こった。疫学調査によれば，乳脂肪消費量が多いと，心臓病による死亡率が高くなるが，フランスはこの死亡率がイギリスやドイツに比べて，低かった。これは，赤ワインの消費が多かったためと発表された。

5. 調理による成分の変化

1 たんぱく質，炭水化物，脂質

（1）たんぱく質

　たんぱく質は動植物体や酵素などの主要な成分で，20種類ほどのアミノ酸が結合した高分子化合物である。生命維持に不可欠な成分であるだけでなく，たんぱく質の物理的・化学的な変化が食品の調理性に多様な影響を与えている。たんぱく質を構成成分で分類すると，おおまかに単純たんぱく質（アミノ酸のみで構成）と複合たんぱく質（たんぱく質以外の成分と結合したもの）に分けられる。また，単純たんぱく質は溶解性の差による便宜的な分類もある。

　たんぱく質は複雑な立体構造をしている。図3-5-1に示すように，まずアミノ酸が鎖状につながったポリペプチド

● **高次構造からの分類**
　たんぱく質の分子構造からの分類に球状たんぱく質，繊維状たんぱく質，膜たんぱく質などがある。

表3-5-1　食品などに含まれるたんぱく質の種類と性質

たんぱく質	名　称	溶解性					熱凝固性	食品中のたんぱく質の種類，名称など
		水	中性塩溶液	希酸	希アルカリ	エタノール		
単純たんぱく質	アルブミン	+	+	+	+	-	○	オボアルブミン(卵白) ラクトアルブミン(乳)
	グロブリン	-	+	+	+	-	多くは○	ミオシン(筋肉) β-ラクトグロブリン(乳) グリシニン(だいず)
	グルテリン	-	-	+	+	-	○	グルテニン(こむぎ) オリゼニン(こめ)
	プロラミン	-	-	+	+	+	×	グリアジン(こむぎ) ホルディン(おおむぎ) ツェイン(とうもろこし)
	プロタミン	+	+	+	+	-	×	サルミン(さけの白子) クルペイン(にしんの白子)
	ヒストン	+	+	+	-	-	×	ヒストン(胸腺) グロビン(赤血球)
	アルブミノイド（硬たんぱく質）	-	-	-	-	-	○	コラーゲン(骨，結合組織) 煮熟によりゼラチン化
		単純たんぱく質と結合している補欠分子族					食品中のたんぱく質の種類，名称など	
複合たんぱく質	リポたんぱく質	脂　質					リポビテリン(卵黄)，疎水結合に弱い結合のため，変性時に簡単に離れる	
	糖たんぱく質	糖					オボムコイド(卵白)，動物粘膜からの分泌液に多く含まれる	
	リンたんぱく質	リン酸					カゼイン(乳)，ビテリン(卵黄)	
	色素たんぱく質	色素分子					ミオグロビン(筋肉)，ヘモグロビン(血液)	
	金属たんぱく質	金属イオン					ヘモシアニン(無脊椎動物の血液，銅たんぱく質)，フェリチン(肝臓，鉄たんぱく質)	
	核たんぱく質	核　酸					細胞の核，精子核に多い	

注］　単純たんぱく質の溶解性　+(可溶)，-(不溶)
　　　中性塩溶液(0.8％食塩水)，希酸(pH 4〜5)，希アルカリ(pH 8)　　出典：生物辞典，岩波書店，生化学辞典，東京化学同人より作成

鎖(一次構造)をつくり，次に種々の結合により二次構造，三次構造，四次構造をとっている。一次構造をつくるペプチド結合は加熱や希酸・希アルカリでは切断できないほど強い。これに対し，二次，三次，四次構造をつくり上げる結合(イオン結合，水素結合，疎水結合)は弱く，加熱や酸・アルカリ処理で容易に構造が崩壊する。たんぱく質は一部の構造が壊れると一挙に全体の構造も崩れてしまう。この高次の構造変化により，元の自然な状態のたんぱく質と異なった状態に変化することを「変性」といい，調理上問題になるのはこの変性である。変性は一次構造の変化を伴わずに立体構造が変化する現象で，変性すると元のたんぱく質とは異なった性質を示す。変性の要因は物理的要因と化学的要因があり，主なものを表3-5-2に示した。調理の中で最も関係が深いものに"加熱"と"pHの変化"がある。

pHがたんぱく質の状態に与える変化は，たんぱく質が分子内に正負荷電をもつ両性電解質であることに起因する。たんぱく質は酸性溶液中では＋に，アルカリ性溶液中では－に荷電する。あるpHにおいて，たんぱく質分子内の＋イオンと－イオンの数が等しく電気的に中性となるが，このpHの値を等電点(IP：isoelectric point)といい，等電点付近のpHではたんぱく質の溶解性や保水性が低下し，凝集しやすい。この値は各々のたんぱく質により異なるが，pH5前後に等電点をもつものが多い。調理中に起こる変性は，各変性要因が単独ではたらくより，複合していることのほうが多い。たんぱ

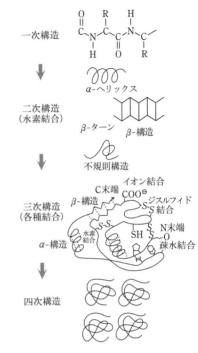

図3-5-1　たんぱく質の構造

● たんぱく質の荷電状態

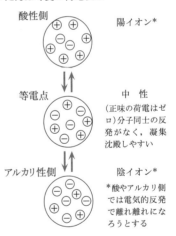

● 主なたんぱく質の等電点

たんぱく質	等電点(pH)
オボアルブミン(卵白)	4.7
カゼイン(乳)	4.6
ミオシン(筋肉)	5.4
アルブミン(おおむぎ)	5.8
グリアジン(こむぎ)	6.5
グリシニン(だいず)	4.3

表3-5-2　調理にみられるたんぱく質の変性

変性の要因		調理にみられる変性の例など
物理的要因	加熱	加熱凝固(卵・肉・魚など)
	水中加熱	コラーゲンの可溶化(すね肉の煮込みなど)
	乾燥	脱水，水和性の低下(するめ；水戻ししても元には戻らない)
	凍結	豆腐の凍結乾燥(高野豆腐)
	撹拌	卵白の泡立て，メレンゲ
	混ねつ	グルテン形成(小麦粉ドウ)
化学的要因	酸	酸変性によるテクスチャー変化(ヨーグルト，魚の酢じめ)
	アルカリ	ピータン(アルカリ性粘土による長期保存)，だいずの吸水・軟化促進
	塩類	熱変性の促進(豆腐)，希塩類には溶解，高濃度では塩析
	酵素	カゼインの凝固(チーズ)，プロテアーゼによる食肉の軟化
	アルコール	たんぱく質分子の水和性を奪い沈殿させる

5．調理による成分の変化

く質の加熱凝固は一般に60〜70℃で起こることが多いが，熱凝固はpH，および共存する塩や糖により影響を受けて，凝固が促進されたり抑制されたりする。また，茶碗蒸しやカスタードプディングなどの希釈卵の調理では，共存する塩類が加熱凝固を促進する。これは陽イオンによりたんぱく質の負荷電が中和される（$-COO^- + Na^+ \rightarrow COO^-Na$）ためである。陽イオンの凝固促進効果は2価の$Mg^{2+}$や$Ca^{2+}$ではさらに強く，1価の$Na^+$や$K^+$の4倍にも達する。

（2）炭水化物

炭水化物は糖質とほぼ同義で，栄養的見地からみてエネルギー源として利用される糖質と，不消化性でエネルギー源にはならない食物繊維がある。炭水化物は重合度（分子の長さ）により，単糖，オリゴ糖（少糖），多糖の3つに分けられる。単糖は炭水化物の最小構成単位であり，オリゴ糖と共に分子量が小さいため舌の味蕾の受容体に作用しやすく甘味を感じるが，多糖類は分子量が大きいため甘味がない。また，多糖類は消化性多糖類と難消化性多糖類に分類され，前者にはでんぷん，グリコーゲン，後者にはセルロース，グルコマンナン，ペクチンなどがあり，寒天やカラギーナンはゲル形成能が利用されている。

● 炭水化物

多くが$C_mH_{2n}O_n$の分子式で示される。また，$C_n(H_2O)_m$の形でも示され，炭水化物（炭素の水和物）の名称由来となる。しかし，この組成式に適合しない窒素や硫黄を含むものもあり，現在では"多価アルコールのカルボニル配糖体"と定義されている。

● 糖質の分類

● 糖の分類

単位となる単糖が2〜10分子程度をオリゴ糖，それ以上のものを多糖という。オリゴ糖はさらに，単糖が2分子重合したものは二糖，3分子重合したものを三糖という。

アミロース

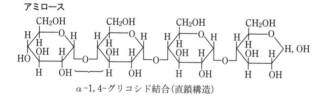

α-1,4-グリコシド結合（直鎖構造）

アミロペクチン

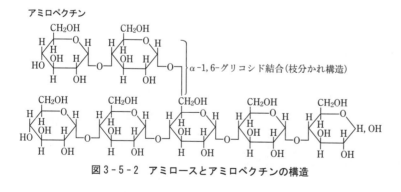

図3-5-2　アミロースとアミロペクチンの構造

アミロース

らせん構造

アミロペクチン

扇状構造

(1) でんぷんの糊化・老化

でんぷんはグルコースが多数結合した高分子化合物であり，結合様式によりアミロースとアミロペクチンの2種類がある。アミロースはグルコースがα-1,4結合のみによって重合した直鎖分子で，6個のグルコースで一巻きするらせん構造をしている。アミロペクチンは一部α-1,6結合で枝分かれした房状の巨大分子で，アミロースよりはるかに大きい（図3-5-2）。穀類やいも類のでんぷん中のアミロースとアミロペクチンの割合はでんぷんの種類によって異なり，もち米やとうもろこしは，ほぼすべてがアミロペクチンである。天然の生でんぷん粒の構造の詳細は，諸説あって不明な点が多いが，アミロペクチンとアミロースが集まったものとされている。これら分子が水素結合で規則的に集まった微結晶性部分（ミセル）と非結晶性の領域が組み合さって形成されている。

生でんぷんはミセル構造をもつために水に不溶で，消化が悪い。水を加えて加熱すると，でんぷんは水の浸入により水和して膨潤し，粘度と透明度が急激に上昇し糊状になる。これをでんぷんの糊化（α化）といい，60℃前後でこの変化が起こる。糊化でんぷんはミセルの配列が崩れて消化酵素の作用を受けやすくなるため，消化性が向上する。糊化でんぷんを室温に放置すると徐々に離水して分子の再配列が起こり（水素結合が進むため），部分的に構造を回復して水に不溶な白濁状態に変化することを老化という。老化したでんぷんは固くなり，米飯などの食味も低下して，消化も悪くなる。老化には温度，水，共存物質が影響する。老化は水分30～60％，0～5℃のような低温ほど起こりやすい。そのため糊化したでんぷん性食品を冷蔵庫に入れると，老化が進行する。一方，老化抑制するには表3-5-3のような方法がある。70℃位の温度（保温ジャー）や凍結は有効で，特に凍結は分子の再配列が抑制されるため，米飯の長期保存は冷凍のほうがよい。

また水分10～15％以下では老化が起こりにくく，高温乾燥を利用したα化米がある。老化には糊化の程度も関係し，十分加熱して完全糊化させたでんぷんは老化が遅い。さらに，アミロースよりアミロペクチンを多含するほど老化は遅い。糊化でんぷんに砂糖を添加する場合，砂糖の親水性が老化を抑制する。

(2) デキストリン化

でんぷんを水のない高温状態（120～200℃）で加熱すると，でんぷんは部分的に分解されてデキストリンを生じる（この

● でんぷんの構造

アミロペクチン　　アミロース

● でんぷんの老化防止

表3-5-3　老化抑制の方法

糊化でんぷんへの処置	例
70℃位で保持	飯の保温（炊飯ジャーでの保温）
高温で乾燥	α化米，即席めん，せんべい
急速凍結	冷凍米飯，冷凍めん
砂糖を添加	ぎゅうひ，すあま，ういろう

● 砂糖添加がでんぷんに及ぼす影響

砂糖は親水性であるため，糊化でんぷんに添加すると，離漿を抑制するために老化防止に役立つ。しかし，加熱前に添加すると，グルコース鎖間への水の浸入を抑制してしまい，糊化しにくい状態になってしまう。

現象をデキストリン化という）。デキストリンはでんぷんのミセル構造が崩壊しているため，糊化でんぷんのような粘度を生じない。小麦粉を油脂で炒めるルウは，加熱温度によりデキストリン化の程度が異なり，ソースにしたときの「とろみ」のつき方が変化する。また，嚥下困難者用の増粘剤としても広く利用されている。

（3）脂　質

脂質は栄養的にはエネルギー源となり，必須脂肪酸を含むほか，脂溶性ビタミンの供給源にもなる。調理上は熱媒体としても利用され，特有の食感や風味も付与する。脂質は主に単純脂質，複合脂質，誘導脂質に大別され，一般に調理で量的に多く扱われる脂質は単純脂質に分類される中性脂肪である。

中性脂肪（トリアシルグリセロール，TG）はグリセリンと脂肪酸により構成されている。脂肪酸は各種存在し，その影響で脂質の性質が異なってくる。

脂肪酸の形は1本の炭素骨格の端にカルボキシル基がついたもので，炭素は4以上で多くても24程度（食品成分表収載レベル）である。炭素数4〜8（C_4, C_6, C_8）を短鎖脂肪酸，C_{10}，C_{12}を中鎖脂肪酸，C_{14}以上を長鎖脂肪酸という。

この炭素鎖の一部にC＝C結合（二重結合，不飽和結合）を含まないものを飽和脂肪酸，1つ含む場合を一価不飽和脂肪酸，2個以上含むものを多価不飽和脂肪酸という。油脂は加熱時，および放置中に空気中の酸素により酸化が進み，食味低下や粘り（または泡）が発生する。この現象が油脂の劣化だが，酸化が起こるのは，この不飽和脂肪酸の部分である。

不飽和脂肪酸の二重結合にはシス型とトランス型があり，天然の不飽和脂肪酸の多くはシス型配置である。

シス型は分子形状が湾曲して自由運動しやすいために，融点が低くなる。そのため二重結合の数が多くなると，融点はさらに低くなる。魚油や大豆油は不飽和脂肪酸が多いため，融点が低く室温では液状である。しかし，魚油は多価不飽和脂肪酸が多いために酸化しやすく，液状油としては用いられない。魚肉中に存在する魚油でも，干物魚などの保存中の油やけや焼き操作中の過加熱などによる酸化は要注意である。

一方，トランス型は反すう動物胃内，加工油脂の製造，植物油の高温加熱おいて生成され，欧米では多量に長期間摂取すると動脈硬化や心筋梗塞につながるとの報告がある。

食物中の脂質は主に炭素数16以上の長鎖脂肪酸のTGで

● 必須脂肪酸

体内では生成できず，食物から摂らなければならない脂肪酸にα-リノレン酸（n-3系脂肪酸），リノール酸（n-6系脂肪酸）がある。

● 脂肪酸の表記〔例：リノール酸〕

● 脂肪酸の基本構造

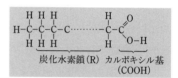

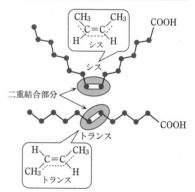

● トランス脂肪酸の摂取量

WHO / FAOの合同専門家協議会報告書によると，トランス脂肪酸の望ましい摂取の基準値として，エネルギー比率で1％未満を提唱している。2008年までの国内の報告では，日本でのトランス脂肪酸の摂取量はエネルギー比率で0.7％以下（20歳前後女性対象の調査では0.57％）で，欧米（米国人：摂取エネルギーの約2.6％ FDA, 2003）に比較するとかなり低い。

ある。代謝の際，脂質はリパーゼにより長鎖脂肪酸と2-モノアシルグリセロール(MG)に分解されるが，小腸で吸収されるとTGに再構成される。また，中鎖脂肪酸(MCT)は小腸粘膜からそのまま吸収され，肝臓ですばやく分解されるため，長鎖脂肪酸よりエネルギーになりやすく，体脂肪となりにくいことから，中鎖脂肪酸を主体とする(または配合された)食用油も特定保健用食品として認可されている。

食用油脂や油脂含量の高い加工食品などは空気中の酸素によって脂質が酸化される(自動酸化)。温度が低いほど酸化は進みにくいが，冷蔵庫中でも徐々に進む。光(特に直射日光)や金属イオン(鉄や銅)，酵素などによっても酸化が促進される。したがって，食用油脂は空気に触れないようにし，直射日光を避けて冷暗所に保存することが大切である。また，揚げ物をする温度(120～200℃)で油脂を長時間加熱した場合，酸化反応は自動酸化と同様に進むが，自動酸化とは異なり，生じた過酸化物が熱で分解するために蓄積はせず，重合物を形成したり，低分子化合物へ分解する反応が多くなる。油脂の加熱による劣化は総合的には粘度の上昇，着色度，酸価などの上昇として現れる。

2 ビタミン，ミネラル

(1) ビタミン

ビタミンは，体内で生合成できないため，食事からバランスよく取り入れなければならない。多くのビタミンは，体内に取り込まれると活性型に変換されて，それぞれ特有の機能を果たす。ビタミンは脂溶性と水溶性に大別され，表3-5-4にビタミンの種類と特徴を示した。

ビタミンは，光や熱に弱い，酸やアルカリによる分解，空気中の酸素や酵素作用に不安定，ゆで汁などの水への溶出，油への溶出などの性質をもっている。そのため，調理による損失が懸念される。

(1) 脂溶性ビタミン

ビタミンAは脂溶性ビタミンで水への溶出はほとんどない。カロテンは脂溶性のため油炒めなどの油を用いた料理では，吸収率も上がる。また，レチノールは主に動物性食品に含まれ，従来ビタミンAとよばれていた。しかし，食品成分表では国際的に物質名称と認められているレチノールを使用する。栄養計算にはレチノール活性当量(μg)を用いる。

● 脂肪酸と融点

脂肪酸の種類			略号	融点
飽和脂肪酸	短鎖	酪酸	C 4:0	-7.9
		ヘキサン酸	C 6:0	-3.4
		オクタン酸	C 8:0	16.7
	中鎖	デカン酸	C 10:0	31.6
		ラウリン酸	C 12:0	44.2
	長鎖	ミリスチン酸	C 14:0	53.9
		パルミチン酸	C 16:0	63.1
		ステアリン酸	C 18:0	69.6
		アラキジン酸	C 20:0	75.3
不飽和脂肪酸	長鎖	オレイン酸	C 18:1	13.3～16.3
		リノール酸	C 18:2	-5.0
		リノレン酸	C 18:3	-11.3
		アラキドン酸	C 20:4	-49.5
		イコサペンタエン酸	C 20:5	-
		ドコサヘキサエン酸	C 22:6	-

出典：日本油化学会編：「油化学便覧」，丸善(2001)，日本食品標準成分表2015年版(七訂)脂肪酸成分表編 p.5(2015)より作成

● ビタミン
微量で体内の生理機能を正常に調節する栄養素である。

表3-5-4 ビタミンの特徴

		特徴
脂溶性	ビタミンA	光，酸，空気，金属イオンに×
	ビタミンD	熱に△，光に×
	ビタミンE	光，空気に×
	ビタミンK	空気，熱に○，アルカリ，光に×
水溶性	ビタミンB_1	水に溶けやすい。酸性で△，アルカリを加えると分解
	ビタミンB_2	水に少し溶ける。酸，熱に△，アルカリ，光×
	ビタミンC	還元型は水に溶けやすい。熱，空気，アルカリ，酸素に×
	ナイアシン	水に溶けやすい。熱，空気，光，酸，アルカリに○

○安定 △比較的安定 ×不安定

出典：香川明夫監修：「七訂食品成分表2019資料編」p.64～65，女子栄養大学出版部より作成

(2) 水溶性ビタミン

　ビタミンB_1は熱や酸に不安定である。水に漬けたり，ゆでたり，煮たりする調理過程で煮汁などへ溶出する。そこで，煮汁も利用するとよいが，熱に不安定なので，長時間放置すると減少する。また，ビタミンB_1はわらびや貝類に含まれるアノイリナーゼで分解されるが，生食しなければ問題はない。ぬかみそに漬けた野菜には，ぬかからビタミンB_1が移行し増加する。

　ビタミンB_2も水溶性で煮汁などへ溶出する。光に弱いため，食材の保存は冷暗所がよい。

　ビタミンCも水溶性なので調理中に水に溶出しやすく，空気，光，熱に不安定である。このため，すりおろして放置するだけでも空気中の酸素により酸化される。調理による損失が多いビタミンである。また，きゅうりやにんじんなどはアスコルビン酸酸化酵素（アスコルビナーゼ）をもつので，すりおろしてだいこんおろしと混ぜると著しくビタミンCが酸化される。アスコルビン酸酸化酵素の活性は塩類や酸によって抑制される。また，ビタミンC（アスコルビン酸）は酸性溶液中では安定であるが，中性や希アルカリ性では不安定となり，空気中の酸素により還元型（アスコルビン酸）から酸化型（デヒドロアスコルビン酸）に可逆的に変化する。両者ともC効力は同等であるが，ジケトグロン酸にまで酸化すれば効力は失われる。アスコルビン酸酸化酵素存在下でも30分程度であれば，ジケトグロン酸まで変化することは少ないので，ビタミンCの損失は無視できるレベルである。

(2) ミネラル

　ミネラルは生体の機能調節に関与する成分である。食物からの摂取基準が定められているのは，ナトリウム，カリウム，カルシウム，マグネシウム，リン，鉄，亜鉛，銅，マンガンである。

　ミネラルは，水溶性であるためあく抜きなどで水に漬けている間，ゆでるとき，煮るときなどのゆで汁や煮汁に溶出する。ミネラルの調理操作による損失は10～20％程度で，カリウムが溶出しやすい傾向にある。そこで，水に漬ける時間を必要最低限にとどめ，煮汁も利用するとよい。また，ほうれんそうに含まれるシュウ酸は鉄やカルシウムと結合してそれらの吸収を妨げることが報告されている。このように食品中のほかの成分が体内でのミネラルの吸収を妨げる場合もあ

● プロビタミンA

　プロビタミンAは，体内でビタミンAに変わり，ビタミンA効力がある。プロビタミンAには，にんじんやほうれんそうなどの緑黄色野菜に含まれているカロテノイド色素である$α$-カロテン，$β$-カロテン，クリプトキサンチンがある。トマトに含まれるカロテノイドのリコペンはビタミンA効力をもたないが，抗酸化性を有し活性酸素の消去能は$β$-カロテンの2倍である。

● 各種調理操作によるビタミンB_1の損失割合(%)

野菜名	炒める	揚げる	蒸す	煮る 汁別	煮る 汁とも	焼く
じゃがいも	9	13		14	5	21
ほうれんそう	21		22	28	8	
たまねぎ	19	14	7	20	3	

出典：西貞夫編著：「野菜と健康の科学」p.60，養賢堂(1994)より一部抜粋

● 各種調理操作によるビタミンCの損失割合
　p.105，表3-3-1参照。

● ビタミンC
　酸化還元反応に関与する水溶性ビタミンである。化学名はアスコルビン酸。食品中では，アスコルビン酸（還元型）とH原子を奪われた形のデヒドロアスコルビン酸（酸化型）として存在する。両者のビタミンCとしての効力値は同じとみなされる。

● 食品中のビタミンC
　食品中のビタミンCは酸素によって酸化され酸化型ビタミンCとなり，さらにアミノ酸が共存するとアミノ-カルボニル反応を起こしやすい。アルカリ性でジケトグロン酸に分解される。

る。

　カルシウムは吸収率が低い栄養素の1つである。成人では通常の食事での吸収率は25％ぐらいであるが，食品により異なる。乳・乳製品食品は吸収率が高く約40％，植物性食品は吸収率が低い（野菜で約20％）。また，摂取量が少ない場合や必要量が多い時期には吸収率が高まる。吸収を促進する因子は，カゼインフォスフォペプチド（CPP）・乳糖・ビタミンDなどがある。吸収を阻害する因子は，シュウ酸・フィチン酸などである。

　鉄も吸収率が低い栄養素の1つである。動物性食品に含まれるヘム鉄は比較的吸収されやすく，吸収率は30％である。しかし植物性食品に含まれる非ヘム鉄の吸収率は低く，5％程度である。ビタミンCと併せて摂取すると吸収がよくなる。

● ビタミンCの生体内でのはたらき
　生体内では抗酸化剤としての働きをもち，組織に発生する活性酸素を消去して癌や老化制御，皮膚劣化防止効果を示す。また，ビタミンCはFe^{3+}をFe^{2+}に還元し，非ヘム鉄の腸管吸収を高めるはたらきをもつ。

表3-5-5　動物および植物性食品の調理による成分変化率（調理後の残存率表）

動物性食品	調理法	Na	K	Ca	Mg	P	Fe	Zn
魚　類	焼く	94	94	120	94	98	95	96
魚　類	水煮	85	82	113	89	90	96	93
魚　類	蒸す	67	65	75	100	76	100	100
肉　類	焼く	82	83	83	84	83	84	88
肉　類	ゆでる	47	46	91	64	61	80	86
卵　類	ゆでる	82	83	101	96	103	109	104
平　均		76.2	75.5	97.2	87.8	85.2	94.0	94.5

植物性食品	調理法	Na	K	Ca	Mg	P	Fe	Zn
いも類	蒸す	100	89	84	86	72	81	100
いも類	水煮	90	83	85	88	79	88	92
いも類	揚げる	100	83	67	90	63	100	100
豆　類	ゆでる	96	67	90	77	74	83	81
野菜類（花菜類）	ゆでる	78	64	92	79	79	82	72
野菜類（葉茎菜類）	ゆでる	68	54	83	72	78	67	75
野菜類（根菜類）	ゆでる	79	80	93	86	88	89	88
野菜類（果菜類）	ゆでる	89	86	98	88	92	99	81
野菜類（果菜類）	油炒め	91	98	97	98	100	100	95
平　均		87.9	78.2	87.7	84.9	80.6	87.7	87.1

出典：渡邊智子他：日調科誌, 38　p.6-20, (2005)より抜粋
　　　渡邊智子他：日本栄養・食糧学会誌, 55　p.165-176
　　　科学技術庁資源調査会：「五訂日本食品成分表」, (2002)
　　　渡邊智子他：栄養学雑誌, 62, p.171-182(2004)より抜粋

6. エネルギー源（調理熱源）

　戦後生まれが人口の8割を超えた現在の生活において，ガス・電気は日常生活を円滑に行うには不可欠である。戦後しばらくは，一口ガスこんろと薪，れんたん，たどん，木炭（すみ），石炭が台所で使われていた。煙やすす・灰による台所仕事の煩わしさ，火力調節のむずかしさ，それらの保管管理，時には人間の命を奪う一酸化炭素による中毒など，不便さと危険の伴う家事や炊事が行われていた。

　現在では住居環境も激変し都市部では，上下水道完備，アルミサッシの使用で機密性が高い環境，キッチンは換気がよく仕事のしやすい構造，家事の大部分に電化製品が導入され，使い勝手もよく，恵まれた状況が整備されている。

　この便利な生活（いつでもガス・電気を使える生活）は半世紀ほど前に得たに過ぎないが，これらの登場が女性の社会進出を一面で支えたことは事実である。特に，20世紀後半に普及した電子レンジには，電磁波が周囲の物質を振動させ熱に換えていく誘電加熱の原理を利用したものである。また，電磁調理器（IH調理器）は，電気エネルギーが電気・磁気と変換しながら熱エネルギーを生む電磁誘導加熱の原理を取り入れたものである。これらの機器は，即応性やクリーン性が向上し調理時間の短縮が図られたことは画期的なことである。

　それらの主な特徴を表3-6-1に示す。

　調理の熱エネルギー源としては，ガス，電気が使われることが多いが，他に石油，石炭がある。

● 木炭（すみ）の成分と燃焼特性
　木炭の成分は，原料の木の種類と焼き方により違いがある。
① 白炭　1000℃前後の高温で炭化したもの。表面に灰がつき灰白色で，樹皮がなく，断面は密で，硬く，金属音を発する。火付きは悪いが火力が強く長持ちする。その一つが備長炭である。
② 黒炭　炭化温度600〜700℃で，黒色，炭化した樹皮がつき，断面に割れ目があり，茶の湯にも使われる。木炭が焼き物調理に適する理由は，炭の分光放射強度が強く，放射伝熱の割合が80％と高く，燃焼時（300〜700℃）に放射される赤外線の大部分は遠赤外線であるので，表面に焼き色がつきやすく，短い時間で食べごろに焼ける。しかし，燃焼時の一酸化炭素が多く有害なので，換気を十分に行う。

● 電気エネルギー
　電気エネルギーは原子力，水力，火力，風力などの発電により供給される。最近は太陽電池を設置し，自家発電を導入する試みが展開している。配電される電圧は100Vであったが200Vの供給を受けることも可能になった。オール電化住宅の増加に呼応している。静岡県の富士川を境に西は60Hz，東は50Hzなので，ヒーター以外の器具は，周波数を確認し正しく用いる。

表3-6-1　熱源の種類とエネルギー

熱エネルギー源	熱を出す手段	燃焼熱†	着火温度(℃)	燃焼器具と熱効率	
固体燃料	石炭	20〜30 MJ	300〜400	炉，かまど	約45％
	薪	15 MJ	250〜300	かまど	約45％
	練炭	20 MJ	—	火鉢，炉	約45％
	木炭	30 MJ	300〜400	火鉢	約45％
液体燃料	石油（おもに灯油）	46 MJ	350〜400	石油コンロ	40〜50％
気体燃料	都市ガス	40 MJ	680	ガスコンロ	約55％
	プロパンガス	50 MJ	520		
電気	ジュール熱	1 kWh	—	電気コンロ（ニクロム線）	約70％
	誘電加熱	1 kWh	—	電子レンジ	90％以上
	電磁誘導加熱	1 kWh (3.6 MJ)	—	電磁調理器	80％以上

†固体，液体燃料に対してはkg当たり，気体燃料に対してはm^3当たりの値である。1 kWh = 3.6 MJ

出典：畑江敬子・香西みどり編：「調理学」p.66 東京化学同人（2016）

(1) 気体燃料

　気体燃料には石炭や石油を分解してつくられる都市ガス(6B)と液化天然ガス主原料とする都市ガス(13A, 主成分メタン)と液化石油ガスの総称であるプロパンガス(主成分がプロパン, ブタン)がある。都市ガスはガス管を通して, プロパンガスは加圧液化し, ボンベで家庭に届けられる。これらの特徴は, ①点火や火力調節が簡便 ②最高温度が高い ③長時間の火力保持が可能 ④比較的安価である。一方で, ⑤爆発やガス中毒の心配がある ⑥換気・ガス漏れに注意する必要がある。これらのガスには人間に無害な臭気ガスが添加され, ガス漏れが感知されやすいような配慮がなされている。ガス漏れ探知器を設置する場合, 都市ガスは比重が小さいので, 天井に近い場所に, プロパンガスは比重が大きいので, 足元に設置する。

　加熱用のガスコンロは, ガスの種類に適合した型式を購入すべきだが, 2〜4口の火口とグリルのついたガステーブルは2,000〜2,500 kcal/hの標準バーナーと3,000 kcal/h以上の強火, あるいは4,000 kcal/h以上のハイカロリーバーナーが組み込まれている。ガスバーナーの利点は丸底鍋も可で, 鍋の形, 材質を問わず使えることである。しかしながら, ガス燃焼の熱エネルギーの9割は暖められた空気の対流による伝達で, 1割が放射熱により伝達される。

(2) 電気エネルギー

　電気エネルギーはダイレクトな調理熱源としてだけでなく, 熱源を内蔵した調理機器(炊飯器, オーブン, ホットプレート, パン焼き器, ポットなど)も次々開発された。冷凍冷蔵庫, 各種の調理器具(ミキサー, フードカッターなど)に電気エネルギーは使われている。

　電気エネルギーによる加熱は①誘電加熱の原理を利用した電子レンジ加熱, ②誘導加熱の原理を利用した電磁調理器, ③電気抵抗によるジュール熱を利用した電気ヒーター(電気こんろ)がある。これは電気抵抗のある物体に電流を通すと熱を発生する原理を調理加熱器に応用した。最初はニクロム線をコイル状に巻き発熱体として使われたが, 切断されやすいので, 周囲を金属パイプで覆ったシーズヒーターが使われている。焼き色や適度の焦げ色をつけたい場合には, 遠赤外線がよいが, ガスバーナーや電熱ヒーターに組み込まれたタイプもみられる。

●熱の伝わり方は2つに分類される
① 高い温度の分子と低い温度の分子の衝突が熱の移動をもたらす(対流伝熱, 伝導伝熱)。
② 電磁波のもつエネルギーが熱エネルギーに変換され, 熱が移動する(放射伝熱, 誘電加熱(電子レンジ加熱や高周波加熱))。

●最近のガス用品
　阪神淡路大震災以後のガスは, ある震度以上に震動すると自動的に閉栓する。また, ガスこんろ, ガスヒーターも油火災・焦げつき・立ち消え防止つき自動調理回路のつく機種もあり便利である。

●遠赤外線加熱
　遠赤外線とは赤外線部分の波長の長い部分をいう。明確な定義はないが, 食品関係領域では$3\mu m$以上をさすことが多い。遠赤外線利用の加熱機器は$3\mu m$以上の波長部分の放射率の高いヒーターを利用したものである。また, 遠赤外線ヒーターと称されるものには金属酸化物を塗布したものやセラミックなどがある。
　魚焼きの網に遠赤外線放射体のセラミックスを混ぜた塗料を塗布したもので, 同じガスバーナーでガス流量を調整し, 同時間焼いた魚は表面の焼き色がきれいである。また, 魚すり身を一定の形にして同じ火加減で焼いたところ, 内部温度の上昇がはやく, 熱源の熱が効率よく伝えられるようである。

7. 加熱調理と加熱機器

1 熱の伝わり方

加熱は調理で最も頻繁に行われる重要な操作である。

加熱とは，食品に熱を伝えて温度を上げ，いろいろな変化を導き出す操作である。熱は必ず温度の高いほうから低いほうに伝わり，その伝わり方(伝熱)は，伝導伝熱，対流伝熱，放射伝熱の3種類がある。

(1) 伝導伝熱

食品の内部や静止している水や空気の温度の高いほうから低いほうへ熱が伝わる現象である。物質に伝わる熱の量は，温度の高い部分と低い部分の温度差に比例し，距離に反比例し，熱の伝わる部分の断面積に比例する。物質固有の比例係数を熱伝導率($W/(m・K)$)といい，温度によって変わる(表3-7-1)。熱伝導率の大きいものは金属類で，水，空気はそれよりだいぶ小さい。

● 熱伝導率の($W/(m・K)$)
（ワット毎メートル毎ケルビン）と読む。ワットは熱の単位で，
J(ジュール)$/s$(秒)
ケルビンは温度を示す単位で絶対零度が0ケルビン(K)で，
t(℃)＝T(K)－273　となる。
また，SI基本単位ではこのように表記することになっているが，
$cal/(cm・s・℃)$
と表記することもある。
$W/(m・K) = 0.002388 cal/(cm・s・℃)$

● SI単位とは
国際度量衡委員会で1960年に「すべての国が採用し得る一つの実用的な単位制度」として決定し，「国際単位系」(SI, The International System of Units)とよばれている単位のことである。

表3-7-1　各物質の熱伝導率($W/(m・K)$)

	物質名	温度(℃)	熱伝導率($W/(m・K)$)	備考
金属	銅	27	398.0	
	アルミニウム	27	237.0	
	鉄	27	80.3	
	ステンレス	27	27.0	SUS 405(CrとAlの合金)
非金属固体	ガラス板	27	1.03	高圧
	ポリエチレン樹脂	27	0.34	
	陶器	27	1.0－1.6	
	木材(杉)	27	0.069	
液体	水	97	0.671	
	水	27	0.610	
気体	空気	5	0.025	
	空気	85	0.030	
	蒸気	225	0.036	
食品	牛肉(赤身・もも)	17.4	0.429	繊維に平行　水分78.7%
	豚肉(赤身・すね)	19.0	0.453	繊維に平行　水分75.1%
	さけ	3.9	0.502	水分73.0%
	オリーブ油	28.9	0.168	
	きゅうり	28	0.598	水分95.4%
	にんじん	28	0.605	水分90.0%
	バナナ	27	0.481	水分75.7%
	りんご	25	0.596	水分88.6%
	チーズ(チェダー)	20	0.310	水分37.2%
	白パン		0.064－0.072	

出典：渋川祥子：「新訂　調理科学」, p.22 より同文書院(2011)

（2）対流伝熱

水や空気などの液体や気体などの流体は，対流によって熱が伝わる。液体などが加熱されて温度が高くなると，その温度が高くなった部分の密度が下がり，重量が軽くなって上昇し，温度の低い液体と入れ代わることにより対流が起こる，これを自然対流という。気体などをファンなどの力で動かして流れをつくるときは強制対流という。

温度の異なる流体と固体表面への伝熱を熱伝達という。熱伝達は，熱伝導のような物質固有の値ではなく，流体の性質や流れの状態によって変化する比例係数があり，熱伝達率（W/m²・K）という。図3-7-1に示したように，空気よりも水の値が大きく，同じ流体でも強制対流で流速を速くすると値は大きくなり，熱を伝えやすくなるので，強制対流式オーブンが増えている。

（3）放射伝熱

物質は，赤外線（波長0.75～2,000μmの電磁波）を放出したり，吸収したりしている。これらの赤外線による熱の移動を熱放射という。放射されるエネルギーは温度の4乗に比例して，温度の上昇とともに急速に増大する。

赤外線は，光と同様に空間を直進し，物質にあたると，物質の種類により吸収されたり，反射されたり，透過したりする。通常，空気中では，そのほとんどが透過し，液体や固体では多くが吸収されて温度が高くなる。

（4）加熱操作の分類

同じ食品でも加熱方法が違うと，料理の出来上がりの風味やテクスチャーが大きく異なってくるので，調理の目的に応じた加熱法の選択が重要になってくる。加熱操作には，水を熱の媒体として利用する湿式加熱法と水を利用しない乾式加熱法に大別される（表3-7-2）。

2　湿式加熱

湿式加熱は，熱の媒体を水とする加熱方式で通常100℃に近い温度で加熱される。加圧加熱（圧力鍋）では約110～125℃の加熱になる。

（1）ゆでる

食品を水のなかで加熱するので，熱は主として水の対流に

● 熱伝達率

対流熱伝導における熱の伝わりやすさを表す指標として熱伝達率がある。

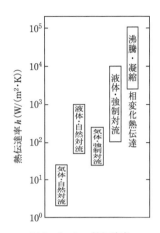

図3-7-1　熱伝達率
出典：「伝熱工学」，p.9，日本機械学会（2008）

● 熱伝達率の概略値

(W/(m²・K))

自然流体	ガス	3～29
	水	120～700
	沸騰水	1,200～23,000
強制流体	ガス	10～120
	粘性流体	60～580
	水	580～1,200
	蒸気の凝縮	1,200～12,000

値が大きいほうがはやく熱を伝えることを表し，空気（ガス）よりも水のほうが同じ温度であればはやく温まり，はやく冷える。冷菓などを短時間で冷やし固めるには，冷蔵庫よりも氷水の方が速く冷えるので適している。

● 放射伝熱（ふく射伝熱）

バーベキューの加熱を例にとると，高温の炭から放射された赤外線が，低温の肉に到達して加熱される。

他の伝熱形態では，熱を伝える媒体が必要であるが，ふく射による伝熱は真空中でも起こる。

よって伝えられる(図3-7-2)。塩を加えることはあるが、調味することが目的ではなく、たっぷりの水を使用する場合が多い(表3-7-3)。ゆでる操作は①食品組織をやわらかくする、②あくを抜く、③食品中の酵素作用を抑える、④乾物に水分を吸わせながら加熱する、⑤殺菌するなどの目的で行う。

●ゆでる,煮る
主に対流で食材に熱が伝わる。

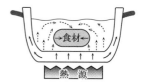

→ 伝導による熱の流れ
┄┄> 対流による熱の流れ

図3-7-2 煮る・ゆでるの伝熱モデル

表3-7-2 加熱操作の分類と特徴

加熱法	調理操作	主たる伝熱の形態	利用温度域	調味時期	食品の水分
湿式加熱 (水を利用する加熱法)	ゆでる	水の対流	～100℃	調味なし 加熱前	・乾物は水煮中に吸水 ・魚肉類は変性・凝固により脱水 ・水分の多い野菜類は減少する場合あり ・水分を多く含むでんぷん質食品(いも、かぼちゃ、くりなど)の重量変化は少ない
	だしをとる[1]、汁を仕立てる	水の対流	～100℃	調味なし 加熱中	
	煮る	水の対流	～100℃ 圧力鍋は110～125℃	加熱中	
	蒸す	水蒸気の対流(凝縮熱)	100℃卵液は85-90℃	加熱前 加熱後	
	炊く[2]	水の対流	～100℃	調味なし 加熱前 加熱後	
乾式加熱 (水を利用しない加熱)	焼く	金属板などからの伝導 熱源からの放射 空気の対流	150～300℃	加熱前 加熱後 供卓中	・食品表面からの脱水が著しい ・焦げ風味がつく
	炒める	油の伝導 金属板などからの伝導	150～200℃	加熱前 加熱後	・食品から水分の放出あり
	揚げる	油の対流	150～190℃ 油通しは100～130℃	加熱前 加熱後 供卓中	・水分と油の交代が起こる
電磁誘導加熱 (電磁調理器加熱)	湿式・乾式加熱に準ずる。直火焼きは不可	磁力線に変換させた電気エネルギーでまずなべ底を発熱するので、熱媒体により種々の伝熱形態となる	100～300℃	湿式・乾式加熱に準じる	
誘電加熱(電子レンジ加熱)	湿式・乾式加熱に準じる	マイクロ波の照射により、食品自身が発熱する	食品の水分がある間は100℃	加熱前 加熱後	・水分蒸発が著しい

注] 1) だしをとる操作は、食品素材からうま味成分を抽出する方法である点がゆでると異なっている。
 2) 炊くは炊飯と同じ意味で使われるが、炊くには煮る意味もあり、関西では煮るを炊くということが多い。「まめを炊く」とか「いもを炊く」などに使われる。関東でも魚のあら炊きのように使うこともある。

表3-7-3 食品別ゆでものの扱い

食品	水の量	ゆで水添加物	ゆで後の処理など
乾麺類	多量(吸水が起こるので7～10倍量)。沸騰後に投入する	スパゲッティは食塩を加える	水洗いして表面のでんぷんを除く。スパゲッティは水洗いしない
えび	かぶるくらい	食酢(3%),食塩	
ゆで卵	かぶるくらい	1%の塩,食酢を加えることもある	冷水に入れる－加熱を避け,殻がむけやすい
ポーチドエッグ	たっぷり	1%の塩,食酢－卵白の散らばりを抑える	
緑色野菜	たっぷり(温度低下を防ぐため6～8倍量)。沸騰後に投入する	食塩(0.5～1%程度)を加えてゆでることが多い	あくのある野菜は水に放つ 蓋をしないでゆでる。みそ,しょうゆ,ケチャップなど酸性液中では,茶褐色になるので注意する
淡色野菜	野菜が水中に浸る程度(2～4倍量)	食塩(0.5～1%程度)	あくがなければ,そのままざるにとる生上(きあ)げ(おかあげともいう)でもよい
カリフラワー	かぶるくらい	白くしたいときは食酢(フラボノイド色素は酸性液で白)	
れんこん,うど,ごぼう	かぶるくらい	白くしたいときは食酢	
だいこん	かぶるくらいより多め	厚切りをゆでるときは米ぬか,米のとぎ汁を加えることがある	さっとぬるま湯で表面を洗う
たけのこ	かぶるくらいより多め	米ぬか,米のとぎ汁	冷めるまでゆで汁中におく。ゆで汁中のでんぷんのコロイドの吸着作用であくが抜け,味も逃げにくい
根菜類	かぶるくらいの水を入れ,水からゆでる		さといもはゆでてぬめりをだして洗ってから,本調理すると味が浸透しやすい

(2) だしをとる

食品のうま味成分は,水浸または水中で加熱を行うと浸出(抽出)され,だし汁(スープストックを含む)として汁物や煮物に用いられる。

だしに使われる食品として代表的なうま味成分には,昆布や野菜中のアミノ酸のグルタミン酸,かつお節や煮干し中の核酸関連物質の5'-イノシン酸,獣鳥肉類の5'-リボヌクレオチド,貝類のコハク酸,タウリン,きのこ類の5'-グアニル酸などがある。

だしのとり方の要点は食品中の不味成分の溶出を抑制し,うま味成分のみを,いかに多く溶出させるかにある。

● だし素材の入れる時期

だしの種類	投入時期
かつお・昆布だし	昆布浸漬して加熱,かつおは沸騰直前
煮干し・昆布だし	水に浸漬しておき,加熱
昆布だし	水に浸漬のみ
ガラスープ	水より加熱
ガラ中華スープ	水より加熱
スープストック(ブイヨン)	水より加熱

（3）煮　る

　ゆでると、ほぼ同じ加熱操作で、煮汁のなかで食品を加熱する。煮汁に調味料を加えると沸点が少し上昇するが、ほとんど100℃に近い温度で加熱することになり、食品は100℃以上にはならない（圧力鍋使用時は110～125℃）。煮汁が少ない場合、煮汁から出ている部分は鍋に蓋をしていれば蒸気によって蒸され、蒸気が充満していれば約100℃になる。

　食品中の水可溶性の成分は、煮汁のなかに溶出するが、逆に煮汁のなかの調味料は食品のなかへ拡散するので、煮ながら味をつけることができる。

　煮物には多くの種類があり、煮方に応じて食品の種類に適した切り方、煮汁の分量、火加減、調味の仕方、鍋の種類など考慮する必要がある（表3-7-4）。

(1) 切り方

　材料のもつうま味を生かし、水溶性成分の溶出を最小限におさえるような切り方をする。小さく切りすぎると煮くずれしやすい。材料の煮えやすさ、調味料の浸透のしやすさ、食べやすさ、盛りつけたときの美しさを考慮して大きさと形を決める。大切りの場合は、かくし包丁や煮くずれを防いで形を整えるために面取りを行うこともある。

(2) 煮汁の量

　煮物には、汁を多量に使用し、仕上がったときに煮汁がたっぷり残るもの（おでん、煮びたし）と煮汁がほとんど残らないように煮る場合とがある。煮汁の量は、仕上がりの状態や食品の大きさ、煮えるまでの時間、火かげんなどによって変わってくる。煮汁が少ない場合には、汁から出ている部分には味がつきにくいので、汁をかけたり、食品の上下を入れかえたりする。また、落とし蓋をすると煮汁の沸騰にともなって、蓋を伝わって食品の上部にも煮汁がまわるので、上部まで調味料がいきわたりやすくなる。

(3) 調　味

　煮物における味付けは、野菜などの植物の細胞膜が生のときもっている半透性が加熱によって失われ、煮汁中の調味料が食材の内部に拡散作用で浸透していく。このときの調味料の浸透のしやすさは、拡散速度の影響を受ける。拡散係数は物質の分子量の平方根に反比例し、分子量の大きい砂糖は拡散係数が小さく食材の内部に浸透しにくいので塩よりも先に入れる。酢は揮発しやすいため、また、しょうゆやみそは風味が失われないように後で加える。いも類や野菜類は、やわ

● 煮物の工夫（落とし蓋、紙蓋の効果）

種　類	食塩吸収率の差*%
普通の蓋	0.66
落とし蓋	0.33
紙蓋（和紙）	0.34

煮汁：じゃがいも重量の1/2
*いもの上半分と下半分の食塩吸収率の差
　出典：松元文子他：家政誌, 12, p.393 (1961)

● 煮物の鍋の大きさ

　大きすぎると、煮汁がはやく蒸発して焦げやすい。小さすぎると上下で煮え方が不均一になりやすい。魚の煮つけのように煮くずれしやすく、短時間で煮上げたいものは、魚が重ならない鍋底の広い浅鍋で薄くて熱伝導のよい鍋が適する。

● 煮汁量の目安

調理名	煮汁量（材料に対して）
おでん	200　（%）
かぼちゃの煮物	60～80
高野豆腐の含め煮	～100
じゃがいもの煮ころがし	50～60
魚の煮つけ	魚の厚みの1/3位

● 調理のさしすせそ

　煮物の調味順序は一般にサシスセソといわれる。サ＝砂糖、シ＝塩、ス＝酢、セ＝しょうゆ、ソ＝みそである。
　しょうゆは旧仮名遣いでは、「しゃうゆ」であるが「せうゆ」も使われていたので「セ」が当てられている。

● 拡散係数

調味料	分子量	拡散係数*
塩	58.5	1.09×10^{-5}
砂糖	342.2	0.29×10^{-5}

*溶解は水で、温度25℃

表3-7-4 煮る操作の分類と方法

分 類	種 類	方法と例
手法別	含め煮	材料が十分浸る煮汁で加熱し，そのままおいて味を含ませる。煮くずれしやすいものにも適する。高野豆腐，いも類，くり，豆類
	煮つけ	煮汁は材料がヒタヒタに浸る量で，煮上げたときに，煮汁が少し残る程度である。魚の煮つけ
	煮しめ	味をよくしみ込ませるように煮て，味をなじませる。根菜類
	いり煮	少量の煮汁でいりつけるように仕上げる。おから，ひき肉，たまご
	煮込み	比較的多めの煮汁で長く煮る。おでん，シチュー，ロールキャベツ
	煮浸し	うす味で煮て，煮汁に浸して供する。青菜，淡色野菜，川魚
調味料別	しょうゆ煮	主として，しょうゆで味をつける
	みそ煮	みそ味で仕上げる。青背の魚類
	酢 煮	酢を加えて煮る。はす，青背の魚類
	甘煮(砂糖煮)	甘味を主とした煮物。煮豆，さつまいも，くり
	うま煮	甘・辛の両方をしっかりつける。肉，魚，野菜類
色 別	白 煮	素材の白さを残すように仕上げる。はす，うど，ながいも，いか
	青 煮	素材の緑色を残して仕上げる。いんげん，さやえんどう，ふき
	色 煮	素材のもち色を生かして煮る。なす，にんじん
その他	揚げ煮	揚げてから煮汁で煮る。魚の揚げ煮
	炒め煮	炒めてから煮汁を入れることもあるが，煮汁がないように仕上げる。いり鶏，きんぴら
	焼き煮	焼いてから煮汁で煮る。煮くずれを抑え，香味をます。魚

らかくなってから調味料を加えたほうが味の浸透がしやすい。肉や魚は，たんぱく質の熱凝固をはやめて，内部のうま味を保持するために調味した煮汁を煮立てた中に入れて煮る。

(4) 蒸 す

蒸気のなかで食品を加熱する方法である。水蒸気は，冷たいものに触れると凝縮により水に戻るが，そのとき水は食品に凝縮熱(潜熱ともいう)($2.3\,\mathrm{kJ/g} = 0.54\,\mathrm{kcal/g}$)を与える。食品と蒸気の温度差があるうちは，凝縮によって熱が伝えられる。そのため食品の温度が低いときには，伝熱量は著しく大きくなるので，蒸し加熱は初期の温度上昇がはやい。蒸し器のなかに蒸気が充満したとき常圧では100℃になるので，食品は100℃までの温度に加熱される。また，蒸気量を調節すれば100℃以下の一定の温度を保って加熱することも可能である。ゆでる，煮る加熱操作でも100℃以下の水温に保って加熱することはできるが，蒸し加熱ほうが操作が容易である。

蒸し加熱は，①初期の加熱速度がはやい，②100℃以下での加熱が可能である，③水中に入れないので水溶性成分の溶

●中華せいろ(チョンロン：蒸籠)

しゅうまいやまんじゅうなどを，蒸すのに適する。

●せいろう(和せいろう)

蒸しもの調理の用具，中華鍋や釜で湯を沸かし，蒸気で加熱する。

出が少ない，④煮くずれしない，⑤加熱中に調味することができない，などの特徴がある。

火加減は，水蒸気は食品が冷たいと結露しやすいので，蒸しはじめは火を強くし，蒸し物が水っぽくなるのを防ぐ。その後の火加減は蒸し物によって変える。

● 金属蒸し器

下の段の鍋に必要量の水を入れて用いる。

蒸し物による火加減

	火加減	効　果
おこわ，赤飯，いも類など	ずっと強火で蒸す	でんぷんの糊化が十分に行える
まんじゅう，魚介の酒蒸しなど	強火から中火に変えて蒸す	膨化しすぎて皮が割れるやたんぱく質が凝固しすぎることを防ぐ
茶わん蒸し，卵豆腐など	初期のみ強火で，その後90℃を超えないように蒸す	すが立つことを防ぐ

(5) 炊　く

飯を炊くときは，こめに水を加えて加熱をするが，煮るといわず炊くという。地域によっては炊くと煮るを同意語として使うこともあるが，一般にはこめを飯にする場合のみに使い，最初は水が十分に存在するが，途中で水は全部米粒に吸着され，余分の水分が残らず，最後には焼き加熱に近い状態になるような加熱のことを炊くという。

3　乾式加熱

水を熱の媒体とせず，油を利用したり，熱源からの放射熱や対流を利用して加熱する方法である。

(1) 焼　く

焼く方法は，食品を熱源にかざして直接焼く直火（じかび）焼きと，フライパンなどの金属板の上にのせて焼く間接焼きがある。間接焼きのなかには，オーブンを使用して焼くオーブン焼きがある（表3-7-5）。

焼き加熱は，煮るや蒸すと異なって水を使って加熱しないので，表面の水分が蒸発して乾燥し，さらに焦げ特有の風味が加わり，テクスチャーの変化も起こる。熱源の温度は高く，表面の温度は多くの熱を受けて上がるが，食品の中心には熱伝導で伝わるので表面と内部の温度差が生じる。表面が焦げて，内部の加熱が不足した状態にならないように熱し方（火加減）の調節を行う必要がある。

● バーベキューのおいしさ

直火で焼く焼き魚や焼き鳥は，魚肉から落ちる油によって，適度にいぶされ，しっとりと仕上がるので，野外でのバーベキューは人気がある。

● 焼く（直火焼き）

主に放射によって加熱されるが，金串からの伝導，空気の対流も加わる。

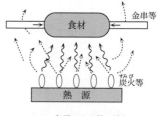

図3-7-3　直火焼きの伝熱モデル

(1) 直火焼き

主として熱源からの放射熱を受けて焼く方法である（図3-7-3）。熱源は放射熱の発する面が広いほうが効率がよい。炭火などが用いられているが、その理由として、炭火は表面温度が高く、放射熱を出す面が広いので赤外線や遠赤外線の放射も多いためと考えられる。ガスは、炎自身の温度は高いが、放出される放射熱は小さく、部分的な加熱になり、食品全面を均一に熱しにくい。そのため炎の上に金属網やセラミック付きの焼き網をのせて熱し、熱源の面積を広げてそこから出る放射熱で焼くようにしている。

(2) 間接焼き

熱源の上に鉄板やフライパンなどをのせ、その上に食品をのせて主に金属板を伝わってくる伝導熱で焼く方法である（図3-7-4）。たんぱく質性食品は金属板に熱凝着が起こる

●焼く（間接焼き）

主に伝導で食材に熱が加わる。フライパンの面からの放射熱も少し加わる。

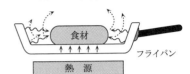

→ 伝導による熱の流れ
‥‥▶ 対流による熱の流れ
〜〜▶ 放射による伝熱

図3-7-4　間接焼きの伝熱モデル

表3-7-5　焼き物の種類

焼き方	方法	調味別	適した食品と調理	伝熱の方式と調理器具
直火焼き	串焼き 網焼き グリル	塩焼き	魚，肉．塩をふってから焼く	串，網を用いて炭火や電気ヒーターからの主に放射熱による伝熱
		照り焼き	魚，肉。素焼きした後，たれをかけて焼く	
		つけ焼き	魚，肉	
		幽庵焼き	魚，つけ汁（しょうゆ，酒，みりん，ゆず）に浸してから焼き，つけ汁をかけ乾かす	
		みそ漬け焼き	みそに漬けてから焼く 下処理として塩をすることが多い	
	機械焼き	上記に準ずる	パン，焼き魚	トースター，ロースター，グリルを用いて焼く。主に放射熱を利用

焼き方	方法	適した食品と調理例	伝熱の方式と調理器具
間接焼き	鍋焼き 鉄板焼き	卵，肉，野菜	主に鉄板や鍋からの伝導熱で加熱する
	なべ照り焼き	肉，魚	
	オーブン焼き	比較的大きな肉や魚，パン，クッキー，ケーキ	オーブンの中で熱い空気の対流，金属板からの伝導熱，庫壁からの放射熱
	包み焼き	魚介，きのこ	アルミホイルなどに包んで焼くので蒸し焼き
	石焼き	ごま，ぎんなん，まめ	ほうろく，厚手鍋から伝導熱
	いり焼き	くり，さつまいも	熱せられた石などからの伝導熱

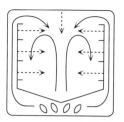 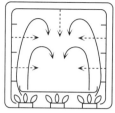 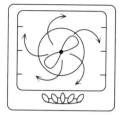 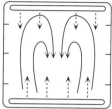

自然対流式オーブンの例　　　　　　　強制対流式オーブンの例　　電気オーブンの例
←---- 放射熱　　↙ 対流熱　　　　　（奥の壁面にファン　　（上下にヒーター
　　　　　　　　　　　　　　　　　　　がついている）　　　がついている）

図3-7-5　オーブンの種類　　出典：渋川祥子：「新訂 調理科学」, p.30 同文書院(2011)

ので，防ぐために一般的には油を塗る。熱源からの温度で金属板の温度は高くなり，金属板と接触する部分は温度が高くなるが，上部からは熱を受けないので，食品を返して加熱面を変えたり，蓋をして，なかに蒸気を充満させて蒸し焼きにしたりする。油の塗り方，金属板との接触のしかた，熱源の種類や形によって焼きムラができることがある。熱伝導のよい材質の厚い金属板を使用したほうが金属内部の熱の移動が速やかで，熱源で熱せられる部分とほかの部分の温度差が小さくなるので焼きムラができにくい。

(3) オーブン焼き

オーブン内の空気を加熱し，なかに食品を入れて加熱する方法で，熱は空気の対流とオーブン庫壁からの放射と天板からの伝導によって食品に伝えられる（図3-7-6）。ほかの焼き方は加熱される面が熱源と向き合った面に限られるが，オーブン焼きの場合は，食品の周囲から同時に加熱されるので，あまり厚みのないものは返す必要がなく，ある程度体積の大きいものも加熱でき，流動性のあるものなどは型に入れたまま加熱することもできる。オーブンの種類はいろいろあり，その構造によって加熱能が異なるので，庫内の設定温度を同一にしても必要な焼き時間や調理品の成績は異なる（図3-7-5）。

(4) スチームコンベクションオーブン焼き

最初，大量調理の厨房で多く使用される加熱機器であったが，今は一般家庭用機器としても普及してきた。これは，強制対流式のオーブン機能とスチームによる蒸し加熱の機能，さらに蒸気を高温に熱した過熱水蒸気で加熱を行う調理機器がある。多機能で大量の調理を同時にこなせるものが増えており，蒸気を入れたオーブン加熱が注目されている。

この機器の特徴は，庫内温度100℃に達するまでは蒸し加熱と同じ原理である。庫内温度100℃以上では食品の表面が

● オーブン焼き

伝導，対流，放射で食材に熱が伝わる。

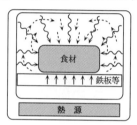

→　伝導による熱の流れ
---→　対流による熱の流れ
⤳　放射による伝熱

図3-7-6　オーブンの伝熱モデル

● オーブンの予加熱，余熱

オーブンは加熱の前に設定温度に上げておいてから使うことが基本である（予加熱，あるいは予熱するという）。また，焼きメレンゲなどはオーブンの余熱を利用してつくることもできる。

100℃に達するまでは，蒸し加熱と同様に蒸気の凝縮が起こるためその潜熱で食品表面付近の温度上昇が非常に早いが，食品表面が100℃に達してからは，オーブン加熱とほぼ同じであるという特徴がある。そのため，加熱時間はオーブン加熱より短く，表面の温度が上がりやすいので，表面状態に差のあるでき上がりとなる。

（2）揚げる

多量の油を加熱し，油の対流によって熱を伝える加熱法である。高温の油中に食材を入れると，食品の表面から水分が蒸発し，代わりに油が吸収される。食品の表面では脱水と吸油が行われて水と油の交代が進むと考えられている。

油脂の比熱は 0.48 cal/g・K で，水の比熱の約 1/2 と小さいので，熱しやすくさめやすい。また，多量に食材を入れると温度が下がり過ぎるので，温度管理がむずかしい。温度管理をしながら揚げるためには，温度計を使うことが望ましい。揚げ物用の温度計が市販されているが，最近ではこんろで自動調節できるものもある。

油の利用温度は 150～200℃ と高いので，食品の内部と外側の温度差が大きくなるため，加熱する食品の大きさに注意する必要がある。食品の外側は脱水されて油の風味とともに焦げの現象が起こり，その風味が加わる。衣による揚げものの種類および吸油率について，表 3-7-6, 7 に示した。

（3）炒める

少量の油と鍋を高温にしてその熱で食品を撹拌しながら加熱する方法である。食味に油脂の風味と若干の焦げの風味を付与する。また，高温短時間の加熱なので，食品の色やもち味，栄養の損失が少なく，脂溶性ビタミン類の吸収率を高める。

鍋肌が非常に高温になり，接した面から焦げやすくなるので撹拌しながら加熱する必要ある。油や鍋から食品表面へ伝わった高熱は，次いで食品の水分が食品内部へと熱を伝える。

食品内部には熱が伝わりにくいので加熱されやすい形に切るなどの必要がある。また，火の通りにくいものは下処理が必要である。使用器具は撹拌しやすいもので熱伝導がよく，温度変化の少ない材質で厚手のものがよい。

炒め物に用いられる油脂は日本料理では植物油（サラダ油，大豆油，ごま油），中国料理では植物油，ラード，西洋料理では植物油，バターが多く用いられる。使用量は炒め上がりのとき，油が残らない程度がよく通常材料重量の 2～5～7％で

●冷凍コロッケが爆発

冷凍のコロッケを揚げていて爆発するのは，油の温度が低くなってしまうからである。1回に入れる量を少なくするか，フライパンに少ない油を入れて強火で加熱をして下側が色づいたら裏返して揚げる方法もある。

●温度計各種

温度計	特　徴
棒状温度計	100℃ 湿熱加熱用 200℃ 揚げ物用
熱電対温度計	食品内部・鍋加熱温度を測定可，記録可
サーミスタ温度計	食品内部・鍋加熱湿度を測定可，記録可
ファイバー温度計	電子レンジ加熱中の内部温度測定
赤外線温度計	固体・液体の表面温度を非接触で測定

●炒め物の要点

調理操作など	要　点
切り方	大きさをそろえる
下処理	下ゆで，油通し，隠し包丁
使用器具	撹拌しやすい中華鍋やフライパン
食品の量	鍋容量の半分程度
炒め順	火の通りにくいものより炒める

表3-7-6　衣による揚げものの種類

	衣・水分の多少	適用食品	調理例	温度(℃)	備考
油通し	衣はでんぷんをつけることがある。	魚介類，獣鳥肉類，野菜類	えび，いかの炒め物	100～130	低温の油の中で揚げる操作で炒め物の下処理として行われる。肉の収縮を防ぎ，やわらかく仕上げる
素揚げ	なし	なす，じゃがいも，葉菜，春巻き，パン	ポテトチップ クルトン	130～180 160～180	水分の蒸発が多く，食品の風味，色，テクスチャーが変化する
から揚げ	小麦粉，片栗粉などのでんぷん 水分：少，なし	鶏肉，豚肉，魚類，豆腐	鶏の空揚げ 揚げ出し豆腐	170～180 185～190	表面に薄い膜を作り，うま味や風味を保持する。脱水，吸油も大きい
衣揚げ(フライなど)	粉，卵水，パン粉をつける。春雨・道明寺粉などもつける。	魚介類，肉類，コロッケ，白身魚，えび，かに	カツレツ コロッケ	170～180 180～190	衣により，食品の風味を保つ。衣の水分が少ないので，短時間で焦げ色がつきやすい
衣揚げ(天ぷらなど)	小麦粉(でんぷん)と卵と水(牛乳)など，混ぜ合わした衣	白身魚，えび，いか，鶏肉，野菜類	天ぷら，フリッター (魚・貝類) (いも類) (しそ・のり) (ししとう)	170～180 160～165 140～165 150～160	衣は，65～70％の水分を含み，食品は脱水されず，持ち味を保つ。衣の脱水により食感が変わる

表3-7-7　揚げ物の吸油率

吸油率(主となる食品重量に対するパーセント)	揚げ物の分類	料理名
1～5％	素揚げ	揚げ団子，揚げ冷凍ぎょうざ，揚げしゅうまい，くし形切りじゃがいも，拍子木切りじゃがいも，揚げもち
	から揚げ	小魚(1尾)，鶏肉
	変わり衣揚げ	たらの紙包み揚げ，バナナのフリッター
5～10％	素揚げ	いわしのつくね揚げ，かぼちゃ，ししとうがらし，せん切りじゃがいも
	から揚げ	魚(1尾，切り身)，豚もも肉，揚げ出し豆腐
	天ぷら	えび，さつまいも
	フライ(パン粉揚げ)	魚(切り身)，メンチカツ，卵クリームコロッケ，ポテトコロッケ
	変わり衣揚げ	たらのフリッター，たらのアーモンド衣揚げ
10～15％	素揚げ	揚卵，春巻き，なす，こんぶ，薄切りじゃがいも，ドーナツ
	から揚げ	小わかさぎ
	天ぷら	あじ(2枚おろし)
	フライ(パン粉揚げ)	いか，えび，豚ロース，チキン，はんぺんのチーズサンド
15～20％	素揚げ	極細せん切りじゃがいも(20％)
	天ぷら	きす(2枚おろし)，いか，ししとうがらし，なす，かぼちゃ，れんこん
	フライ(パン粉揚げ)	いか，あじ(2枚おろし)，かき
その他	素揚げ	パセリ(60％)，クルトン(100％)
	天ぷら	生しいたけ(23％)，さやいんげん5本(24％)，小えびとみつばのかき揚げ(35％)，揚げ玉(43％)，せん切り野菜のかき揚げ(6％)，のり(430％)，青じそ(500～620％)
	変わり衣揚げ	たらのクラッカー衣揚げ(28％)，たらの中国風衣揚げ(35％)，たらのはるさめ衣揚げ(36％)

出典：松本仲子：「調理のためのベーシックデータ第4版」，p.16～27より女子栄養大学出版部(2015)

あり，表面積の大きい食品は15％ほどになる。食品の量は食品の水分にもよるが食品を撹拌しやすい分量がよい。

（4）いる（煎る）

熱伝導の悪い材質のいり鍋（素焼きの焙烙（ほうろく）など）で，食品を混ぜながら加熱し，水分を少なくしたり，焦げ色や焦げのよい香りをつけたりする加熱方法である。鍋と接触している面の温度は高くなるので，混ぜて加熱面をかえる。ごまはいって水分が蒸発して適度に焦げた状態になったとき，組織はもろくなり，香りがよくなる。

このほか，"いる"という言葉を，水分の多い食品の水分を蒸発させながら加熱する操作に使うことがある。いり卵，いり豆腐などがその例で，でき上がったものの水分が減り，ぱらっとした状態になる調理の場合である。

4 誘電加熱（電子レンジ加熱）(p.171参照)

この加熱法は高周波誘電加熱といわれるものであるが，一般には電子レンジ加熱といわれる。発熱の機構は図3-7-7に示した。物質は，電気的には導体，半導体，絶縁体に分けられ，電場では，導体，半導体は物質内の電場を打ち消すように電荷が移動する。しかし，絶縁体は電荷を運ぶものがないか，ごくわずかなので，物質内の電場のプラス側に負の荷電が，マイナス側に正の荷電が生じ，これが誘電分極とよばれる。食品は，絶縁体とみなされるので誘電体であり，電場におかれると誘電分極を生じるため，食品自体が内外差なしに一斉に発熱する。これが電子レンジである。日本では電波法で認められている2,450 MHz（メガヘルツ）が使われているが，世界的には915 MHzが使われている国もある。

● 油通し

特に中国料理では炒める前に下処理として，油通しをすることがある。野菜やえび，いか，肉など100〜130℃ぐらいで短時間揚げる操作で，このあと，高温ですばやく炒める。

● いり鍋（素焼きの焙烙）

焙烙（ほうろく）

釉薬をかけていない素焼きのものが多い。ごまやお茶をいるときに使う。返しが大きいと外にこぼれにくい。

● いる（直火で焼くことのできないもの）

豆類，穀物，小麦粉，ごま，小魚，茶，塩など比較的小さい形の食品の水分をとばしたり，焦げ目つけたりするために加熱する操作である。

● 最新型の電子レンジ

ターンテーブルがないものは，下にマグネトロンがついて広く使えるようになっている。

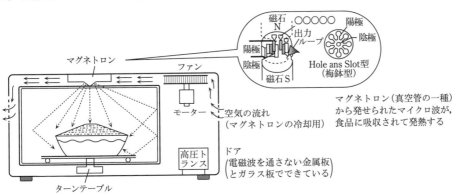

図3-7-7　電子レンジのしくみ

出典：矢野俊正：「調理工学」，建帛社(1996)

5　誘導加熱（IH：電磁調理器加熱）

　IHとは電磁誘導加熱（Induction Heating）の頭文字をとったものである。発熱の機構は，図3-7-8に示したようにトッププレートの下に磁力発生のコイルがあり，電流（周波数20〜25kHz）を流すと発生する磁力線が鍋底に誘導電流（うず電流）を起こし，鍋底の電気抵抗により熱が発生する。

　鍋底が発熱するので，従来の電気こんろよりも熱効率が高く，90％近い値を示す。このため，200Vの電源の場合，ガスこんろと同等の火力を得ることができる。

　従来型のものは，発熱しやすい表皮抵抗の高い金属（鉄，ステンレス，鉄ほうろうなど）でヒーターのトッププレートと鍋が接触している必要があるため，平底鍋がよい。最新式のオールメタル対応は，コイルの改良や周波数の変更により高出力化され，アルミ・銅なども使用可能となってきている。

● 表皮抵抗
　表皮抵抗とは，金属の抵抗率ρ（Ω・m）を表皮の厚さで除した値であり，鍋底に吸収される電気量にかかわってくる。数値が大きいほど発熱しやすい。

● オールメタル対応の電磁調理器
　オールメタル対応のものは，鉄，ステンレス以外にも銅・アルミ鍋が使えるが重さがある程度あり，底の形状が平らでトッププレートに密着するなどの注意が必要である。

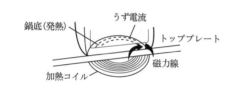
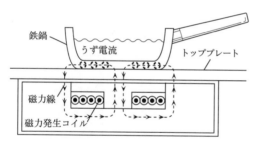

図3-7-8　電磁調理器のしくみ
出典：和田他著：「健康・調理の科学，第3版」，p.140，建帛社（2006）

6　加熱用器具

（1）鍋の材質，鍋の種類

　鍋の材質は，①高温に耐えること，②ある程度熱伝導率が高いこと，③一定の強度があること，かつ衝撃に強いこと，④食品の成分に対して安定であること，⑤加工しやすいこと，などが必要となる（表3-7-8, 9, 10参照）。

（1）金属鍋

　多くは金属が使われており，なかでもアルミニウムが最も多く使用されている。熱伝導率が高く，加工性に富み，軽いためであるが，酸や塩分に対して不安定な点が欠点である。そのため表面に酸化皮膜加工を行ったものがあるがアルマイ

● 鍋の種類

雪平鍋

ずん胴鍋

トという。また、鉄も多く使われるが、酸化されさびが出ることが欠点である。ステンレスは、さびにくく、食品の成分にも安定であるが、ステンレスは、熱伝導率が低く、焦げやすい欠点がある。銅は熱伝導率が高いが、さびが出やすいので表面にスズメッキを施してあるものがある。現在は、それぞれの欠点を補うために、金属を何層かに重ねた多層鍋（グラッド鍋）も使われている。

(2) 金属以外の鍋

金属以外では、鋼板にガラス質をコーティングしたほうろうや耐熱ガラス、セラミックスなどの鍋がある。ほうろうは食品の成分に対して安定であるなどが利点であるが、重いことや熱伝導率が低いことが欠点である。耐熱ガラス、セラミック、陶器は食品の成分に対して安定であり、それぞれに特徴のある外観をもち、保温力が優れているが、熱伝導率が低いことや重いこと、衝撃に弱いことが欠点である。

(3) 調理方法と鍋（表3-7-8）

鍋の厚さ、形状によって、それぞれ特徴があり、適する使い方がある。特殊な鍋として圧力鍋、保温鍋などがある。

中華鍋

フライパン

フライパン
（フッ素樹脂加工）

● セラミックスとは
① 陶磁器類、広義にはセメント、ガラス、レンガなどを含めていう。
② 成形・錬成などの工法を経て得られる非金属無機材料の総称

表3-7-8　調理方法と鍋の種類

調理方法	使用したい鍋の特徴	適する鍋
ゆでる	熱伝導率の高いもの	薄手のアルミ鍋など
煮込み（シチューなど）	焦げにくく、温度分布が均一になりやすいもの	厚手のアルミや、ステンレス鍋など
鍋物など	熱容量の大きいもの	土鍋や耐熱性ガラスの鍋

表3-7-9　鍋材質の特徴と用途

鍋の素材　特徴と用途	アルミ・銅系				鉄・チタン系				セラミック系			
	アルミニウム合金	アルマイト加工	銅フッ素樹脂加工	銅	鉄	ほうろう加工	ステンレス	*ステンレス合板	チタン合金	超耐熱ガラス	耐熱ガラス	耐熱陶磁器	土鍋
● 直火、強火で使え高温調理に向く	○	○	△	○	◎	○	◎	◎	◎	○	△	△	○
● 熱伝導がよく均一に加熱できる	◎	◎	◎	◎	△	△	△	○	△	△	△	△	△
● 保温性がよく余熱が利用できる	△	△	△	△	○	○	○	○	○	◎	◎	◎	◎
● 軽くて扱いやすい	◎	◎	◎	○	△	△	△	△	◎	△	△	△	△
● 割れない（耐衝撃性）	◎	◎	◎	◎	◎	○	◎	◎	◎	△	△	△	△
● 傷つきにくい、さびにくい	○	◎	△	△	△	○	◎	◎	◎	◎	◎	◎	○
● 価格が安い	◎	○	◎	△	◎	○	○	△	△	△	△	△	○
● 電子レンジで使える	△	△	△	△	△	△	△	△	△	◎	◎	◎	◎
● 電磁調理器に使える	△	△	△	△	◎	◎	○	○	○	×	×	×	×

◎最適、○適、△やや不適・不適、×不可　（*鉄やアルミニウムとの多層合板を含む。）
出典：丸山悦子他：「調理科学概論」、p.90、朝倉書店（2005）に加筆

表 3-7-10 鍋の材質と扱い方

材 質	熱伝導率 (cal/cm²·s·℃)	特徴と扱い方	使用されている鍋
アルミニウム	0.49	熱伝導率が高く,軽く(比重2.7)扱いやすい。酸,アルカリに弱いので,酸化皮膜で表面を加工したものがアルマイトである	雪平鍋(ゆきひら),親子鍋,片手鍋,蒸し器,やかん,両手鍋,ソースパン,シチューパン,ずん胴鍋
		アルミニウム合金・軽合金といわれる。Mgを入れると耐蝕性が増す	文化鍋,無水鍋
フッ素樹脂加工	6×10^{-4}	フッ素樹脂(PTFE)をフライパンや鍋の内側に塗りつけたもの。強火,空焼き*はしない。傷をつけないようにする	D社のテフロンはフッ素樹脂が2層,シルバーストーンは3層,プラチナストーンは4層塗ってある。炊飯器の内側,フライパン,鍋類に使われている
銅	0.92	熱伝導がとてもよい。酸で緑青**を生じる。内側にスズでめっきしたものが多い。はげ易いので修理が必要	卵焼き器,鍋類一般
鉄	0.16	熱伝導率が高く,熱容量も大きい。重く(比重7.8)さびやすい。熱いうちに湯で洗う	天ぷら鍋,すき焼き鍋,フライパン,中華鍋,北京鍋
ほうろう		鉄の表面をガラスでコーティング。熱伝導は悪いが,熱容量は大きいので煮込み料理にむく。酸,アルカリ,塩に強く汚れも落としやすい。金属たわしはさける	鍋類一般
ステンレス鍋 (18Cr-8Ni)	0.038〜0.056	ステンレス鍋はFeとCrやNiとの合金でさびにくい。熱伝導が悪くて焦げやすい。このため,鉄,銅,アルミなどを挟んだ多重構造の鍋がある	鍋等一般
耐熱ガラス鍋 超耐熱ガラス鍋	$1.2〜2.9 \times 10^{-2}$	膨張係数が小さく,急激な温度変化に耐え,衝撃にも強く割れにくい。電子レンジやオーブンにそのまま入れることができ,耐熱温度差はパイレックス120〜180℃,パイロセラム(陶器様製品)500℃である	製品により電子レンジ,オーブン,直火に使えるか異なるので表示を確認する
陶磁器 セラミック	$〜1 \times 10^{-3}$	熱伝導が悪いが,保温性は良い。土鍋は耐熱性に欠け,セラミックは耐熱性がある	雪平鍋(ゆきひら)(行平鍋とも),土鍋,柳川鍋

注〕 1) *フッ素樹脂(PTFE)の融点は320℃,最高使用温度は260℃
 2) **緑青(ろくしょう)とは,銅製品が腐食されて生じるもので,主成分は塩基性炭酸銅など,今まで有毒とされてきたが,ほとんど無害。

出典:畑井朝子他:「ネオエスカ調理学」,同文書院(2006)を一部改変

(4) 圧力鍋

圧力鍋は，大気圧以上の圧力の下では水の沸点が上がることを利用したもので，鍋の蓋の密閉度を上げて鍋内の圧力を上げる。市販されている家庭用圧力鍋の内部圧は，大気圧より39〜147 kPa（0.4〜1.5 kgf/cm²）高く，110〜125℃の高温で加熱できる鍋である。煮るや蒸すと同様の加熱法であるが，加熱温度が高くなるため，食品の加熱時間は短縮され，熱源としてのガスや電気の消費量が少なくてすむ。

圧力鍋の材質は，厚手のアルミ板，ステンレス，鋳物，鉄ほうろうなどである。

だいずを圧力鍋で煮ると味の濃いねっとりした食感のゆで豆をつくることができる（図3-7-9, 10の例参照）。これは，加熱時間が短いのでまめのなかの糖が煮汁中へ溶出しないためであり，ねっとりした感触になるのは，水溶性ペクチンの煮汁中への溶出が少ないためである。だいずやいんげんまめなどを甘煮にする場合は，乾豆を十分予備浸水したほうが加熱にむらが少なくなり，均一な軟らかさのまめになる。軟らかくなりにくいすじ肉やまめ，玄米などの加熱には短時間で行えるので便利であり，魚は骨まで軟らかくなって食べられるようになる。

圧力鍋は，蓋の固定で中を高圧にするため，加熱中に食品の状態を確認できないので，食品の品質によって調節する必要のある適当な加熱時間の設定がむずかしい。しかし，水の使用量が少なく，加熱時間が短いのでビタミンCの損失が

圧力鍋

● 圧力鍋による調理時間の短縮例
大豆200gのゆで時間

鍋の種類	所要時間(分)	ガス量(L)
圧力鍋*	10	63.0
普通鍋**	66	265.8

* 蒸気噴出まで5分, 消火後のむらし5分
** 沸騰まで6分, 加熱継続60分

出典：渋川祥子：「食品加熱の科学」p.114, 朝倉書店(1996)

● 圧力の単位

SI単位ではPa（パスカル）での表記となり，
1気圧(atm) = 101.33 kPa
(1000 Pa = 1 kPa = 0.001 MPa)なので，
1.4〜2気圧は
　142〜243 kPaとなる。
また，1気圧 = 1.03 kgf/cm²での表記もある。

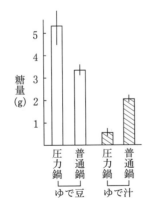

図3-7-9　ゆで豆およびゆで汁中の糖量
（試料：金鶴大豆）

圧力鍋のゆで豆の糖量が多く，ゆで汁中への溶出が少ない

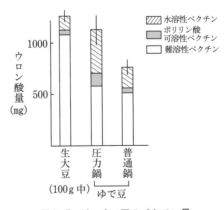

図3-7-10　ゆで豆のペクチン量
（試料：金鶴大豆）

圧力鍋のゆで豆の水溶性ペクチンが多く残っている

出典：渋川祥子：家政誌, 30, p.593, 594(1979)

「ゆでる・煮る」調理操作より少ない。

(5) 保温鍋

鍋の保温力を利用して短時間加熱した後，保温して調理するための鍋である。魔法びんのような真空を利用した外鍋のなかにうち鍋を入れるものや，鍋の周りに金属の枠をはめる形のものなどがある。長時間高温を保つことができ，余熱で食品を加熱することができる。エネルギーの節約になること，放置したままでよいので安全であること，激しく沸騰することがないので煮くずれしにくいことなどの利点がある。

また，保温中に味のしみ込みがよいともいわれている。

しかし，調理時間は長くかかること，食品の種類や大きさによって加熱時間と保温時間の予測ができにくいことなどが欠点である。

保温鍋

(6) 文化鍋

中型のアルミ鋳物製で，ある程度厚みがあって熱容量が高い（保温性がよい）ので，炊飯用鍋として使われることが多い。

(7) 無水鍋

別名万能鍋ともいわれ，アルミ鋳物製の厚手鍋で，一般的な煮込み料理に使用できる。そのほかに，蓋をしたまま，空だきすればオーブン代わりともなり，中敷を用いれば蒸し器としても使え，ふたは浅鍋やフライパンの代わりにもなる。

●アルミ鋳物と鉄鋳物

鋳型に流してつくるもので，アルミは鉄と比較して軽く，さびが目立たないのが特徴である。鉄鋳物は，鉄板に比べて内部に空洞が多く，保温力が高くなっている。

（2）加熱用調理器具

熱源としては，ガスこんろ，電気こんろがある。なお，ガスこんろ，電気こんろの特徴については，表3-7-11に示した。

(1) ガスこんろ

ガスこんろはバーナー部分と「五徳（ごとく）」，台わくから構成され，自動点火装置付きのものがほとんどである。バーナーの多くはリング状であり，空気孔から吸入される空気とガスが混合されて燃焼する（図3-7-11）。供給されるガスの種類（都市ガス，プロパンガス（LPG））は地域によって異なるので，ガスの種類に合ったガス機器を使用する必要がある。

ガスこんろは，鍋底を加熱して対流伝熱や伝導伝熱で加熱するものには適しているが，直火焼きの魚の加熱には工夫が必要である。炎が燃えて燻されるにおいがつくのが嫌われ，家庭用のこんろには，魚焼き用のグリルがついているものが多い。棒状のバーナーで金属の網やセラミックを加熱するタイプのものや，シュバンクバーナーなどを利用して放射熱を強くするように工夫されている。

●ガスバーナー

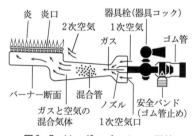

図3-7-11 ガスバーナーの燃焼
出典：松元文子編：「新調理学」，p.30，光生館(1996)

●シュバンクバーナー

赤外線ガスバーナーのガスの噴出し口が鉄板に多数の小孔を切削加工したものを用いたタイプをシュバンク型といい，そのガスバーナーを組み込んだガス赤外線グリラーが市販されている。

3～4個のガスバーナーを備えている機種では，低カロリーバーナー(1,200kcal/h)や高カロリーバーナー(3,500～6,000kcal/h)を備えているものもある。また，立消え防止装置やとろ火調節，炊飯，天ぷらモードなどの自動温度調節などの機能を備えているものもある。

(2) ガスオーブン

下部のバーナーで加熱する下火式が多い。自然対流式と強制対流式(コンベクション)がある。自然対流式では，熱源により熱せられた空気が自然対流により食品を加熱する構造になっている。自然対流式では天板を使用することにより，熱せられた天板から伝導熱で食品の受ける熱が多くなるので，焼き時間が短縮される。強制対流式は，庫内に取り付けられたファンで，強制的に熱い空気が循環されるので温度ムラが少なく庫内の温度上昇も速い。

(3) スチームコンベクションオーブン他

強制対流式オーブンに蒸気加熱を組合せた加熱器で，熱風を循環させて加熱するオーブンモード，蒸気を循環させてむらなく加熱するスチームモード，スチームと熱風を併用して温度と湿度をコントロールしながら仕上げるスチームオーブンモードがある。焼く，煮る，蒸すと利用範囲が広い。

過熱水蒸気とは，飽和水蒸気をさらに加熱した蒸気で，大

● 都市ガス

都市ガス：以前は石炭ガスが用いられていたが現在は，海外で産出した天然ガスを液化し，海上輸送により国内に輸入しているLNG(Liquefied natural Gas)が主な原料となっている。

● 電気オーブン

庫内の上下にシーズヒーターがついたオーブンである。ガスオーブンに比べてヒーターからの放射熱があるので，自然対流式ガスオーブンよりも若干焼き時間が短い。

表3-7-11　ガスこんろ，電気こんろの特徴

	ガスこんろ	電気ヒーター		
		IH*	シーズヒーター	ハロゲンヒーター
伝熱原理	対流，放射で鍋底を加熱して対流や伝導伝熱で食材を加熱するものと放射伝熱を利用した直火焼きが行える	電磁誘導により鍋底が発熱して，対流伝熱や伝導伝熱で食材を加熱する	発熱体のニクロム線を金属のカバーで覆ってあり，伝導，放射で熱を伝えるが，放射熱が強い	近赤外線が出るハロゲンランプが発熱体となり，伝導，放射で熱を伝えるが，放射熱が強い
火力の立ち上がり，即応性	速い	速い	遅い・ゆっくり	シーズヒーターよりもはやい
余熱保持	あまりない	少しある	大きい	少しある
熱効率	従来式40% 高効率55%	90%	70%	
適する形	特に選ばない	底の平らな鍋	底の平らな鍋	底の平らな鍋
適する材質	特に選ばない	磁性体である鉄，鉄ほうろう，ステンレスなど	特に選ばない	特に選ばない

*IHのオールメタル対応型はアルミ・銅鍋も可

気圧の条件下では100℃より高温となる。過熱水蒸気が食品表面に触れると凝縮し，食品に凝縮水が付着するとともに大量の凝縮熱が伝わる。その後，食品から水分が蒸発して乾燥が始まる。その結果，食品内部は水分を保ちつつ，表面はぱっりとした食感に仕上げることが可能になる。この過熱水蒸気を利用したオーブン調理では，脱油，減塩，ビタミンCの破壊抑制効果をもつとして，今後の活用が期待されている。

(4) ガス炊飯器

火力が強いのが特徴で大量炊飯に利用される。ガス炊飯器のほうが火力が強いのでおいしく炊けるが，最近は電気のものでも強火が可能になったので，食味は変わらなくなった。

(5) 電気こんろ（電気ヒーター）

電気を熱源として使うためにニクロム線を渦巻状にし，電気こんろとして利用している。電気こんろに使用されるヒーターは，発熱体のニクロム線を金属のカバーで覆ったシーズヒーターが一般的である。こんろのシーズヒーターは鍋底との接触がよいように平らな形になっている。

電気こんろは，加熱速度が遅いことが欠点になるが，放射熱が強いことが利点で，オーブンやトースターなどの熱源としても使用されている。これらのヒーターとして，棒状，U字型，M字型のシーズヒーターが多い。

その他，石英管ヒーターや遠赤外線ヒーター，ハロゲンヒーターがある。遠赤外線ヒーターとは，ヒーターの表面に遠赤外線放射体を塗布したものや，遠赤外線放射特性をもつセラミックのなかにニクロム線のヒーターを組込んだものである。これらのヒーターは放射する熱源の波長による放射率が異なるため，食品の加熱特性が異なる。また，近年は，セラミックタイプの遠赤外線放射特性を備えた加熱器具も開発されている。

● シーズヒーター

金属パイプ（ハイニッケル鋼）
絶縁粉末材
発熱体（ニクロム線）

● ハロゲンヒーター

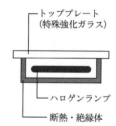

トッププレート（特殊強化ガラス）
ハロゲンランプ
断熱・絶縁体

出典：安藤真美他：「調理学」，朝倉書店(2007)

(3) 電源専用器具

加熱用調理器具は，電子レンジやIHクッキングヒーターが新しい熱源として誕生したこともあって，調理家電の種類は増え続けている。代表的なものを上げると炊飯器，トースター，オーブンレンジ，ホットプレート，クッキングヒーター，フライヤー，ジャーポット，湯沸かし器などがある。

(1) 電気炊飯器

自動炊飯器の熱源としては電気またはガスを利用するものがあるが，家庭では電気を利用するものが多い。外釜底部に

● 炊飯器

大量の炊飯が必要な施設には大型の器具が用いられる。

ベルトコンベアで上下移動しながら炊飯を行う方式がある。

丸型・角型の炊飯鍋をたてに2～3段重ねて一体化させて炊飯するものもある。

発熱体があり，炊き上がって水がなくなると，鍋底の温度が上昇（約140℃）し，サーモスタットがはたらき熱源が切れる構造になっている。

熱板の上に内鍋をのせて加熱する熱板密着型と，シーズヒーターにより空気を加熱して鍋底全体を加熱する空気加熱方式がある。また，近年は電磁誘導加熱方式で鍋自体が発熱するIH炊飯器が登場し，強火炊飯が実現した。

(2) グリル・ロースター・ブロイラー

主に魚や肉を直火で焼く機器である。熱源が上部に取り付けてあり，赤外線バーナーやシーズヒーターの放射熱で魚を焼くしくみになっている。

(4) 電子レンジ，電磁調理器

(1) 電子レンジ

電子レンジによる発熱は，図3-7-12, 13に示したようにマグネトロンから発せられたマイクロ波が食品に吸収され，そのマイクロ波によってできた電場に合わせて食品中に含まれる極性をもつ分子（主として水の分子）が，その電場に合わせて配向しようとして反転運動を起こし，その分子運動によって発熱する（誘電加熱）。物質はマイクロ波に対して①透過するもの（木，紙，プラスチック，陶器，ガラスなど）と，②吸収するもの（水分，食品）と，③反射するもの（金属容器，アルミホイル）があり，吸収するものが発熱する。

単位時間当たりの発熱量は，物質の誘電損失係数（誘電率×誘電体損失角）に比例し，水分の多い食品ほど速く加熱される。また，マイクロ波は吸収されるとエネルギーが減少し，その強さが半分になる深さを半減深度という。半減深度は物質や温度によって異なり，誘電損失係数の大きいものは小さい。

ほかの加熱法と異なって，このように食品内部で発熱するため，食品中での熱が伝導する時間が必要でないため加熱の速度は非常にはやい。これが，電子レンジの大きな特徴になっている。しかし，マイクロ波が吸収されることによって発熱するので，単位面積当たりのマイクロ波の量が少ないと発熱量が少なく，同時に電子レンジのなかに入れる量によって加熱の時間が変わる。

食品の形によりマイクロ波の吸収のしかたが異なるため加熱ムラが起こる。小さい球状や円柱状の場合には中心部にマイクロ波が集まり，四角な場合には角の部分に集まり，加熱されやすい。また，食品は均一な組織でないものが多く，成

● 電子レンジの普及率

平成16年には97％に達しほぼ全世帯に普及した。

主な物質の誘電損失係数と電波の浸透の深さ

物資名	誘電損失係数 ($\varepsilon r \cdot \tan\delta$)	半減深度
空気	0	∞
氷・ポリエチレン・磁器	0.001〜0.005	5m前後
紙・塩化ビニール・木材	0.1〜0.5	50cm前後
油脂類・乾燥食品	0.2〜0.5	20cm前後
パン・ご飯・ピザ生地	0.5〜5	5〜10cm
じゃがいも・豆・おから	2〜10	2〜5cm
水	5〜15	1〜4cm
食塩水	10〜40	0.3〜1cm
肉・魚・レバーペースト	10〜25	1cm前後
ハム・かまぼこ	40前後	0.5cm前後

2450MHzで測定された文献値，または文献値をもとにした計算値

出典：肥後温子，New Food Industry, 31, 11. p.1 (1989)

● 誘電損失係数（$\varepsilon r \cdot \tan\delta$）

誘電損失係数とは，物資の誘電率（εr）と誘電体損失角（正失角接）（$\tan\delta$）の積である。この値の大きいものほど発熱量が大きい。

● 電力半減深度

マイクロ波は吸収されて熱に変わって減衰していくので，内部へいくほど電界は弱くなって加熱に寄与しなくなる。このマイクロ波の強さが半分になる深さを半減深度とよび，短いほど早く発熱する。

● 食塩と加熱ムラ

食塩水の半減深度は，水に比べて小さいため，食塩を含む食品を電子レンジ加熱すると表面部分に電磁波が集中し，加熱むらが生じやすい。

● 冷凍食品の解凍ムラの防止

マイクロ波の出力を調整した解凍モードを使うとよい。

分や温度の違いによっても加熱ムラが起こる。さらに，マグネトロンから発せられるマイクロ波自身もムラがあって食品へ均一に当たらないので，加熱ムラの大きな原因になる。これらを軽減するために電子レンジには照射されるマイクロ波を攪拌するファン（スターラー）を付けたり，食品のほうを回転させるターンテーブルをつけたりしてある。

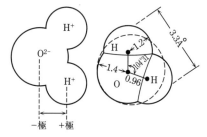

図3-7-12　水分子の形状

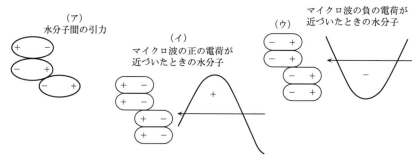

図3-7-13　電子レンジ加熱時の水分子の挙動
出典：肥後温子編：「電子レンジ・マイクロ波加熱利用ハンドブック」，p.9，日本工業新聞社(1987)

「電子レンジ」における熱源の主たるものは，食品中に含まれている水であり，水は水素原子（H$^+$）2つと酸素原子（O^{2-}）1つで構成され，水素原子側は「正」，酸素原子側は「負」に帯電する（双極子）。（図3-7-12）

したがって，電場の力が働かないときは，（ア）互いに反対の極同士が引き合った形で存在している。（イ）そこへ「正」の電波が近づくと「正」に帯電している分子は回転して，「負」に帯電している方を向ける。（ウ）次の瞬間に「負」の電波が近づくと，全ての分子が180度回転する。（図3-7-13）

この「正」「負」の転換が，電子レンジに使われているマイクロ波では，1秒間に24億5千万回という激しい変化を起こすので，水分子自身が激しく発熱して100℃の水蒸気になり，食品分子に熱を伝える。内外一斉に発熱するので，加熱時間が短縮される。

(2)　電磁調理器

磁力線を利用して電磁誘導により鍋自体を発熱させて加熱を行う機器である。鍋は底が平らな磁性のある鉄，ほうろう（鉄製），ステンレス製などを用いる必要がある。

電磁調理器は操作が簡単で，火力が自由に変えられる（火力調節機能）ことや温度調節機能がついていることなどから保温や煮込み料理，揚げ物などに便利である。また，炎が出ないことから安全性が高いこと，熱効率はガスこんろや電気こんろに比べ高く，燃費が安いことなどから近年普及している。

●IH：電磁調理器の誤用火災
　火を使わずに安全であるといわれているが，揚げ物調理において誤使用すると火災が発生することがある。
①IH対応の材質の鍋でない。
②揚げもの時の油量が少ない。
③鍋底が平らでない。
④モード切替の誤り
などが主な原因である。

8. 非加熱調理と調理器具

1 計量

(1) 計量の目的

調理において材料の重量や容量，加熱などの時間や温度をはかることは，調理操作を正確に把握して標準化し，再現性を高めるために欠かせない。調味の再現性を高めるための調味パーセントについても，主材料の重量を計量したうえで調味料の分量を算出する方法である。また，栄養目標量に応じて献立作成をした食事を計画どおりに実施するためには，材料を計量して過不足なく仕上げることが重要である。

(2) 計量の方法

重量を計量するタイミングとしては，主として洗浄前と下処理後である。洗浄前は準備した食材の分量を確認し，下処理後には，食品の可食部重量の確認をして栄養目標量を確保し，調味パーセントによる調味料の算出を行う。これらの操作には秤を用いるが，食材の分量に適した秤量(秤ではかれる最大量)と感量(秤ではかれる最小量)の秤を用いる。

また，重量の目安量を知る方法として目測や手ばかりなどがあり，これらの方法で確認した重量が秤での実測値と誤差が小さくなるように身につけておくことで，材料の準備などを効率的に行える。一般の料理書の中には食品の分量を概量で表記しているものも多く，概量と重量の目安を把握しておくと，これらを献立作成の参考にする場合に有効である。材料を準備する際は，廃棄率や乾物の戻し率を考慮する必要がある。計量は，容量よりも重量のほうが正確な場合が多いが，容量での計量は手軽さがある。容量は，材料の比重や含んでいる空気の量，水分量，粒子の大きさなどによって変わるが，使用頻度の高い調味料などは，計量スプーンや計量カップでの重量を把握しておくと効率的である(表 3-8-1)。

(3) 時間・温度の計測

時間と温度については，特に揚げ物，オーブン焼きなどの加熱調理操作において計測することが多い。加熱時間は，目的の温度や状態(沸騰，蒸気の上がり方など)を確認しながら計測するが，これは料理の仕上がり状態に影響するだけでなく，衛生管理の観点からも重要なことである。温度計は，目的に応じて適切な温度領域，形態のものを選択する。液体温

● 塩山式手ばかり

山梨県甲州市で作成された食育ツールである。手と身長の発育割合には相関関係がみられることから，自分の手を使うと自分に合った食事量の目安がわかるものとして，3色食品群を基本とした，おとな用と子ども用が示されている。

食品の目安量は「両手にのる量」，「片手にのる量」，「手のひらの大きさ」などと示されている。

● 購入量の算出

購入量は，次のように算出する。

$$購入量(材料準備量) = \frac{正味重量}{可食率} \times 100$$

$$可食率 = 100 - 廃棄率$$

また，廃棄率をもとにして算出した発注係数を用い，正味重量にこの係数をかけて購入量を算出する方法もある。

$$発注係数 = \frac{100}{(100 - 廃棄率)}$$

● こめの計量，水加減(容量法と重量法)

こめを炊飯するとき(鍋・ガス火使用)の水加減は，米重量の130〜150％，米容量の120％が適度であるとされる。

重量法：米重量の150％の水には洗米時の吸水量も含まれるので，まずこめと水の必要量を合計し，その合計値になるまで洗ったこめに水を加える方法である。容量法に比べ誤差が少ない。

容量法：米容量の120％の水には洗米時の吸水量は含まれない。洗う前の米容量の2割増しの水を計量し，洗ったこめに加える方法である。重量法よりも簡便であるが，水切りの度合いによっては，いくら一定の水加減にしても誤差が生じる。

表 3-8-1　標準計量カップ・スプーンによる重量(g)

食品名	小さじ(5mL)	大さじ(15mL)	カップ(200mL)
水・酢・酒	5	15	200
しょうゆ・みそ	6	18	230
みりん	6	18	230
天然塩(特殊製法)	5	15	180
食塩・精製塩	6	18	240
上白糖	3	9	130
グラニュー糖	4	12	180
油・バター・マーガリン	4	12	180
コーンスターチ	2	6	100
小麦粉(薄力粉・強力粉)	3	9	110
かたくり粉	3	9	130
ベーキングパウダー・重そう	4	12	−
マヨネーズ	4	12	190
精白米・胚芽精米	−	−	170　*一合(180mL)=150
無洗米	−	−	180　*一合(180mL)=160

度計には，水銀温度計，アルコール温度計があるが，沸点と氷点の違いによって計測の適温が異なり，水銀温度計は100〜300℃の高温に適し，アルコール温度計は100℃までの計測に適する。その他の温度計としては，食品の中心温度などを計測するのに適した熱電対温度計，揚げ物，オーブン，冷凍庫などで使用されることが多いバイメタル温度計などがある(p.161参照)。

●バイメタル温度計
　熱膨脹率の異なる2枚の金属板を貼り合わせたもので，温度の上下によって板が曲がるので，その一端を電流の接点として使えばon-offの制御に利用できる。

2　洗　浄

(1) 洗浄の目的
　食品を衛生的で安全なものにする操作である。食品に付着している泥砂，塵埃，寄生虫，昆虫やその卵，微生物，細菌，農薬などの汚れや不味成分(生臭み，塩辛味など)，不可食部を除去する。汚染度の高い状態での作業となるため，二次汚染の防止に配慮しながら操作する。

(2) 洗浄の方法
　食品の状態や汚れの程度によって適した洗浄方法を選択し，効率よく汚れを除去しながら水溶性成分の溶出を極力抑えるように操作する。また，乾物などは吸水しやすい状態にある

●電解水による洗浄
　薄い食塩水を電気分解することで生成される強酸性電解水は高い殺菌効果があり，アルカリ性電解水は洗浄効果が高い。殺菌効果が期待されるものとしてオゾン水もあり，生成方法(水を電気分解する方法，無声放電によって発生したオゾンガスを混合する方法など)によってオゾンの濃度が異なる。

表3-8-2 食品の洗浄方法

食品名		洗浄方法
野菜類	組織のやわらかいもの(ほうれんそう,レタス,みつばなど)	振り洗い(ため水)
	組織のしっかりしたもの(大根,にんじん,きゅうり,なす,トマト,いも類,果物など)	こすり洗い
	きのこ類	短時間の振り洗い,または拭き取る
魚介類	うろこ,えら,内臓を除く操作が必要なもの	真水で洗う
	たこ,なまこ,あわび	食塩をまぶして洗う
	貝のむきみ	食塩をまぶす,または食塩水で振り洗い
	殻付きの貝(砂出し後)	こすり洗い
乾物類	こめ	混ぜ洗い,とぎ洗い
	豆類	混ぜ洗い*虫食いのまめは浮き,砂などは沈む
	かんぴょう	もみ洗い(食塩を用いる)
海藻類	わかめなどの塩蔵品	もみ洗い(食塩を洗い流す)
	ひじきなどの乾物	混ぜ洗い*砂などは沈む

ため,洗浄開始直後の汚れた水を吸収させないように手早く操作する。洗浄方法には,振り洗い,こすり洗い,とぎ洗い,混ぜ洗い,もみ洗いなどがあり,その際の水の状態にも流水,ため水,オーバーフローなどがあるので適宜選択する。食品に応じた洗浄方法について表3-8-2に示した。

水量が多く水との接触面積が大きいほど洗浄効果は高く,摩擦による組織への影響が少ない食品については,ブラシや食塩なども利用する。野菜類などは洗浄前に廃棄できる部分をとり除き,特に泥砂が多く付着している葉菜類は根元に切り込みを入れるなどの下処理をして洗浄効果を高める。洗剤を使用する場合もあるが,これは界面活性剤により表面張力が小さくなって浸透しやすくなり,汚れに付着して水中に分散させるなどの作用で洗浄効果を高めるためである。生食用の野菜や果物などを殺菌する場合も,事前の洗浄を十分に行うことで効果が上がる(図3-8-1)。魚類はうろこやえら,内臓類をとり除いた後に水洗いを十分に行い,細菌による汚染を予防することが重要である。使用した器具(まな板,包丁など)も十分に洗浄し,他の食品の二次汚染防止に配慮する。

●洗浄効果を高める

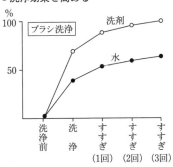

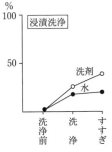

図3-8-1 さんとうさいの表面残留エルサンの除去率
出典:戸張眞臣:日調科誌,28, p.141-144(1995)

8. 非加熱調理と調理器具

（3）洗浄後の水切り

洗浄による付着水は10％程度であるが水切りの程度によって変動するため，洗浄後は十分に水気を除いて付着水を最小限に抑える。特に野菜類では，付着水が多いほどゆで湯の温度や炒め油の温度が降下し，サラダなどでは仕上がりが水っぽくなり調味も薄まる。魚類を洗浄した後も水気を十分に除き鮮度の低下を抑え，ほかの食品への洗浄水の付着を防ぐ。

●水切り
　ざるや水切りかごが用いられ，材質はステンレス，プラスチック，竹などがある。ざるは野菜類，果物，魚貝類などを洗ったり，水にさらしたり，ゆでた材料を引き上げ，水を切るときなどに使われる。

3 浸漬

（1）浸漬の目的

浸漬とは，乾物に水分を吸収させて戻す，褐変を防止する，食味の向上（テクスチャーの変化，不味成分の除去），うま味の抽出などの目的で水などの液体に浸すことである。基本的

表3-8-3　調理における浸漬の目的とその例

目　的	浸漬液	主な食品名
吸水・膨潤	水 水または温水 食塩水（1％）	こめ ●植物性乾燥食品（干ししいたけ，切り干しだいこん，高野豆腐，かんぴょう，海藻，寒天） ●動物性乾燥食品（貝柱，干しえび，干し魚，干しなまこ，干しあわび，ゼラチン） だいず
褐変防止	水 食塩水（3％） 酢水（1〜3％） 砂糖水（10％） レモン汁	じゃがいも，なす 果物，いも類 ごぼう，れんこん，うど 果物 バナナ
あく抜き	酢水（1〜3％） 灰汁（灰10％の上澄液），重そう 熱湯で茹でる こめのとぎ汁，ぬか水（10％）	ごぼう，れんこん，うど わらび，ぜんまい ほうれんそう，しゅんぎく 干し魚，かずのこ，たけのこ
塩出し 砂出し 血抜き 脱　臭	食塩水（1％），水 食塩水（3％），水 水（冷水） 牛乳	塩蔵食品 貝　類 臓物類 レバー，魚
うま味成分の溶出	水	昆布，煮干し，かつお節
テクスチャーの改善・向上	冷水 重そう水（0.2％以下） 明ばん水（1％）	生食用野菜，さしみのけん，ゆでた麺類 だいず，わらび，ぜんまい さつまいも，くり，ゆり根
調味液の浸透	食塩（1〜3％） 調味料	下処理として立て塩につける，即席漬け 魚肉・食肉の下味付け，お浸し，煮豆，マリネ，青煮（さやえんどう，さやいんげん），白煮（うど，れんこん）

出典：渋川祥子 他：ネオエスカ「調理学」，第2版，p.61，同文書院（2007）に一部加筆

には真水を使用するが，食塩や酢などを加えることもある。食品に応じて適切な浸漬液の種類や温度，浸漬時間を選択し，水溶性の栄養成分や呈味成分の損失を最小限にとどめるようにする。浸漬の目的とその例を表3-8-3に示した。

（2）吸水，膨潤

乾物を硬く乾いた状態から水分を吸収させて軟化させ，切削しやすい状態にする。また，吸水が熱伝導をよくし，加熱も容易になる。乾物の調理では戻した状態の重量に対して調味し，料理として仕上げるが，材料を準備する段階では乾燥した状態で重量を確認するため戻し率を見込んで準備量を算出する必要がある。こめや豆類では乾物の重量に対して調味料の分量を準備することが多い。代表的な乾物の戻し率を表3-8-4に示したが，食品の状態や浸漬温度・時間などによって変動する。水温が高いほうが吸水は速い。高野豆腐，はるさめなどでは湯を用いるが，製造方法や形状によって適温が異なるため製品の表示を確認する。また，豆類やタピオカパールなどは保温して戻すこともある。干ししいたけは，浸漬することで酵素が作用してうま味成分が生成されるが，浸漬時間が長すぎると苦味アミノ酸も増加する（p.115参照）。

（3）褐変防止

りんご，れんこん，ごぼう，なすなどは切断面や皮を除いた部分は褐変しやすい。これは，これらの食品に含まれるポリフェノール物質が酵素（ポリフェノールオキシダーゼ）によって酸化されるためである。浸漬することにより，ポリフェノール物質，および酵素を除去し，酸素も遮断するため褐変が防止される。さらに食塩や酸を加えることで酵素反応が抑制され，褐変防止の効果を高めることができる（p.107参照）。

（4）不味成分の溶出
(1) あく抜き

あくとは食品の渋味やえぐ味，苦味などの総称であるが，その食品特有の風味でもあるため，過度の浸漬は避ける。食品の種類に応じてさまざまな浸漬液が用いられ，重そう水や灰汁では浸漬液がアルカリ性となって組織が軟化され，あくの溶出が促進される。ぬか液やこめのとぎ汁ではコロイド粒子があく成分を吸着し，除去する。加熱処理後のほうれんそう，ふきなどは細胞膜の半透性が失われることで，あく成分

● 浸漬とは

固体を液体につけることをいう。一般に常温で行われ，大きな温度変化はなく，調理や加工の中間の操作として，多く用いられる。

表3-8-4　乾物の戻し率

食品名	戻し率	方法
芽ひじき	10	水に20分
長ひじき	5	水に30分
塩蔵わかめ	2	水に10分
即席わかめ	10	水に5分
こんぶ	2.5	水に15分
身欠きにしん	2	こめのとぎ汁に2晩
干しむきえび	1.4	ぬるま湯に20分
干ししいたけ（冬茹）	5	水に2時間 冷水に5〜8時間
切り干しだいこん	4.5	水に15分
かんぴょう	7	ゆでる
きくらげ	7	水に20分
だいず	2	水に1晩
あずき	2.5	60〜90分ゆでる
凍り豆腐	6	湯に25分
はるさめ（りょくとうでんぷん）	4.5	1分ゆで，5分むらす
くずきり	3.5	3分ゆで，10分むらす
焼き麩（小町麩）	13	水に5分

出典：「栄養と料理」家庭料理研究グループ：調理のためのベーシックデータ，増補版，女子栄養大学出版部（1999）

● あく抜き，塩出し

用いる食品によって，真水，塩水，酢水，重そう水，灰汁などが使い分けられる。

● 灰汁（アク）

灰を水に浸して，取った上澄み液で，炭酸・アルカリなどを含む。

が溶出しやすい状態となっているので，水にとる（表3-8-5）。
（2）塩出し
　塩蔵食品から食塩を溶出させ，適度な塩分にするために浸漬するが，このとき真水に浸漬するよりも食塩を加えた水に浸けたほうが表面と中心部の塩分が均一にほどよく抜ける。
（3）砂出し
　貝類を水や海水程度の食塩水（2～3％）に浸漬する。常温で暗所のほうが砂出しの効果が高い。

（5）うま味の抽出
　こんぶ，かつお節，煮干しなどを水に浸漬すると，加熱した場合よりもうま味成分の溶出は少なめになるが，不味成分の溶出も抑えられるので，上品なだしが得られる。また，干ししいたけや切り干しだいこんなどの戻し汁にもうま味成分が溶出しているので，調理に活用する。

（6）テクスチャーの向上
　野菜を水に浸漬すると，細胞膜の半透性によって細胞内に水が入り，細胞が張りパリッとした食感が得られる。また，1％以上の食塩水に浸漬すると，細胞内の水分が脱水される。

表3-8-5　野菜に含まれる不味成分（あく）

成分	不味成分	不味成分を含む食品
えぐ味	ホモゲンチジン酸，シュウ酸，無機塩類	たけのこ，わらび，ふき，ほうれんそう
苦味	アルカロイド配糖体，ケトン類，無機塩類	ふきのとう，くわい
渋味	タンニン，アルデヒド，没食子酸，カテキン，無機塩類	かき，くり，未熟果実，茶

出典：畑江敬子他編：「調理学」，東京化学同人（2003）より改編

菊花かぶ

蛇腹きゅうり

からくさ

出典：高橋敦子他：「調理学実習―基礎から応用」，女子栄養大学出版部（2008）

　菊花かぶ，蛇腹きゅうり，からくさなどは表面積を大きくして調味料などの浸透や付着をよくするためのものである。

■4　切削，包丁成形
（1）切削の目的
　切削の目的は，食品の不可食部を除く，形状・外観を整える，食べやすい状態にする，大きさをそろえて配分する，表面積を大きくして熱伝導や調味料の浸透をよくすることなどである。加熱調理の方法はさまざまあるがどのような調理においても下処理として欠かせない作業であり，料理の出来ばえに影響する。不可食部として野菜や果物の皮，魚の骨や内臓があるが，これらの廃棄率は使用する器具や作業する者の技術，切り方などによっても変動する。

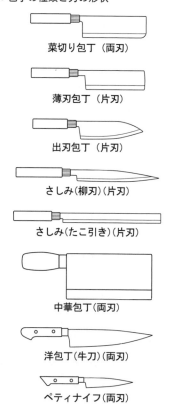

図3-8-2　包丁の種類

食品の繊維の方向と平行に切る場合と直角に切る場合ではテクスチャーが異なり、平行に切ると歯ごたえがあって煮くずれはしにくく、直角に切るとやわらかい食感となり軟化ははやい。肉を細切りにして炒める場合などは筋線維と平行に切ると形状を保つことができる。また肉や魚の場合は加熱による収縮を考慮して、肉の筋を切り、魚介類の皮にあらかじめ切込みを入れて加熱後の形状をよくする。料理に応じて食品ごとに大きさをそろえて切ることにより、加熱などの操作による食品の変化を均一にし、煮くずれも防ぐ。

表面積の拡大により加熱時間は短縮されるが、水溶性成分の損失も大きくなるため、洗浄は切削の前に済ませる。食品のうま味を溶出させたい場合には、繊維に対して直角に薄く切って表面積を大きくする。調味料が浸透しにくい食品（いか、あわび、こんにゃくなど）は、切込みを入れる、手でちぎるなどによって表面積を大きくする。厚みのある食品には隠し包丁を入れることもある。

(2) 包丁の種類

効率よく目的の形状にするためには適切な器具を用いて正しい手順で切削する。切削に用いる器具としては包丁があるが、用途によってさまざまな種類がある(図3-8-2)。多くはまな板と併用するが、皮むきに使用する小振りの包丁は手元で操作しやすい形状になっている。子ども用の包丁は、小振りである程度の重量があり(100g程度)、刃渡りが短くても柄は細くないものが切断時の負担が小さく使いやすく、という報告がある。

(3) 包丁の持ち方

包丁の持ち方にもパターンがあり(図3-8-3)、操作性が異なる。卓刀式は刃先を使って切削するときの持ち方で、比較的弱い力で細かい作業をする場合に向く。支柱式は刃元を使用するときの持ち方で、全握式は出刃包丁などで力を込めて押し切る・たたき切る場合の持ち方である。包丁を持つ手が力点、刃が作用点であり、作用点が柄に近いほど切断が容易だが、刃から離れた柄の端を握ると力を入れにくくなる。

(4) 包丁の刃の種類と切り方

包丁の刃の形状には片刃と両刃があり、刃を食品に当てて上から力を加えたときの力のかかり方が異なる(図3-8-4)。

● 両刃と片刃の特性

両刃の包丁は、材料の中央部を切るとき(厚切り)では、刃の両側に均等に力がかかるため刃先は真下に切り進むが、材料の端で薄切りにする場合は刃先が外側に流れやすいので、包丁の背をやや右に傾けるようにすると真っすぐに切れる。

反対に片刃包丁の場合は、材料の端で薄切りにする場合には真下に切り進みやすいが、材料の中央部を切ると刃先は中央からそれて刃の付いていない方向に流れやすいため、厚切りをするときは包丁の背をやや左に傾けるとよい。

● 包丁の持ち方

卓刀法

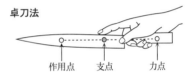

支柱法

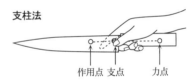

全握法

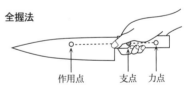

図3-8-3　包丁の持ち方パターン

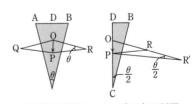

両刃包丁断面　　片刃包丁断面

図3-8-4　包丁の刃の形状

出典：杉田浩一：調理科学, 4, p.47包丁の刃の断面(1971)

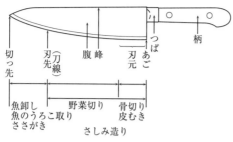

図3-8-5　1本の包丁の使い分け

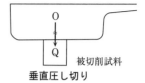

垂直圧し切り

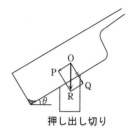

押し出し切り

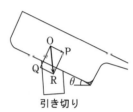

引き切り

OQ…圧す運動
OP…押す運動・引く運動
OR…合成した運動

図3-8-6　食品に合わせた包丁の運動
出典：岡村たか子：家政誌, 32, p.3-10(1981)

　片刃は両刃よりも比較的弱い力で切り進み，さしみのようにやわらかいものを切る場合にも食品の変形が小さく，なめらかな断面となる。刃表の側により大きな力がかかり，刃先はやや左に入る。切れたものが刃から離れやすく，かつらむきや皮むきにも適する。両刃は左右均等に力がかかり，食品を垂直に切りやすく，野菜など組織がしっかりしているものを切るのに適する。

　食品を切るときの包丁の運動方向を図3-8-6に示した。食品の組織を必要以上に壊さず，切断面をなめらかに切るためには，押し出し切り，引き切りのような合成した力が生じるように刃を動かす。垂直圧し切りは，豆腐などのやわらかいものを切る場合に行う。包丁を前後に細かく動かすような運動は効率が悪く，切断面も荒れるので避ける。

　また，食品を切削するときは立ち方などの姿勢にも注意し，安全で無理がない包丁操作の方法を考える。

（5）包丁による調理操作の練習方法

　加熱調理の時間は，食品の種類や調理方法によってある一定以上は必要であるが，包丁による調理操作は効率をよくすることで短縮できる作業であり，熟練者と非熟練者の差が生じやすい。非熟練者の動作は，包丁を振り上げてから切り始める（切り始めの指の置き方を図3-8-7に示す）までの時間が長く不安定であり，この動きを少なくするためには包丁を持つ手と反対の手（食品を押さえているそえ手）を包丁の動きと連動させることが重要であると考えられている。また利き手と非利き手による包丁操作を比較した研究によると，切った枚数や厚さ，均一さにおいて利き手のほうが良好であり，片側優位がみられるものの，練習を繰り返すことで切った枚数は初回よりも次第に多くなる。この練習の効果は利き手より非利き手で顕著にみられるが，非利き手では包丁を持つ位置が変化し，包丁を持つ側と反対の手は包丁と離れた位置に

● 包丁を扱う姿勢

　まな板の前に立つときは，包丁を持つ側の足を少し後ろに引いて半身になり，肘が脇腹にあたって包丁の動きを妨げることがないようにする。食品を押さえる手は，指先を曲げて関節を包丁の腹にあてる。

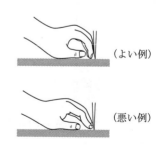

図3-8-7　切り始めの指（そえ手）の置き方

あって包丁の動きと連動していないと報告されている。包丁操作を練習する場合には，左右の手の動きを連動させて厚さを一定に切る正確度を上げることに重点を置く必要があると考えられる。練習に適した切断しやすい食品は，高さが刃幅の半分程度，幅は2.5cm程度のもので，特に高さよりも幅の影響が大きく，キャベツのせん切りのようなものよりもいちょう切りや小口切りなどが練習に適する。

（6）成　形

食品に力を加えて変形させ，外観や食べやすさ，食感をよくする操作である。丸める，固める，伸ばす（だんご，おむすび，ゼリー，めん，パン，クッキー）などの塑性変形と，切る，削る，するなどの破壊変形がある。

■5　撹拌，粉砕

（1）撹　拌

食材を均一化または物性を変化させることを目的として行う，かき混ぜる操作をさす。調理用語としては，混ぜる，和える，こねる，泡立てるなどが含まれる。均一化に関しては，2つ以上の食材の分布を均一にするだけではなく，温度の均一化や調味料分布の均一化も同時に行われる。物性の変化は，マヨネーズの乳化や生クリームに空気を混合し泡立てるなどの例がある。だんごをこねる操作のように，均一化と物性変化を同時に行う場合も多い。主な調理操作の例を表3-8-6に示す。

（2）粉　砕

固形の食品に物理的な力を加えて細かく破壊することをいう。水分の少ない食品，ごま，肉，コーヒー豆などでは「挽く」，また水分の多い食品，魚類，だいこん，わさび，じゃがいもなどでは「する」，「おろす」，「つぶす」という操作がある。

粉砕する目的は多様であり，代表的な例をいくつか挙げる。こむぎ，そば，こめの粒を粉砕し粉状にすることでさらに加工性を高めることができる。ひき肉や魚のすり身も，粉砕することで他食品や調味料の混合が容易となり，加工性が増す。ごまやコーヒー豆は，表面積を大きくし香気成分や辛味成分の増強，ほかの材料と混合する場合には細分化することで均一分布が可能になる。わさびでは，おろすことによって細胞が破壊され辛味が強くなる効果がある。

● わさびとだいこんの辛味

わさびの辛味の主成分はアリルカラシ油，だいこんはイソチオシアネートという物質である。どちらもすりおろす前は辛味のない物質として細胞内に存在する。すりおろされ，細胞が破壊されるとミロシナーゼという酵素と混じり，酵素のはたらきによって辛味成分に変化する。これらの辛味成分は揮発性なので，時間の経過とともに刺激が弱くなる。

● だいこんおろしのテクスチャー

だいこんおろしを調製するには，おろし金やフードプロセッサーが使用される。器具によってテクスチャーや離水量には違いがみられる。フードプロセッサー使用では，組織が細分化され離水量が多く口触りが悪い。それと比較し，おろし金は離水量が少なく，組織もフードプロセッサーほど細分化されない。

表3-8-6　撹拌操作の例

撹拌の目的	調理用語	料理例
食材の均一化(材料・調味料)	和える	酢の物・サラダ・和え物
食材の均一化(材料・調味料)	混ぜる	ドレッシング　寿司飯
温度の均一化・食材の均一化(材料・調味料)	炒める	野菜炒めなどの炒め物
温度の均一化	混ぜる	カレーやホワイトソースのルー
温度の均一化・食材の均一化(材料・調味料)	寄せる*	水羊羹・ゼリー
物性の変化	泡立てる	メレンゲ，ホイップクリーム
食材の均一化(材料・調味料)および物性の変化	乳化させる	マヨネーズ
食材の均一化(材料・調味料)および物性の変化	こねる	餃子の皮・パン生地・だんご
食材の均一化(材料・調味料)および物性の変化	混ぜる	ハンバーグ　魚の練り製品

*「寄せる」場合は撹拌は操作の一工程

① スタンドミキサー
水分の多い食品の撹拌，粉砕に使用
使用例：果実や野菜類を粉砕しジュースにする。スープ類のテクスチャー均一化

② フードプロセッサー
比較的水分が少ない食品の撹拌，粉砕に使用。砕く，混ぜるだけではなく，する，おろす，きざむ，練るなど多種類の調理操作が可能
使用例：魚のすり身，たまねぎのみじん切り，クッキー生地の練り混ぜ，だいこんおろし

③ ハンドミキサー
撹拌，なかでも泡立てる操作に使用。泡立ちの強さを2～3段階に調節できるものが多い。手動よりはやく泡立つので，ホイップクリームでは分離に注意

④ スタンドミキサー
主に業務用。撹拌中混ぜる，こねる操作に向く。菓子やパンなどのドウを一定量均一につくるために必要

⑤ すり鉢，すりこぎ
一般家庭における代表的な撹拌，粉砕の器具であったが，姿を消しつつある。大きさはさまざまで，1～2人分の少量から10人分ほどの量に対応するものまであり，大きさにより使い分ける。砕く，する，混ぜる，つく，こねるなど多様な操作が可能

⑥ 鮫皮おろし
鮫の皮でつくられており，わさびをおろす際使用される。突起が小さく密集しており，きめ細かくおろせる。

⑦チーズおろし
ハードタイプのチーズをおろす際，図の箱型のほか平型などがある。箱型タイプは面によって粉状，棒状などにおろせるものもある。

図3-8-8　撹拌・粉砕に使用する代表的な調理機器類

食品を粉砕し，粉状，ペースト状にすることは，前述のように嗜好性を増すが，加えて咀しゃくの負荷を軽減し消化を助けるという利点もあり，介護食の分野では重要な調理操作となっている。撹拌，粉砕に利用する機器類を図3-8-8に示す。

6 冷　蔵

冷蔵は食品や料理を常温以下氷結点以上で保存し，品質低下や腐敗の防止，また野菜等の食感の向上を目的としている。ゼリーや寒天のゲル化の際にも利用される。冷蔵としての使用温度帯は－2℃～10℃であり，酵素的褐変などの酵素反応は抑制できるが微生物の増殖を完全に防ぐことはできないため，注意が必要である。でんぷんを多量に含んだ食品では，冷蔵は最も老化がはやく進行する温度帯でありおいしさを損なうので，食品によっては冷凍保存のほうが向いている。

国産の家庭用冷凍冷蔵庫（図3-8-9）は，野菜室，冷蔵室，パーシャル室，チルド室，製氷室，冷凍室といった多ドアスタイルとなっており（図の①〜⑥，④ドアポケット），目的に応じた保存ができる。最近では生鮮食品の品質低下を防ぐ瞬間冷凍室も標準装備となる傾向にある。また冷却装置のノンフロン化や使用電力低下などの省エネ設計など，時代に即した技術開発がなされている。

● フロンとは

　エタンとメタンの水素を塩素(Cl)，フッ素(F)で置き換えた化合物の総称。機能的に代替できる代替フロンの代表的なものにHFC（ハイドルフルオロカーボン）があり，分子中に塩素を含まずオゾン層破壊の危険がない。

● ノンフロン化

　フロンは冷蔵庫やエアコンの冷媒として使用されてきたが，化学的に安定な物質であり分解されずにオゾン層に達しこれを破壊してしまう。現在は国際的に規制され，他の冷媒を開発することにより冷蔵庫のノンフロン化が進んでいる。2002年からイソブタンを利用した冷凍冷蔵庫が販売されている。

図3-8-9　家庭用冷凍冷蔵庫内の区分けと適した保存食品

7 凍　結

（1）凍結の目的

食品を長期間保存するために行う。食品が変質，腐敗するのは微生物の増殖が主原因であり，これをほぼ完全に抑制するのが冷蔵よりさらに低温の温度帯で食品を凍結させる冷凍保存法である。食中毒防止の目的でも，表3-8-7に示すように多くの食中毒細菌は増殖温度帯が5℃以上であるので，冷凍保存は有効である。

● 最大氷結晶生成温度帯
　食品中の水分が凍結する温度帯をいい，通常－5℃～－1℃の範囲内である。食品の温度を急激に低下させ，この温度帯を短時間で通過すると，細胞内の氷結晶は小さく，解凍後の品質劣化が最小限に抑えられる。したがって食品を冷凍保存する際には緩慢凍結より急速凍結が望ましい。

表3-8-7　主な食中毒菌と最低発育温度

食中毒菌	感染源となる食品の例	最低発育温度
ブドウ球菌	おにぎり，調理パン，ハム，ソーセージ	5℃
腸炎ビブリオ	刺身・寿司など生の魚介，生野菜の漬物，仕出し弁当	12℃
サルモネラ菌	たまご，ババロアなど生たまごを利用したもの，焼肉，焼き鳥	5℃
病原性大腸菌	ハンバーガー，ローストビーフ，肉のたたき	4～6℃
カンピロバクター	鶏肉，生肉，サラダ	25℃
ボツリヌス菌	ソーセージ，ハム，野菜や肉の缶詰・瓶詰	3℃

（2）凍結の方法

食品を凍結させる際にはできるだけ品質を損なわないように，－30℃以下というような非常に低い温度で急速凍結することが望ましい。家庭用冷蔵庫の冷凍室は－18℃前後で食品が徐々に凍結していく緩慢凍結で，解凍後の品質低下が著しい。図3-8-10は食品の細胞を冷凍前と冷凍後で観察した写真である。急速凍結したものは氷の結晶が小さく細胞組織の損傷が少ない。一方緩慢凍結したものは氷の結晶が大きく組織が破壊され損傷がひどい様子がわかる。このように冷凍すると，解凍時のドリップ量が多く栄養分エキス分が流れ出しおいしさを損ねる。

食品は，洗浄，下処理したうえで凍結させる。急速凍結で

● ドリップ
　冷凍時に食品内にできた氷結晶が解凍の際水分となって流出した液体のことをいう。緩慢凍結で氷結晶が大きくなればなるほど，解凍の際のドリップ量も多くなる。

冷凍前の細胞　　急速凍結した細胞　　ゆっくり凍結した細胞

図3-8-10　食品の細胞

出典：日本冷凍食品協会，「業務用冷凍食品取扱いマニュアル」p.7（1998）

も品質の若干の低下は起こるので，魚介類は肉質が軟化し解凍後に三枚卸しなどの処理がしにくくなる。魚は廃棄する部分をあらかじめ取り除き，すぐに加熱調理できるようにする。生野菜もそのまま冷凍するよりブランチングを行い解凍時の劣化を少なくし，さらに調理効率をあげる工夫をするとよい。

（3）凍結保存に適する食品，適さない食品

食品全てが凍結保存に向くわけではない。食品によっては凍結によって激しい品質劣化が起こり，冷凍前の特性を全く失うものもある。また，生の状態では冷凍に適さないが加熱処理を行うことで凍結に適する食材もある。

(1) 冷凍に適する食品

① そのまま冷凍できる食品　肉類，魚介類，納豆，卵白，バター，生のきのこ類，ホイップクリーム，パセリ，のり，かんぴょう，ごはん，パン，餅，和菓子，あん，スポンジケーキ，茶葉，コーヒー豆，スパイス類，こんぶ，ししとう，うどん，おから，ごぼう，小麦粉，いちご，バナナ，そう菜類など。

② ゆでて冷凍する食品　青菜，ブロッコリー，グリーンアスパラガスなど。

③ すりおろして冷凍する食品　やまいも，わさび，しょうがなど。

④ きざんで冷凍する食品　ながねぎ，パセリなど。

(2) 冷凍に適さない食品

こんにゃく，豆腐，生たまご，ゆでたまご，牛乳，チーズ，生クリーム，マヨネーズ，繊維・水分の多い野菜(たけのこ，ふき，レタス，みつば，きゅうり，キャベツなど)。これらの食品のなかには，生とは異なる性質，テクスチャーを示すことで活用されるものもある。

（4）冷凍食品の栄養成分の変化

栄養成分にもよるが，凍結保存は常温や冷蔵保存より栄養成分の残存が比較的高いことがわかっている。でんぷんは冷蔵保存より老化の進行が少なく，たんぱく質の変性もあまりみられない。ビタミン類，ミネラルでも貯蔵温度が－20℃前後に保たれれば減少は少ない。野菜類で1年中出回っているほうれんそうやピーマン，トマトなどはカロテンやビタミンCの季節変動が大きいので，旬のときのものを凍結しておく意味は大きい。

ただし解凍方法によってはドリップの流出とともに多くの栄養成分が損なわれる。

● 冷凍冷蔵庫の衛生管理

庫内温度をできるだけ一定に保つように，下記の点を心がける。
① 食品を詰め込みすぎない。目安はおよそ80％，特に冷気の吹き出し口に食品を置かない。
② 加熱直後の熱い食品は必ず冷却してから入れる。
③ ドアを開ける時間は短く，また頻繁に開け閉めしない。

温度管理の他にも，食品の汚れやこぼれた調味料などが微生物の繁殖原因になるため，こまめな清掃や消毒が不可欠である。

● ブランチング

冷凍前に行う加熱処理。通常食する場合の70～80％ほどの加熱を行う。ゆでることが多い。この処理によって食品中の水分量が低下し氷結晶を減少させ，組織も軟化するので氷結晶に対する柔軟性が得られる。殺菌や酵素失活の効果もある。

● 冷凍食品の栄養成分の変化

ビタミンC(アスコルビン酸)が半減する期間は－18℃を保つとさやいんげんで16か月，ほうれんそうで33か月というように，製造後1年ほどでは，それほど変動はないと考えられる。しかし，ドアの開閉などで温度変化は生じるため，1年以内に利用することが望ましい。

● 家庭用冷蔵庫での急速凍結

家庭用の冷蔵庫の開発が進み，近年では急速凍結が可能な商品もみられる。
－30～－40℃といった低温の空気を食品に吹きつけ，急速凍結を行う。

● ビタミンCが半減するまでにかかる冷蔵期間(月)

製品別	品温		
	－18℃	－12℃	－7℃
さやいんげん	16	4	1.0
グリンピース	48	10	1.8
ほうれんそう	33	12	4.2
カリフラワー	25	6	1.7

出典：吉田－日食工誌, p. 61 (1999)

8 解凍

（1）解凍方法

(1) 緩慢解凍

解凍後に調理する生鮮食品や解凍してそのまま食する菓子などの解凍は，時間をかけて温度上昇させる。生鮮食品は，冷凍室から冷蔵室へ移動し低温解凍するとドリップ量も少なく済む。よりはやく解凍したい場合は冷蔵庫外に放置する室温解凍を行うが，食品の外側から急速に温度上昇し内側は冷凍状態のようなムラができドリップ量も多くなる。魚などはビニール袋などに入れて水中放置し，絶えず流水させ解凍すると成分の流出が少なく短時間で解凍できる。

(2) 急速解凍

非常に短時間に食品の温度を上げる解凍方法で，解凍と同時に加熱調理も行う場合が多い。オーブンや電子レンジを利用したり，冷凍状態で油に入れて揚げ調理を行ったりする。比較的均一に解凍調理でき，作業効率が高い。各食品に適した解凍方法を表3-8-8に示す。

（2）解凍時の注意点

冷凍前の品質にできるだけ近い状態に戻し，おいしくかつ衛生的に解凍する。生鮮食品は解凍後，さらに調理操作する必要があるが，解凍の最終温度が高い状態で放置すると微生物が繁殖し酵素も活性化する。最終温度を低く保ち，解凍後速やかに調理を行う。包装した状態で解凍できる食品は，解凍中の乾燥を防ぐことができるので，包装のままの解凍がよい。食品別の注意点を述べる。

(1) 魚介類，肉類

多くの場合，緩慢解凍を行いドリップを少量に抑える。解凍後調理を行うので，中心部が若干冷凍状態の半解凍が扱いやすい。ステーキ肉では，冷蔵庫で解凍した後，さらに室温に放置して温度を上げるとよい。さしみ類では，3％の塩水に浸したふきんに直接包んで解凍すると身がしまりつやも出てよりおいしく食することができる。魚や肉は解凍中に調味料で下味をつけると，味が浸み込み調理時間の短縮になる。

(2) 野菜類

冷凍野菜は原則として冷凍状態で加熱調理する。市販の素材冷凍食品は，ほとんどブランチング処理されているので，利用する場合は加熱しすぎに気をつける。グリーンピースやコーンなどは一度ゆでてから調理するほうが食味がよい。

● 電子レンジ加熱

生鮮食品の緩慢解凍，その他の食品の急速解凍の両方に利用できる。加熱に要する時間が短く，食品全体を均一に加熱できる。しかし半解凍状態で食品中に水分が増加してくるとその部分が加熱される。生鮮食品を解凍する際には何回かに分けて断続加熱を行ったり解凍部分にアルミホイルをかけたりと工夫が必要である。

● 冷凍食品の品質を保証するマーク

日本冷凍食品協会の定めた認定基準に適合している製造工場の冷凍食品をさらに品質検査し，合格した製品に認定証マークがつけられている。

● JASマーク

また，下記の15品目には日本農林規格が定められており，これに合格した製品には認定証マークの他にJASマークがつけられる。

①フライ類　②コロッケ
③魚フライ　④ハンバーグステーキ
⑤カツレツ　⑥ミートボール
⑦えびフライ　⑧しゅうまい
⑨フィッシュボール　⑩いかフライ
⑪ぎょうざ　⑫米飯類
⑬かきフライ　⑭春巻
⑮めん類

(3) 果物類

低温解凍，室温解凍または半解凍の状態で供食する。解凍時に出るドリップには果実の風味成分が含まれているのでジュースなどに調整して利用する。生鮮果実より栄養損失速度がはやいので，解凍後は速やかに供食する。

表 3-8-8　解凍方法の種類と適応する冷凍食品の例

解凍の種類		解凍方法	解凍機器	解凍温度	適応する冷凍食品の例
緩慢解凍	生鮮解凍 凍結品を一度生鮮状態にもどした後調理するもの	●低温解凍 ●自然(室温)解凍 ●液体中解凍 ●砕氷中解凍	冷蔵庫 室　内 水　槽 水　槽	5℃以下 室　温 水　温 0℃前後	魚類・肉類，菓子類，果実類，茶わんむし 魚類・肉類
急速解凍	加熱解凍 冷凍品を煮熱または油ちょう食品に仕上げる。解凍と調理を同時に行う	●熱空気解凍 （オーブン解凍）	自然対流式オーブン，コンベクションオーブン，幅射式オーブン，オーブントースター	電気，ガスなどによる外部加熱 150～300℃ (高温)	グラタン，ピザ，ハンバーグ，コキール，ロースト品，コーン，油ちょう済食品類
		●スチーム解凍 （蒸気中解凍）	コンベクションスチーマー，蒸し器	電気，ガス，石油などによる外部加熱 80～120℃ (中温)	しゅうまい，ぎょうざ，まんじゅう，茶わんむし，真空包装食品(スープ，シチュー，カレー)野菜類
		●ボイル解凍 （熱湯中解凍）	湯煎器	同上 80～120℃ (中温)	(袋のまま)真空包装のミートボール，酢豚，うなぎの蒲焼等(袋から出して)豆類，ロールキャベツ，野菜類，麺類
		●油ちょう解凍 （熱油中解凍）	オートフライヤーあげ鍋	同上 150～180℃ (高温)	フライ，コロッケ，天ぷら，唐揚，ぎょうざ，しゅうまい，フレンチフライポテト
		●熱板解凍	ホットプレート，(熱板)フライパン	同上 150～300℃ (高温)	ハンバーグ，ギョウザ，ピザ，ピラフ
	電気解凍（生鮮解凍と加熱解凍の2面に利用される）	●電子レンジ解凍 （マイクロ波解凍）	電子レンジ	低温または中温	生鮮品，各種煮熱食品，真空包装食品，野菜類，米飯類，各種調理食品
	加圧空気解凍(主として生鮮解凍)	●加圧空気解凍	加圧空気解凍器		大量の魚類・肉類

出典：日本冷凍食品協会：「業務用冷凍食品取扱いマニュアル」，p.21 (1998)

(4) 冷凍調理食品

　ほとんどの場合，冷凍状態のまま加熱する。冷凍前に加熱調理してあるかしていないかによって加熱の程度が異なる。冷凍食品の包装に，適した解凍，加熱方法が記してあるのでそれに従って操作を行う。油ちょう解凍（揚げて解凍）する場合は，高温すぎると表面だけ加熱され中心部が解凍されないので温度管理に注意が必要である。コロッケやフライなど衣のついた冷凍食品は，しっかり凍った状態で油に入れるようにする。衣が溶けかけると，はがれやすく油切れも悪くなる。揚げてから冷凍された食品は電子レンジ解凍するが，食品中の水分が蒸気となることにより水っぽくカラッと仕上がらないので，ラップをせずに短時間加熱を行う。

● 調理方法を確かめる
　茶わんむしなどの例外を除き，ほとんどの冷凍食品は凍ったままを直接急速解凍する。しかし，製品によって加熱の方式や時間が異なる場合があるので，表示されている調理方法を確かめる必要がある。

9. 調理と食器

1　食器の種類と特徴

（1）和食器

(1) 和食器の特徴

　和食器は形，素材，色や絵柄が豊富であり，料理の内容や季節によってこれらの食器を選択して組合せる。和食器の種類が変化に富んでいるのは，食具である箸の利用に起因するところが大きい。箸は18～24cmの長さをもち，片手で挟む，切る，もち上げるなどの操作が自在にできる。そのためさまざまな深さの器に対応でき，置いたままの大型の器の他に，箸を持たないほうの空いた手でもったり，手にのせたりできる小型で軽量の器とが混在することとなったのである。

(2) 和食器の種類

　和食器の種類は皿，鉢，椀に大別できる。皿や鉢は陶磁器でサイズによって大・中・小があり，用途により煮物，さしみ，菓子などのよび名がある。鉢の場合は深さにより深鉢・平鉢・浅鉢がある。椀には漆器の椀と陶磁器の碗があり，形や大きさに若干の違いはあるが総じて似かよっている。

（2）洋食器

(1) 洋食器の特徴

　洋食器は前菜からデザートまで，同じ素材や絵柄の食器を用い，用途に合わせ形や大きさの違うセットとしてそろえる。食事の時間とティータイムを分ける習慣があるため，ティー（コーヒー）カップは共柄でも違う絵柄のものでもよい。食具はカトラリーとよばれ，素材や絵柄をそろえて用いる。

　銀食器をはじめとする金属製の食器や食具も愛用され，近年では鉄にクロムやニッケルを加えたステンレス製の素材が用いられる。

(2) 洋食器の種類

　洋食器の種類は　ディナー皿，スープ皿，デザート皿，ティーカップ・ソーサーがあり，多くは陶磁器製である。洋食器のプレートの大きさと名称を図3-9-1に示した。

　カトラリーは金属製で，基本であるナイフ，フォーク，スプーンの3種類を用途により，各種使い分けて用いる。ワインなどのアルコール類や水飲み用のグラス類の種類が多く，クリスタルガラスは，透明感があるため上級品とされる。

●和食器の組合せ

　日常食，および一般的な宴席料理では形，素材，色があまり重複しないように組合せて，変化を楽しみながら全体的なバランスをとるよう考慮する。懐石料理の飯椀・汁椀は対の漆器，精進料理では折敷（脚のない膳）も含めた一式そろいの漆器が使用される。

●和皿のサイズ

　大皿：一尺(33cm)以上あるもの
　中皿：5寸～8寸(22cm前後)
　小皿：3寸～4寸(12cm以下)

●小付（こづけ）と猪口（ちょく，ちょこ）

　小鉢よりひとまわり小さい鉢は小付とよばれ，珍味入れなどに使う。猪口は酒を飲むための杯であるが，江戸時代にそばのつけ汁用の小鉢が必要となり，切立ち型の鉢から転用されたものがそば猪口となって現在に至っている。

●漆（うるし）：日本産について

　多価フェノールである油性のウルシオールが水を含む多糖類と混じって安定している天然高分子物質のエマルション。5～7％のゴム質や2～3％のたんぱく質を含み，このたんぱく質がかぶれの原因になることがある。乳白色の樹液は空気に触れるにつれて茶褐色や黒色に変色する。水酸化鉄や鉄粉を加えると，つやのある黒色の漆になり，鉱物性顔料（酸化鉄や酸化チタン）を加えると赤や朱の漆ができる。

●ガラスの種類

　①ソーダガラスは，丈夫で日用品向きで多様な色が出せる：ベネツィアンガラス，②クリスタルガラスは鉛を24％程度含有し，カットがしやすく，光の反射や屈折もよい：ヨーロッパの高級ガラス器や日本の切り子，③カリガラスは鉛を含まず硬質で透明感のある輝きがある：ボヘミアンガラス，④一般にアルカリ含有量の少ないホウ珪酸ガラスは硬質（耐熱）ガラスとよばれる：耐熱食器。

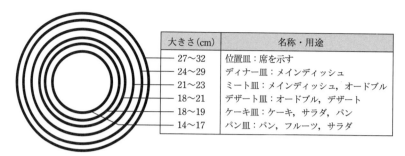

図 3-9-1　洋食器のプレートの大きさと名称
出典：フードデザイン研究会編：「食卓のコーディネート・基礎」p.50（2003）を一部改変

(3) 中国食器

中国食器の特徴は共有器（菜盤長円盤などの盛り皿）と個別用食器を有する点である。個別用食器には平碟（中皿=取り皿），碟子（小皿=取り皿），湯碗（汁碗），筷子（箸），湯匙（ちりれんげ）などがあり，人皿の料理を取り分けて食べる。素材は陶磁器や銀（金属）器などの種類がある。

● チャイナ（磁器）

中国で磁器の発祥した年代は古く（六朝時代：220～589），日本や西欧と千年以上の開きがあり，磁器をさすチャイナはルーツとしての呼び名を示す。

● 食器の実質的寸法とアイテム

給食施設では，食器はトレイの上にのる必要最低限の寸法とし，ゆったり見せたり空間の美を追求するような器は向かない。皿，深皿，小鉢，飯碗・汁碗，コップ等の個人用アイテムが基本となり，サービスアイテムは少ない。

2 集団食器の特徴と新素材の食器

給食施設などで使用される食器は洗浄の機械化や収納の条件により，家庭用やホテル・レストラン用の食器とはタイプが異なる。集団食器は軽く，丈夫で，実質的寸法とアイテム

表 3-9-1　プラスチック食器素材特性

種類	名称	比重	耐熱温度（℃）	耐光性，紫外線劣化	耐酸	耐アルカリ	電子レンジ	帯電性，ごみ吸着
熱硬化性	メラミン	1.47～1.52	110～120	わずかに変色	良	良	不可	無
	フェノール	1.32～1.45	150	徐々に変色	良	良	不可	無
	ポリエステル	1.5～2.1	150	わずかに変色	良	良	不可	無
熱可塑性	ポリプロピレン	0.9	110～120	変色	良	良	可	有
	ポリカーボネイト	1.2	120～130	わずかに変色	良	良	可	有
	メタクリル	1.17～1.20	70～90	不変	良	良	不可	有
	ABS	1.01～1.15	70～100	不変	良	良	耐熱のみ可	有
	ポリエチレン	0.95	90～120	変色	良	良	不可	有

注]　データ数値は条件により若干の差があり，参考目安である。
出典：荻野文彦：「食の器の事典」p.286，柴田書店（2005）を一部改変

の条件を満たし，かつ衛生的で保温性に優れたものが要求される。近年給食施設では，陶磁器や金属器に代わり，メラミン樹脂やポリカーボネイトなどプラスチック素材の食器が主流となっている。表3-9-1にプラスチック食器素材特性を示した。

3　食器の安全性

　プラスチック食器の多くは150～200℃の比較的低い温度で製造され，製造過程でさまざまな触媒や添加剤も使われる。学校給食に使われているポリカーボネート（PC）製食器から，環境ホルモンの一種であるビスフェノールAが検出されたり，メラミン樹脂からは毒性のあるホルムアルデヒドが溶け出すなどの安全性の問題が指摘されている。また，割れにくく化学物質が溶出しないとされる強化ガラス食器では，破損による事故が起こり学校給食では使用されなくなっている。さらに，陶磁器類も使用する釉薬や絵の具に鉛やセレン，カドミウムなどの重金属が含まれている場合があり有毒性は否定できない。鉛については，輸出向けの国内産の食器には無鉛釉薬・無鉛絵の具が使用され，溶出の不安はなくなったが，輸入品については我が国の基準を上回る量が検出される例もある。各国で食器からの有害物質検出基準を定めているが，試験法や基準値には若干の差異もある。日本では食品衛生法によって有害物質の規制値が定められている。また，食器メーカーは国際的な検出基準を遵守するため業界自主基準を定めたり，品質マネジメントシステムISO9001の審査登録を行うなど企業努力を行っている。

● ホルムアルデヒド
　有機化合物の一種で粘膜への刺激性を中心とした急性毒性がある。接着剤，塗料など建築資材に含まれるほか，メラミンとホルムアルデヒドを重合させてつくるプラスチック製の食器から検出（新しいうちは反応しきらなかったもの，古くなるとメラミンとの結合がはずれたもの）される。また，日常食べる食品にも含まれている。WHOやアメリカでは発ガン物質として警告している。

食べ方の基本と食器

　ヒトの食べ方の基本は，手食であり，手でつかみ，手ですくって食べることから始まった。食器の基本も同様に，手を平らにすれば皿になり，両手をすぼめればボウルになる。それらは加熱調理が始まる頃には手から葉や貝に変化し，やがて土器をはじめとする器やさまざまな素材や形の器具が人工的につくられるようになった。

食器や食具の役割

　食器や食具は，料理をより摂取しやすくする機能面はもとより，料理を美しく引き立て食欲を増進させるはたらきや食器そのものが工芸品としての芸術面をもち合わせ，食事文化の一端を担っている。わが国では各国の様式の食事が取り入れられているため，さまざまな種類の食器が使用されていてその数も多い。

10. 新調理システム

（1）大量調理の特徴

　大量調理は，家庭で行われる少量に対して，特定給食施設や外食産業で多量の食材を扱う調理をいう。大量調理は少量調理と次のような違いがある。

① 大量の食品を処理するため下処理作業時間が長くなる。
② 加熱機器の性能，および加熱する分量との関係によって，食品の温度上昇速度が変動する。そのため，温度上昇速度に応じた加熱時間を設定する。
③ 加熱中の蒸発率が低いため，加える水（だし汁）の量が少ない。
④ 加熱や調味の不均一が起こりやすい。
⑤ 大量の食材を加熱するため，食材自体の重さで煮くずれしやすい。
⑥ 加熱に用いる熱量が大きいため，余熱が大きく，余熱を考慮した加熱条件にする。

●作業の標準化
　左のような少量調理とは異なる現象が生じることを考慮して作業の標準化を構築する必要がある。さらに調理後から喫食までの時間が長いために起こる品質の変化や，作業能率，衛生的安全性の面からも検討が必要になる。

（2）HACCPに基づいた衛生管理

　HACCPは，危害分析（HA），重要管理点（CCP）の設定，管理基準（CL）の設定，モニタリング（監視方法）の設定，改善措置の設定，検証方法の設定，記録（保管）方法の設定の7つの原則が基本となっている。大量調理施設においての衛生管理は，平成9年3月にHACCPの概念に基づき，食中毒発生を未然に防止するために策定された「大量調理施設衛生管理マニュアル」に従い，行われている。このマニュアルは，材料の受入れ，および下処理段階における管理の徹底，加熱調理食品は中心部まで十分に加熱して食中毒菌を死滅させるなどの調理過程における重要管理点を示した。さらにこれらの管理点について管理基準を設定し，点検，記録を行うとともに，改善が必要な場合は改善措置を行うことを示したものである。

●HACCP（ハサップ）
　Hazard Analysis Critical Control Point（危害分析重要管理点）の略称で，食品の安全，衛生に関する危害の発生を事前に防止することを目的とした衛生管理システムである。

●大量調理施設衛生管理マニュアルの改訂
　近年，ノロウイルスによる食中毒，および感染症が大幅に増加したことにより，平成19年10月に薬事・食品衛生審議会食品衛生分科会食中毒部会において「ノロウイルス食中毒対策（提言）」がとりまとめられた。このことをふまえて，平成20年6月に大量調理施設衛生管理マニュアルは改正された（平成20年6月18日付け食安発第0618005号）。

（3）新調理システム

　大量調理において，同じ料理を同じように，つまり常に一定品質の料理を安全に提供するためには，作業工程の標準化をする必要がある。そのため，大量調理では，施設，設備や調理担当者，調理時間などの諸条件を効率よく使って，一定の品質のものを恒常的に生産するための調理操作の標準化が必要になる。そこで，計画生産により調理作業の標準化と合

●クックサーブ方式
　温菜，冷菜を問わず，調理後，速やかに提供する従来から行われているシステムである。

理化を行い，メニューの多様化と食事サービスの向上を目的とした新調理ステムが注目されている。新調理システムとは，従来の調理方式（クックサーブ）に加え，クックフリーズ，クックチル，真空調理および外部加工調理品の活用の4つの調理・保存・食品活用を組合せシステム化した集中生産方式である。

(1) **クックチルシステム**

クックチルシステムとは，加熱調理後に急速冷却（90分以内に中心温度を3℃以下に冷却）した料理を0～3℃のチルド状態で一定期間保存し，再加熱して提供するシステムである。調理法ではなく，保存方法の一種である。

クックチルシステムは，1968年にスウェーデンの病院で大量調理食品保存方法として開発されたのが起源とされ，欧米では30数年前から給食施設などで行われている。

(2) **クックチルシステムの種類と特徴**

クックチルシステムは冷却方法の違いによってブラストチラー方式とタンブルチラー方式の2つに分類される。

● **クックフリーズシステム**

作業工程はブラストチラー方式のクックチルシステムと同様で，保存温度は食品の中心温度で－18℃以下とする。

● **外部加工調理品の活用**

外部の食品製造業者が加工した冷凍，あるいはチルド状態の調理済み食品を再加熱して提供する方法である。製造業者が製造する既製品を購入する場合とレシピを渡してプライベートブランドとして生産を委託，購入する場合がある。

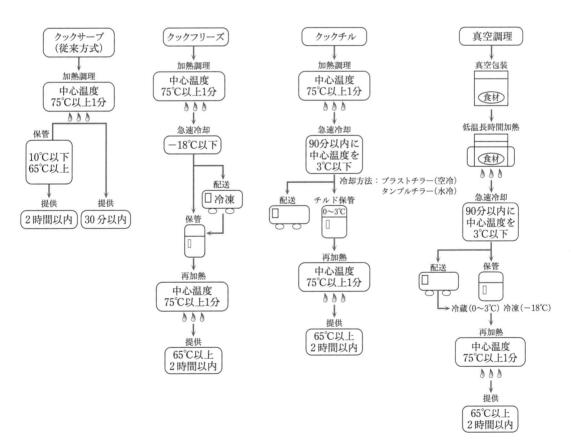

図3-10-1 新調理システムの作業工程

① ブラストチラー方式　クックサーブと同様に加熱したものをホテルパンなどに入れて，ブラストチラー（空冷方式）に入れ，冷風（−4℃以下の冷風）を料理に吹き付けて0〜3℃に急冷して，保存（0〜3℃の冷蔵庫）するものである。保存期間は調理・提供日を含めて5日間が限度である。

② タンブルチラー方式　液状調理品と固体調理品により作業工程が異なる。液状調理品のシチューやスープ類は専用のスチームケトルで加熱調理し，ポンプで搬送して，85℃以上の状態でパック充填する。その後，タンブルチラー（水冷）で60分以内に約4.5℃まで急速冷却する。これを−1℃で保管する。固体調理品は，下処理した食品をパッキングしてからクックタンクで低温長時間加熱する。その同じクックタンクで急速冷却して，−1〜0℃の氷温冷蔵庫で保管する。タンブルチラー方式は大型の専用機械を導入するため設備投資が大きいが，作業工程の衛生管理が徹底しやすく，保存期間は20〜45日間である。

(3) 真空調理

真空調理は，食材を生のまま，あるいは表面に焼き色をつけるなどの下処理をして真空包装し，低温（50〜95℃）で一定時間湯煎器やスチームコンベクションオーブンなどで加熱する調理法である。保存をする場合は，急速冷却を行い，一定期間チルド保存し，料理を提供する際に再加熱を行うものである。真空調理は，揚げる，焼く，煮るなどの調理法の一つとして考え，あくまでも保存方法ではない。真空調理法の作業工程を図3-10-2に示した。この調理法では，食材によって加熱温度（機器の設定温度および食材の中心温度）・加熱時間が異なる。肉・魚などのたんぱく質系食品は68℃以上になると保水性が低下して，ドリップが多くなるため，それ以下の温度で加熱することが多い。それに対して植物性食品は組織の軟化（ペクチンの分解）やでんぷんの糊化のために90〜95℃で加熱する。保存期間は調理後6日以内といわれており，それ以上の場合は−22℃で冷凍保存する。保存期間は短い方が望ましく，より安全性を確保するために「96時間以内」とする考え方も広がりつつある。

この調理法の利点は

① 食材料を真空包装し低温で加熱するため，素材の風味やうま味を生かせる。

② 低温（長時間）加熱のため肉類が軟らかく仕上がり，歩留りも高い。

●日本のクックチルシステムの導入状況
日本では，給食運営の効率化とメニューの多様化など食事サービスの向上を目的にクックサーブ方式と併用して事業所や病院などで利用されている。また，調理施設をセンター化して，センターで一括大量調理して，各施設へ冷蔵配送し，各施設で再加熱して提供する場合もある。

●ニュークックチル
調理した食品を急速冷却，チルド保管後にチルド状態のまま専用容器に盛り付け，トレーにのせてカートに入れ冷蔵保管（2℃）する。提供前にカート内で再加熱するシステムである。

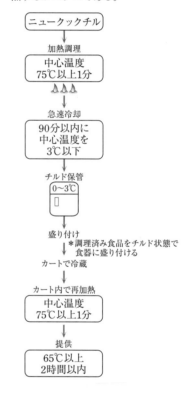

●真空調理の歴史
1974年にフランス，ロアンヌの調理人で，食肉加工業を営むジョルジュ・プラリュがフォアグラのテリーヌの重量ロスを減らすために研究して，現在の形の真空調理法が考案された。

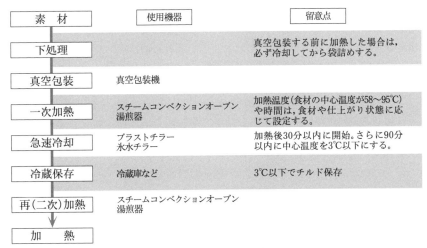

図 3-10-2 真空調理のプロセス

③ 水溶性成分の溶出が通常調理より少ない。
④ チルド保存が可能である。
⑤ 保存したものは再加熱処理だけで提供できるため人手不足の解消につながり，どこでも一定の味が提供できる。
一方欠点としては
① 真空包装内で加熱するため，味や香りが封じ込められるため，食材が新鮮でないと好ましくない臭いが強調される。
② 低温で加熱処理するため缶詰やレトルト食品と異なり衛生的安全性に劣る。
③ パッケージコストがかかる。
④ これまでの調理法とはプロセスが異なるため，レシピ作成に時間や労力を要する。
などがそれぞれ指摘されている。

1984年にパリの三ツ星レストランのオーナーシェフであるジョエル・ロビュッションがフランス国有鉄道の車内食堂でこの調理法を取り入れ，厨房設備が整備されていない場所で安定した品質の料理を提供することに成功を納め，注目されるようになった。

1986年に山梨県のホテルハイランドリゾートの料理長の谷孝之が独自に真空調理を開発した。

1987年に服部栄養専門学校がジョエル・ロビュッションを招いて，真空調理法の講習会を開催し，広く紹介された。

参考文献　＊　＊　＊　＊　＊

島田淳子・下村道子編：「調理科学講座1 調理とおいしさの科学」, 朝倉書店(1993)
島田淳子・畑江敬子・中沢文子編：「調理科学講座2 調理の基礎と科学」, 朝倉書店(1993)
下村道子・島田淳子編：「調理科学講座3 植物性食品Ⅰ」, 朝倉書店(1993)
下村道子・橋本慶子編：「調理科学講座4 植物性食品Ⅱ」, 朝倉書店(1993)
下村道子・橋本慶子編：「調理科学講座5 動物性食品」, 朝倉書店(1993)
橋本慶子・下村道子・島田淳子編：「調理科学講座6 食成分素材・調味料」, 朝倉書店(1993)
橋本慶子・島田淳子編：「調理科学講座7 調理と文化」, 朝倉書店(1993)
大塚　滋・川端晶子編：「21世紀の調理学1 調理文化学」, 建帛社(1997)
熊倉功夫・川端晶子編：「21世紀の調理学2 献立学」, 建帛社(1997)
増成隆士・川端晶子編：「21世紀の調理学3 美味学」, 建帛社(1997)
日本調理科学会編：「料理のなんでも小事典」, 講談社(2008)

田村真八郎・川端晶子編:「21世紀の調理学4 食品調理機能学」, 建帛社(1997)
豊川裕之・川端晶子編:「21世紀の調理学5 臨床調理学」, 建帛社(1997)
矢野俊正・川端晶子編:「21世紀の調理学6 調理工学」, 建帛社(1997)
山口喜久男・川端晶子編:「21世紀の調理学7 環境調理学」, 建帛社(1997)
菊池榮一編:「動物タンパク質食品」, 朝倉書店(1994)
渋川祥子編:「食品加熱の科学」, 朝倉書店(1996)
日本調理科学会編:「新版総合調理科学事典」, 光生館(2006)
竹生新治郎監修:シリーズ〈食品の科学〉「米の科学」, 朝倉書店(1995)
長尾精一編:シリーズ〈食品の科学〉「小麦の科学」, 朝倉書店(1995)
沖谷明紘編:シリーズ〈食品の科学〉「肉の科学」, 朝倉書店(2003)
鴻巣章二監修:シリーズ〈食品の科学〉「魚の科学」, 朝倉書店(2001)
中村　良編:シリーズ〈食品の科学〉「卵の科学」, 朝倉書店(2001)
上野川修一編:シリーズ〈食品の科学〉「乳の科学」, 朝倉書店(1996)
高宮和彦編:シリーズ〈食品の科学〉「野菜の科学」, 朝倉書店(1997)
伊藤三郎編:シリーズ〈食品の科学〉「果実の科学」, 朝倉書店(1995)
石谷孝佑編:光琳選書10「食品の熟成」, 光琳(2009)
山崎清子・島田キミエ・渋川祥子・下村道子著:「新版調理と理論」, 同文書院(2003)
種谷真一・林弘通・川端晶子著:「食品物性用語辞典」, 養賢堂(1996)
辻英明・小西洋太郎編:栄養科学シリーズ・食品学, 講談社サイエンティフィック(2007)

引用文献　　＊　　＊　　＊　　＊　　＊

鈴木洋子:児童が使いやすい包丁の大きさと動きの選定, 日本官能評価誌, 4, 19-24(2000)
鈴木洋子:児童が使いやすい包丁の柄と太さの選定, 日本官能評価誌, 4, 25-30(2000)
林知子, 柳沢幸江:動作解析法を用いての熟練度による「切る」操作の検討, 日調科誌, 37, 294-305(2004)
立屋敷かおる, 鈴木優子, 宮下理英子, 今泉和彦:包丁による調理操作のパフォーマンスと調節能に対する利き手と非利き手の比較とその解析, 日調科誌, 39, 31-35(2006)
鈴木洋子:包丁技能習得のための被切断物の大きさ, 家政誌55, 733-741(2004)

索　引

あ

アイシング……………………125
赤身魚……………………………88
アガロース……………………135
アガロペクチン………………135
あく……………………………104
灰汁……………………………177
アクチニジン……………………86
アクチン…………………………83
アクトミオシン……………85, 87
あく抜き………………………176
アクロレイン…………………132
揚げる…………………………161
あご……………………………180
浅鉢……………………………189
味付け飯…………………………48
味つけ飯…………………………75
あずきポリフェノール………118
アスコルビナーゼ……………148
アスコルビン酸………………148
アスコルビン酸オキシダーゼ
　　　　　　　　　　104, 111
アスコルビン酸酸化酵素……148
アスタキサンチン………………90
アスタシン………………………90
アスパルテーム…………21, 22, 126
アセスメント……………………39
圧力鍋……………………153, 167
Atwater係数…………………40, 57
アニサキス………………………92
アノイリナーゼ………………148
アピイン………………………107
油通し…………………………162
あべかわ塩………………………92
アマランサス……………………82
アミノカルボニル反応
　　　27, 100, 107, 112, 124, 100
アミノ酸スコア…………73, 77, 82
アミラーゼ……………………114
アミロース………………72, 144
アミロペクチン…………72, 144
あらい……………………………91
アラニン…………………………90
アリルカラシ油……………22, 181
アルカリ性電解水……………174
アルカロイド…………………2, 24
アルギニン………………………90
アルギン酸……………………116
アルコール温度計……………174
α-1,4-グリコシド結合………144
α-1,6-グリコシド結合………144
α化米…………………………145

い

アルブミノイド………………142
アルブミン…………………142, 143
アルマイト…………………164, 166
アルミニウム………………152, 166
アレルゲン………………………96
アロマ……………………………27
合わせみそ……………………130
淡雪かん………………………136
安全性……………………………2
アントシアニン……………107, 110

イースト…………………………80
イオン交換膜法………………128
閾値………………………………22, 26
イコサペンタエン酸（IPA）…89
異性化液糖……………………125
位相差顕微鏡……………………65
イソチオシアネート………109, 181
イソフラボン……………………97
板ずり…………………………128
炒め飯……………………………75
炒める…………………………161
位置効果…………………………62
一次機能…………………………3
一次構造………………………143
一次消費者………………………3
一次味覚野………………………20
一汁三菜…………………………9
一汁二菜………………………9, 47
一次予防…………………………38
一価不飽和脂肪酸………132, 146
いとこ煮………………………118
イノシン…………………………91
いももち………………………112
色止め…………………………109
インディカ………………………72

う

ウコン……………………………22
薄くず汁………………………120
ウスターソース………………131
薄造り……………………………91
薄刃包丁………………………178
うま味……………………20, 155
漆………………………………189
うるち（粳）米…………………72

え

柄………………………………180
エイコサペンタエン酸（EPA）…89
曳糸性……………………………29

ATP………………………………85
栄養性……………………………2
液体燃料………………………150
えぐ味……………………………21
SD法………………………………63
エステル化度…………………136
エステル結合…………………131
エストロゲン……………………97
エネルギー換算係数……………57
エマルション………27, 28, 96, 134
エラスチン………………………83
エリスリトール………………126
エリタデニン…………………116
L-グルタミン酸ナトリウム……22
塩化アンモニウム………………23
塩化カリウム……………………23
嚥下………………………………31
嚥下困難者食品…………………31
嚥下補助食品…………………137
塩酸………………………………22
遠赤外線……………………150, 159
塩味………………………………20, 51
遠洋回遊魚………………………88

お

おいしさ…………………………63
黄檗宗……………………………10
応力………………………………28
オーバーラン…………………101
大晦日……………………………11
おおむぎ…………………………82
オールメタル…………………164
オキシミオグロビン……………85
おきゅうと……………………117
オゾン水………………………174
落とし蓋………………………156
踊り串……………………………32
オボアルブミン………93, 142, 143
オボグロブリン…………………93
オボトランスフェリン…………93
オボムコイド……………96, 142
オボムチン………………93, 95
オリゴ糖………………………144
オリゼニン………………73, 142
オレイン酸………………………99
温泉卵……………………………95
温度上昇速度…………………192

か

カードラン……………………137
解硬過程…………………………84
介護食品…………………………31
概日リズム………………………36

懐石料理……9	間接焼き……159	金属味……21
会席料理……10	寒天……135	筋電計……65
解凍……186	広東料理……16	**く**
解凍方法……187	官能評価……61	ヴァーガム……137
解凍ムラ……171	カンピロバクター……184	グアニル酸……115
界面活性剤……175	緩慢解凍……186	クエン酸……22,110
回遊……89	緩慢凍結……184	くずたたき……120
カカオタンニン……141	甘味……20,51	クチクラ……93
カカオバター……141	乾めん……58	クックサーブ……193
カカオマス……141	**き**	クックチル……193
化学的味……19	機械的軟化……86	クックフリーズ……193
化学的膨化……80	菊花かぶ……178	屈折糖度計……64
拡散係数……156	記号効果……61	グランマニエ……141
かくし包丁……156	きざみ食……71	グリアジン……77,142,143
核たんぱく質……142	キサンタンガム……137	クリーミング性……133
角造り……91	キシリトール……126	クリームダウン……140
学童期……69	キシロース……126	グリコーゲン……88,144
撹拌……181	キセロゲル……28,98	クリサンテミン……97,107
花菜類……104	キタアカリ……112	グリシニン……97,142,143
果菜類……104	気体燃料……150	グリシン……90
過剰除去……6	キチン……104	クリスタルガラス……189
可食部……56	切っ先……180	グリセミックインデックス……75
ガスこんろ……168	きぬかつぎ……114	グリチルリチン……21,23
ガスバーナー……151	キノン体……107	グルコース……22,126
カゼイン……99,142,143	気泡……80	グルコマンナン……144
カゼインフォスフォペプチド(CPP)……149	起泡性……95,101	グルタミン酸ナトリウム……24,116
可塑性……78,102,133	QOL……3	グルテニン……77,142
片刃……179	嗅覚……18	グルテリン……142
カップリングシュガー……23	急速解凍……186	グルテン……77,128
褐変防止……107,176	急速凍結……184	グルテンフリー……76
カテキン……107,140	牛刀……178	クルトン……162
カテキン酸……22	吸油率……53,162	車糖……122
果糖……126	供応食……8	クロシン……113
カトラリー……189	強酸性電解水……174	クロセチン……113
加熱臭……100	行事食……10	グロブリン……142
過熱水蒸気……169	矯臭作用……130	クロロゲン酸……113,140
加熱ムラ……171	凝集性……30	クロロフィリン……106
カフェイン……22,24,140	凝縮熱(潜熱)……157	クロロフィル……106
カプサイシン……22	供食……8,67	**け**
過飽和……125	強制対流式オーブン……153,160	ケ……11
紙塩……128	郷土食……13	茎菜類……104
カラギーナン……136	強力粉……77	計量カップ……174
からくさ……178	玉露……139,140	K値……91
ガラクタン……113	魚しょう……129	化粧塩……128
ガラクツロン酸……136	切り子……189	結合組織たんぱく質……83
カラザ……93	キルシュ……141	結露……158
辛味……51	筋形質たんぱく質……83,88,92	ゲル……27,28
カラメル化……124	筋原線維……83	ゲル強度……100,124
カラメルソース……125	筋原線維たんぱく質……83,86,88	ケルセチン……107
カロテノイド……107,110	金糸……126	嫌気的解糖系……85
皮霜造り……91	銀糸……126	原形質分離……108
環境ホルモン……191	近赤外線……64	健康寿命……37
乾式加熱……158	筋節……88	健康日本21……37,39
緩衝能……130	金属たんぱく質……142	

懸濁液　28

こ

コアントロー　141
5'-イノシン酸ナトリウム　22
高アミロース米　73
高エステル化ペクチン　137
光学顕微鏡　65
硬化現象　108
抗酸化剤　149
高次構造　142
高次消費者　3
幸島のさる　2
広州料理　16
香信　115
酵素失活　185
口中調味　47
辛味成分　181
高密度リポたんぱく質　93
高野豆腐　98
誤嚥性肺炎　31,71
コーンスターチ　82
糊化　145
糊化でんぷん　2
五感　19,61
5基本味　20,51
5'-グアニル酸ナトリウム　22
固形脂　81
五穀豊穣　81
小皿料理　52
こし　79
甑　8
こすり洗い　175
五節句　11
固体泡　27
固体ゲル　27
固体脂指数　133
固体燃料　150
骨格筋　83
ごとく　168
粉あめ　122
コハク酸　23,24,90
小鉢料理　52
古米臭　73
米粉麺　76
米食　8
コラーゲン　83,135,142
ごりいも　112
コロイド　27
強飯　8,76
根茎でんぷん　119
根菜類　104
混成酒　141
混捏　78

さ

サーカディアンリズム　36
サーミスタ温度計　65
サーモグラフィー　65
サーロイン　87
サイコレオロジー　28
最大氷結晶生成温度帯　184
最低発育温度　184
彩度　64
酢酸　22
ささがき　180
サスペンション　27,28
サッカリン　23,126
サポニン　97
鮫皮おろし　182
サルミン　142
サルモネラ菌　184
酸化　132,147
三次機能　3
三汁七菜　9
三重らせん構造　85
サンショオール　22
3色食品群　44
酸性プロテアーゼ　92
酸素化　85
3点比較法　63
酸味　20,51
産卵期　89

し

シアニン　107
シーズヒーター　151,170
潮汁　92
塩出し　176
視覚　18
直火焼き　158
色差　64
色相　64
色素細胞　93
色素たんぱく質　142
自給率　4
ジケトグロン酸　148
嗜好型官能評価　61
嗜好性　2
嗜好調査　63
死後硬直　84,90
地粉　77
脂質　146
思春期　69
自助食具　71
シス型　146
ジスルフィド結合　78,143
自然対流式オーブン　160
四川料理　16

シソニン　107
下処理作業　192
支柱法　179
塗器　33
湿式加熱　153
実体顕微鏡　65
卓袱料理　10
自動酸化　147
自動炊飯器　74
シトラール　26
渋きり　118
渋味　21
ジプロピルジスルフィド　26
ジプロピルトリスルフィド　26
脂肪交雑　83
凍み豆腐　98
霜降り肉　83
JASマーク　186
蛇腹きゅうり　178
ジャポニカ　72
上海料理　16
ジャンピング　140
習慣的摂取量　37
重合物　147
シュウ酸　12,104,148,178
シュウ酸カルシウム　114
自由水　124
重そう　80
集中生産方式　193
熟成　84
主菜　42,48
種実でんぷん　119
樹脂配糖体　113
主食　8,42,47
酒石酸　22
シュバンクバーナー　168
主要栄養素バランス　40
ジュランガム　137
順位法　63
順序効果　62
順応効果　25
子葉　97
消化性多糖類　144
蒸気圧　80
上新粉　76
精進料理　8,10,121
脂溶性ビタミン　146,147
醸造酒　141
小変形　30
蒸留酒　141
ショートニング性　133
ショートネス　133
初期効果　62
食塩相当量　57,58
食事改善　39

食事計画	40, 47
食事摂取基準	37
食事バランスガイド	41
食事評価	38
食事様式	8
食事リズム	68
食生活指針	37, 41
食中毒細菌	184
食肉類	83
食品群	44
食品構成	45
食品成分表	55
食品番号	59
食品リサイクル法	7
食品ロス	6
植物性クリーム	101
食物繊維	144
食物網	3
食物連鎖	3
食用油脂	131
触覚	18
ショ糖	22
白玉粉	76
磁力線	164, 172
汁物	52
白しょうゆ	129
シロップ	124
白身魚	88
真空調理	193
神経性食欲不振症	70
ジンゲロール	26
ジンゲロン	22
浸漬	176
ジンジベレン	26
親水性	123
身体活動	39
身体活動レベル	39, 45
伸展性	78
身土不二	14

す

素揚げ	162
ずいき	113
水蒸気	157
推奨量	38
水中油滴型エマルション	28, 96, 99
推定平均必要量	38, 40
炊飯	74
炊飯器	170
水分活性	124
水溶性ビタミン	148
水様卵白	94
酢じめ	92
すし飯	75
スチームコンベクションオーブン	160, 194
ステーキ	86
ステビオシド	21, 23, 126
ステンレス	152, 165
ステンレス鍋	166
スマイルケア食	31
ずり応力	28
ずり速度	28
すり鉢	182
スローフード	6, 14

せ

生活の質	3, 37
成鶏肉	59
正餐	15
成長期	69
青年期	69
生命体	3
西洋料理	14
生理的食塩水	53
生理的膨化	80
せいろう	157
赤外線	153, 159
節句	11
殺生禁断	8
摂食機能	70
セモリナ	77
ゼラチン	135
ゼラチン化	85
セラミック	166
セラミックス	165
セルロース	104, 144
全握法	179
洗浄	174
煎茶	140
鮮度判定	90, 94
潜熱	157
船場汁	93
千利休	9
全粒粉	77

そ

相乗効果	25
測色色差計	64, 64
属性	61
咀しゃく	31
咀しゃく筋	65
疎水性	133
ソフト食	71
ソラニン	112
ゾル	27, 28
ソルビトール	23, 126

た

ターンテーブル	163, 172
体性感覚	19
ダイゼイン	107
耐凍性	136
第二次味覚野	20
耐熱ガラス	165
耐熱ガラス鍋	166
大脳皮質	19
対比効果	25
大変形	30
耐容上限量	38, 40
太陽電池	150
ダイラタンシー	29
対流伝熱	151, 153
大量調理	192
タウマチン	21, 22
多価不飽和脂肪酸(PUFA)	90, 132, 146
炊く	154, 158
卓刀法	179
だし	49, 52, 155
多層ゼリー	135
多層鍋	165
立田揚げ	87
立て塩	92, 128
多糖	144
タピオカ	121
たまりしょうゆ	129
男爵	112
単純たんぱく質	142
炭水化物	144
単糖	144
タンニン	22
タンニン鉄	107
たんぱく質	142
タンブルチラー方式	193
短粒種	72
弾力性	30

ち

血合筋肉	88
チオール基	78
チキソトロピー	29
チクロ	23
地産地消	5, 14
チタン合金	165
血抜き	176
チャイナ	190
中華風料理	49
中鎖脂肪酸	147
中皿料理	52
中性脂肪	146
中力粉	77
腸炎ビブリオ	184
聴覚	18
調合油	131

調味 ················· 156	**と**	二汁五菜 ················· 9
調味パーセント ········· 52	トウ ············· 78, 182	二十四節気 ············· 12
調味料 ············ 49, 60	銅 ········· 152, 165, 166	2条大麦 ················ 82
調理後成分値 ··········· 58	糖アルコール ··········· 22	煮汁 ················· 156
調理損失 ·············· 147	糖衣 ················· 125	2点比較法 ············· 63
長粒種 ················· 72	透過 ················· 171	ニトロソミオグロビン ··· 85
直接廃棄 ··············· 6	陶器 ················· 152	ニトロソミオクロモーゲン ··· 85
チョンロン ············ 157	凍結 ················· 184	煮物 ············· 51, 156
チルド ················ 183	凍結保存 ·············· 185	乳化剤 ··········· 102, 134
チロシナーゼ ·········· 112	陶磁器 ················ 166	乳化性 ················ 133
	糖たんぱく質 ······ 113, 142	ニュークックチル ········ 194
つ	等張液 ················ 53	乳酸 ·············· 23, 85
ツェイン ·············· 142	等電点 ········ 86, 92, 143	乳酸発酵 ·············· 100
つのまた ·············· 138	豆乳 ·················· 98	乳児ボツリヌス症 ······· 127
つば ················· 180	胴割れ ················ 118	乳清たんぱく質 ········· 99
	とぎ洗い ·············· 175	乳濁液 ················· 28
て	特定保健用食品 ········ 147	乳糖 ············· 99, 126
テアニン ·········· 24, 139	ドコサヘキサエン酸(DHA) ····· 90	乳糖不耐症 ············· 99
テアフラビン ·········· 139	土鍋 ················· 165	ニュートン流動 ········· 28
テアルビジン ······ 139, 140	トランスエリミネーション ··· 108	乳幼児期 ·············· 68
低アミロース米 ········· 73	トランス型 ············ 146	乳用肥育牛肉 ··········· 59
低アレルギー米 ········· 73	トリアシルグリセロール ··· 94	煮る ················· 156
低栄養 ················· 71	トリグリセリド ········ 131	
底棲魚 ················· 88	トリシン ·············· 107	**ぬ**
低たんぱく質米 ········· 73	ドリップ ·········· 184, 186	糠層 ················· 72
ディナー皿 ············ 190	トリプシンインヒビター ··· 97	ヌクレオチド ··········· 90
低密度リポたんぱく質 ··· 93, 95	トリメチルアミン ········ 90	
低メトキシルペクチン ··· 137	トリメチルアミンオキシド(TMAO)	**ね**
TCAサイクル ·········· 85	················· 90	熱可逆性 ············· 28
テーブルコーディネート ··· 67	トレハロース ·········· 126	熱凝固性 ·············· 95
テオブロミン ·········· 141	トロポミオシン ········· 84	熱効率 ··········· 150, 169
デキストリン化 ········ 145	冬菇 ················· 115	熱電対温度計 ··········· 65
テクスチャー ··········· 30		熱伝導率 ········· 152, 166
鉄 ·············· 152, 165	**な**	熱不可逆性 ············· 28
手づかみ食べ ··········· 68	内臓脂肪 ·············· 40	熱膨張 ················ 80
手ばかり ·············· 173	菜切り包丁 ············ 178	粘質いも ·············· 112
出刃包丁 ·············· 178	梨もどき ·············· 113	粘性 ················· 28
デヒドロアスコルビン酸 ··· 148	ナスニン ·············· 107	粘弾性 ············ 29, 78
デュラム小麦 ··········· 77	ナチュラルチーズ ······· 102	粘度 ················· 79
デルフィニン ·········· 107	納豆 ·················· 98	年齢区分 ·············· 41
テルペン ··············· 24	ナットウキナーゼ ········ 98	
転化糖 ················ 122	難消化性多糖類 ········ 144	**の**
転化糖液 ·············· 122	南蛮料理 ··············· 9	濃厚卵白 ·············· 94
てんぐさ類 ············ 117		ノンフロン化 ·········· 183
電子顕微鏡 ············· 66	**に**	
電磁調理器 ······· 164, 172	苦味 ················· 20	**は**
電磁誘導 ·········· 169, 172	肉基質たんぱく質 ····· 83, 88	パーシャル ············ 183
電子レンジ ········ 163, 171	煮くずれ ·········· 156, 179	パーム油 ·············· 132
転相 ·················· 28	煮こごり ··············· 93	胚芽 ··········· 72, 77, 81
伝導伝熱 ·········· 151, 152	ニコチアナミン ········ 130	胚芽精米 ·············· 73
天然魚 ················· 88	二酸化炭素排出 ·········· 5	ハイカロリーバーナー ··· 151
天日塩 ················ 128	二次汚染防止 ·········· 175	パイ生地 ·············· 80
でんぷん ·············· 144	二次機能 ··············· 3	廃棄率 ············ 56, 173
でんぷんめん ·········· 112	二次消費者 ············· 3	胚乳 ··········· 72, 77, 81
		バイメタル温度計 ······· 174

パイレックス……………………166
パイロセラム……………………166
ハウ・ユニット……………………94
薄力粉……………………………77
HACCP…………………………192
破断…………………………29,30
発煙点…………………………131
発芽玄米…………………………73
パッケージコスト………………195
発酵ちょうみ料…………………86
バター……………………………79
発注係数………………………173
バニリルエチルエーテル………26
バニリン…………………………26
パネル……………………………61
パパイン…………………………86
刃元……………………………180
パラチノース……………………126
ハレ………………………………11
ハロゲンヒーター………………170
パン………………………………48
ハンターの表色系………………64
半透性……………………108,156

ひ

BOD………………………………7
b-ピネン…………………………26
PFC バランス……………………40
PDCA サイクル…………………38
b-ラクトグロブリン………………99
ヒスチジン………………………90
ヒストン…………………………142
ビスフェノール A………………191
ビタミン K………………………98
ビタミン C…………………105,148
必須脂肪酸……………………146
ビテリン…………………………142
非ニュートン流動………………28
比熱…………………………132,161
非ヘム鉄………………………149
ピペリン…………………………22
ヒポキサンチン…………………91
氷結晶……………………184,185
病原性大腸菌…………………184
標準色票…………………………64
表皮抵抗………………………164
平造り……………………………91
平鉢……………………………189
ピルビン酸………………………85
疲労効果…………………………62
備長炭…………………………150

ふ

フィコエリスリン………………116
フィシン…………………………86

フィチン酸……………………149
フードプロセッサー……………182
フードマイルズ運動………………5
フードマイレージ…………………4
フェオフィチン…………………106
フェオフォルバイド……………106
フェニルケトン尿症……………127
フェランドレン……………………26
フォンダン………………………125
深鉢……………………………189
複合型エマルション……………134
複合たんぱく質…………………142
副菜…………………………42,51
副食………………………………8,47
副々菜……………………………52
フコキサンチン…………………116
付着水…………………………176
付着性……………………………30
普茶料理…………………………10
物性改良剤……………………134
フッ素樹脂加工………………166
沸点……………………………132
物理的味…………………………19
物理的膨化………………………80
ブドウ球菌……………………184
不飽和脂肪酸……………………84
ブラストチラー方式……………193
フラボノイド……………………107
ブラマンジェ……………………121
ブランチング……………107,185,186
振り洗い………………………175
振り塩…………………………128
フリッター………………………162
振り水……………………………76
ブルーミング……………………85
ブルーム………………………141
ブレークダウン…………………119
フレーバー………………………27
フレンチパラドックス…………141
プロセスチーズ…………………103
プロタミン………………………142
プロテアーゼ……………84,86,110
プロトペクチン…………………110
プロパンガス…………………151
プロビタミン D_2………………115
ブロメライン……………………86
プロラミン………………………142
分解者……………………………3
文化鍋…………………………168
粉砕……………………………181
分散系……………………………27
分散相……………………………27
分散媒……………………………27
粉質いも………………………112
分析型官能評価…………………61

へ

ベーキングパウダー……………80
ペースト…………………………79
β-アミラーゼ…………………111
β-カロテン………………………60
β-脱離…………………………108
β-ラクトグロブリン……………142
北京料理…………………………16
ペクチニン酸………………110,137
ペクチン……………104,136,144
ペクチン酸……………………110
ペクチン質……………………101
ペクチンメチルエステラーゼ…109
ベタイン…………………………90
べた塩……………………………92
ベネツィアンガラス……………189
ヘミセルロース………………104
ヘム鉄…………………………149
ヘモグロビン………………85,142
ペリラアルデヒド………………26
ペルオキシダーゼ……………107
偏光顕微鏡………………………65
変性……………………………143
変調効果…………………………25
ペントザン………………………77

ほ

膨化調理…………………………80
ほうじ茶………………………139
放射温度計………………………65
放射伝熱……………150,151,153
放射熱……………………159,169
ほうろう……………………165,166
ほうろく……………………159,163
飽和脂肪酸…………84,132,146
ポーチドエッグ…………………155
保温鍋…………………………168
保温力…………………………165
保水性……………………84,86,143
ホスピタリティ…………………67
ボツリヌス菌……………………184
哺乳反射…………………………68
ホモゲンチジン酸………22,104,178
ホモジナイズ……………………99
ポリカーボネイト………………190
ポリガラクツロン酸……………136
ポリフェノール……………104,107
ポリフェノールオキシダーゼ
　…………………………110,128,177
ポリペプチド……………………142
ホルムアルデヒド………………191
本膳料理…………………………9
本朝食鑑…………………………10
本みりん………………………141

ま

- マイクロ波 … 171
- マグネトロン … 163
- マスキング効果 … 129
- 松かさ … 93
- マッシュポテト … 112
- マビンリン … 21
- マルチトール … 23, 126
- マルトース … 22, 111
- マンセル色票 … 64
- マンニトール … 23

み

- ミオグロビン … 83, 85, 142
- ミオゲン … 83
- ミオシン … 83, 142, 143
- 味覚 … 18
- 味覚教育 … 6
- 味覚センサー … 65
- 水切り … 176
- ミセル構造 … 145
- 峰 … 180
- ミネラル … 148
- 味蕾 … 19
- ミラクルフルーツ … 25
- ミロシナーゼ … 181

む

- むかご … 114
- 向付 … 10
- 無水鍋 … 168
- 無洗米 … 73
- ムチン … 113
- 6つの基礎食品 … 44
- 蒸らし … 74, 74
- 村田珠光 … 9

め

- 明度 … 64
- メイラード反応 … 100
- メークイン … 112
- メタボリックシンドローム … 70
- メチオニン … 90
- メチル水銀 … 89
- メトミオグロビン … 85
- メトミオクロモーゲン … 85
- 目安量 … 38, 40, 173
- メラニン … 107
- メラノイジン … 100, 129
- メラミン … 190
- メレンゲ … 96
- 免疫グロブリン … 99

も

- モーダルシフト … 5
- 目標量 … 38, 40
- もち(糯)米 … 72, 75
- 戻し率 … 53, 173, 177
- モネリン … 21, 22
- もみ洗い … 175

や

- 焼きムラ … 160
- 柳刃 … 178
- 飲茶 … 15
- ヤラピン … 113

ゆ

- 幽庵焼き … 159
- 融解温度 … 84, 135
- 溶解温度 … 135
- 融点 … 34, 84, 131, 146
- 誘電加熱 … 151, 163
- 誘電損失係数 … 171
- 誘導電流 … 164
- 雪平鍋 … 166
- 輸送距離 … 5
- 油中水滴型エマルション … 28, 102
- ゆでる … 154
- ユニバーサルデザインフード … 31
- 輸入牛肉 … 59
- 湯葉 … 98

よ

- 容器包装リサイクル法 … 7
- 葉菜類 … 104
- 葉酸 … 104
- 幼児食 … 68
- 洋食器 … 189
- 洋風料理 … 49
- 容量法 … 173
- 抑制効果 … 25
- 4つの食品群 … 44
- 呼び塩 … 128
- 四群点数法 … 45

ら

- 酪酸 … 102
- ラクターゼ … 99
- ラクトアルブミン … 142
- ラテブラ … 93
- 卵黄係数 … 94
- 卵殻膜 … 93

り

- リグニン … 104
- リコペン … 106
- リサイクル … 7
- 離漿 … 28, 135
- 離漿率 … 120
- 離水 … 28, 135, 145
- リゾチーム … 93
- リナロール … 26, 139
- 離乳 … 68
- リブロース … 87
- リポキシゲナーゼ … 107
- リポたんぱく質 … 142
- リポビテリン … 142
- リモニン … 21
- リモネン … 26, 26, 110
- 硫化第一鉄 … 95
- 硫酸キニーネ … 22
- 溜菜 … 120
- 両刃 … 179
- 料理区分 … 42
- 料理展開 … 49
- 料理物語 … 10
- 料理屋 … 10
- 料理様式 … 49
- 料理レベル … 47
- 緑黄色野菜 … 60
- リンゴ酸 … 23, 110
- リンたんぱく質 … 142

る

- ルウ … 79
- ルチン … 82, 107

れ

- 冷凍食品 … 186
- 冷凍冷蔵庫 … 183
- レオペクシー … 29
- レオロジー … 28
- レシチン … 96, 97
- レティキュリン … 84

ろ

- 老化 … 145
- 老化抑制 … 123, 145
- ローカストビーンガム … 137
- 6条大麦 … 82
- ロコモティブシンドローム … 39

わ

- ワーファレン … 105
- 若鶏肉 … 59
- 和牛肉 … 59
- 和三盆 … 123
- 和食器 … 189
- 和風料理 … 49

執筆者紹介

編著者

柳沢（やなぎさわ） 幸江（ゆきえ）　和洋女子大学教授　博士（栄養学）
柴田（しばた） 圭子（けいこ）　女子栄養大学教授　博士（保健学）

執筆者

児玉（こだま） ひろみ　女子栄養大学短期大学部准教授　修士（栄養学）
西念（さいねん） 幸江（さちえ）　東京医療保健大学教授　博士（栄養学）
高橋（たかはし） ひとみ　鎌倉女子大学教授　栄養学修士
豊満（とよみつ） 美峰子（みおこ）　女子栄養大学短期大学部教授　博士（栄養学）
平本（ひらもと） 福子（ふくこ）　宮城学院女子大学名誉教授　博士（栄養学）
松田（まつだ） 康子（やすこ）　女子栄養大学名誉教授　栄養学士
宮下（みやした） ひろみ　元東都大学教授　修士（栄養学）
湯川（ゆかわ） 晴美（はるみ）　前國學院大學栃木短期大学教授　博士（栄養学）

（五十音順）

調理学 —健康・栄養・調理—

初版	2025年2月10日

編著者Ⓒ　柳沢　幸江
　　　　　柴田　圭子

発行者　　森田　富子

発行所　　株式会社 アイ・ケイ コーポレーション

東京都葛飾区西新小岩4-37-16
メゾンドール I&K ／〒124-0025

Tel 03-5654-3722, 3番　Fax 03-5654-3720番

表紙デザイン　㈱エナグ　渡部晶子
組版　㈲ぷりんてぃあ第二／印刷所　㈱エーヴィスシステムズ

ISBN978-4-87492-405-1　C3077